李相龍의
연극인생 50년 에세이집

❷

이상용 저

극단 마산

프롤로그

홀연히 사라져버린 '마산'이란 이름표

　애초에 《창동야화》의 집필은 당대를 풍미한 마산 출신 예인들과 마산의 명소들을 기록에 남긴다는 차원에서 시작되었고, 2015년 11월 말 그 1권이 나왔다. 그리고 한 5년이 지난 이제야 비로소 그 2권이 나온다. 이처럼 2권이 늦게 나오게 된 데는 사연이 좀 있다. 그것은 다름 아닌 바로 2017년 9월 초에 발생한 화재 때문이다. 나의 사무실에 느닷없이 큰 화재가 발생하여 모든 원고와 자료가 불타버렸기 때문이다. 그래서 소실된 원고와 자료를 복원하는데 많은 시간이 걸렸고 또 안 해도 될 고생까지 좀 했던 것이다.

　《창동야화》2권은, 제1부 창동은 마산 연극의 종가, 제2부 불세출의 마산 예인, 제3부 불후의 명소 등 총 3부로 구성되어 있고, 그 속에는 마산 출신 예인들과 관련된 야화는 물론 간과해서는 안 될 마산의 명소들까지 기술되어 있다.

주지하다시피 오늘날의 마산은 그 옛날의 마산이 아니오, 그 옛날의 예향 마산은 더더욱 아니다. 그 이유 중의 하나는 마산이 창원으로 통합되는 바람에 마산이란 이름표가 소리 소문도 없이 사라져 버렸기 때문이다. 《창동야화》 2권의 내용도 이와 무관치 않다. 하지만 마산이란 이름표가 사라졌다고 하여 마산의 혼이나 마산의 정체성까지 사라진 것은 아닐 것이다. 오랜 세월 동안 켜켜이 쌓인 마산의 역사까지 없어지는 것은 더더욱 아닐 것이다. 지금은 흔적조차 남기지 않고 사라진 것처럼 보이지만 언젠가는 다시 부활한 후 영생永生할 것이기 때문이다. 고금古今의 역사가 대부분 그러하듯이.

마산은 항구다. 하지만 평범한 항구가 아니라 예술의 항구다. 그랬기에 많은 예인들이 마산을 노래하고 마산을 그렸을 것이다. 누군들 마산이란 이름표를 영원토록 잃고 싶겠는가. 누군들 예향 마산이란 이름표를 영원토록 잃고 싶겠는가. 많은 불후의 명작이 탄생한 장소가 바로 마산이오, 많은 불후의 명작을 남긴 예인들이 바로 마산 출신이기 때문이다. 또한 시민극장과 희다방·한성다방을 비롯한 당대의 명소들이 명멸해 간 곳이 바로 창동이오, 학문당과 황금당·고려당 같은 불멸의 명소들이 아직까지도 그 자리를 지키고 있는 곳이 바로 창동이기 때문이다.

많은 연극인들이 창동을 드나들었고 많은 연극인들이 창동을 아지트 삼아 활동했었기에 창동이 '마산 연극의 종가'라는 말을 듣는지도 모르겠다. 아니 창동은 '마산 예술의 종가'라는 표현이 더 정확할지도 모르겠다.

구마산의 사정이 이러했다면 신마산은 또 어땠을까. 당대 조선의 최고 구희 최승희까지 와서 공연한 사쿠라칸(앵관櫻館·옛 제일극장)을 비롯한 외교구락부·락희카바레·귀거래 같은 명소들이 떡하니 포진해 있던 곳이 바로 신마산 두월동이었다. 또한 주변의 벚꽃 풍광이 얼마나 아름다웠던지 사쿠라마찌(앵정櫻町·현 문화동 일대)라는 이름을 가진 동네까지 있었던 신마산이었다. 하여, 창동을 구마산의 종가라고 한다면 두월동은 신마산의 종가랄 수 있겠다.

〈가고파〉·〈옛 동산에 올라〉·〈성불사〉·〈고향생각〉 등등 수많은 절창을 남긴 노산鷺山 이은상, 노예처럼 일하고 신神처럼 작업했다는 조각가 문신, 천상 시인으로 널리 알려진 천상병, 그리고 춘향전이란 영화에서 일약 스타로 등극한 조미령 등등 당대를 주름잡은 예인들의 탯자리가 바로 우리 마산이기에 그들과 관련된 야화도 《창동야화》 2권 중의 일부다.

예향 마산은 많은 전설을 품고 있다. 일제강점기 훨씬 전부터 그래 왔다. 달리 말하면 마산 곳곳에는 신화에 버금가는 많은 전설들이 숨어 있다는 말이다. 특히나 신마산과 구마산 일대에는 서로 쌍벽을 이룬 명소들이 많았다. 예컨대, 공연장으로는 신마산의 마루니시자(환서좌丸西座)와 구마산의 고토부키자(수좌壽座)가, 식당으로는 신마산의 함흥집과 구마산의 불로식당이, 요정으로는 신마산의 망월관과 구마산의 한양관이, 다방으로는 신마산의 외교구락부와 구마산의 희다방이, 여관으로는 신마산의 항등여관과 구마산의 파초여관 등등이 그 대표적인 예랄 수 있겠다.

이러한 명소들과 얽히고설킨 야화들이 또 어찌 없을쏘냐. 신마산은 신마산대로, 구마산은 구마산대로, 청사에 길이 남을 불후의 명소들이 곳곳에 자리 잡고 있었고 또한 그런 공간들과 관련된 소중한 야화들도 부지기수이기에 하는 말이다. 이 글 모두에서 언급한 것처럼 그런저런 야화를 기록으로 남기고자 시작한 것이 《창동야화》인데 이제야 그 2권을 상재하게 되니 만시지탄을 절감할 따름이다. 그리고 예향 마산의 야화를 언급한 내용 중에 혹여

오류가 있더라도 해량해 주시기를!

　《창동야화》가 마산의 자존심을 되찾고 만고의 예향 마산이란 명성을 되살리는데 조금이나마 도움이 되었으면 하는 바람 간절하다. 《창동야화》 1권에 이어 2권이 나오기까지에는 물심양면으로 도움을 주신 분들이 많은데, 그들 중에서도 특히 내가 책을 출판할 때마다 거액의 출판비용을 부담해 주신 최광주 경남신문 전前 회장님과 (사단법인)아름다운 용동마을의 김동구 변호사님께 한없는 감사를 드리며, 경남문화예술진흥원과 창원도시문화센터 관계자 여러분, 그리고 이 책의 출판을 맡은 도서출판 경남에도 깊은 감사를 드린다.

　특히나 올해로 고희와 연극인생 50년을 맞은 나를 충격에 빠뜨릴 의도에서인지, 아무도 몰래 거액의 출판비용을 마련해 준 마산의 후배 연극인들에게도 각별한 경의를 표하는 바이다.

2020년 11월
이상용 李相龍

차례

프롤로그 · 4

제1부 창동은 마산 연극의 종가宗家

창동은 마산 연극의 종가 · 12
구마산의 식당 야화 · 30
신마산 야화 · 45
술과 예술의 도시, 마산이여 · 70

제2부 불세출의 마산 예인

한국 문학의 거봉巨峰 – 노산 이은상 · 90
노예처럼 일하고 신神처럼 작업한 조각가 – 문신 · 107
천상 시인 – 천상병 · 124
우리들의 영원한 광대 – 추송웅 · 146
마산 출신 은막銀幕의 스타들 – 조미령, 이대엽, 김혜정 외 · 157
영원한 로맨티스트의 표상表象 – 운정 정자봉 · 169

제3부 불후의 명소

창동 터줏대감 – 학문당 • 186
창동의 두 파수꾼 – 황금당과 금강미술관 • 200
불후不朽의 두 식당 – 불로식당과 함흥집 • 219
일식집의 양대兩大봉우리 – 삼대초밥과 신라초밥 • 234
로맨티스트들의 안식처 – 보금자리와 성미 그리고 황제 • 254
살아 있는 전설 – 해거름 • 277

에필로그
인생 고희古稀와 연극인생 50년을 맞은 소회所懷 • 287

이상용 연보 • 296

제 1 부

창동은
마산 연극의 종가宗家

창동은 마산 연극의 종가

창동 골목길을 찾은 외국 연극인들.

한 시기 창동은 마산 연극의 종가요 가산 연극의 뿌리였다. 또한 한 시기 창동에는 없는 가게가 없다고 할 정도로 수많은 점포들이 성업(盛業) 중에 있었고 수많은 가게들이 창동을 중심으로 포진해 있었다. 그 때문에 엄청난 인파가 창동으로 몰려들었고 적지 않은 예인들이 창동을 드나들기도 했다. 각종 연극공연은 물론이요 크고 작은 전시회와 많은 예술 행사들이 창동을 중심으로 열렸었기에, 그 일대의 다방과 선술집은 예인들의 아지트이자 사랑방 역할을 톡톡히 했다.

하지만 오늘날의 창동은, 마치 〈황성 옛터〉의 한 구절, "성은 허물어져 빈 터인데 방초만 푸르러"처럼, 쇠락(衰落)한 동네로 변하고 말았다. 한때는 잘 나갔던 동네이자 누구나 그곳에 점포 하나만 있으면 여한이 없겠다고들 했던 동네이기에 하는 말이고, 또한 그런 곳과 관련된 추억거리 하나 없는 사람은 마산 사람이 아니라는 농언(弄言)도 있었기에 하는 말이다.

창동이 제법 큰 동네 같지만 사실은 손바닥만 하다고 해도 될 정도로 작은 동네다. 다만 그 주변의 동성동·부림동·서성동·수성동·성호동·오동동·중성동 등등과 서로 얽히고설켜 있어 통칭해서 창동 일대라 하는 것이고, 그 때문에 창동이 엄청 크게 느껴질 뿐이다. 그런데 그런 창동에 어느 순간부터 사람들의 발길이 뜸해지기 시작했다. 찾아오는 사람들의 숫자가 급격하게 줄어들었고 동네 전체가 침체의 늪에 빠져들기 시작했다. 그 결과 창동은 폐허를 방불케 할 정도의 퇴락한 동네로 변하고 말았다. 또한 옛날의 추억을 잊지 못해 창동을 찾아온 수많은 사람들이 그런 현장을 목격하고는 크게 실망하여 발길을 돌리기도 했다. 그리움의 대상들이 소리 소문도 없이 사라져 버렸기 때문이다.

그렇다. 이제는 똑같은 실수를 두 번 다시 범하지는 말자. 이제는 그리움에 겨워 창동을 찾아오는 사람들을 더 이상 실망시키지는 말자. 아니, 먼 바

창동 상상길 전경.

다로 나갔다가 다시 헤엄쳐 돌아오는 연어처럼, 옛날의 창동 분위기를 잊지 못해 찾아오는 사람들에게 더 이상의 좌절을 안겨주지는 말자. 비록 지금은 늙은 짐승처럼 잔뜩 웅크리고 있는 형국이지만, 다행히도 창동에는 그 옛날의 골목길이 아직까지도 남아 있고, 추억 어린 공간들도 곳곳에 남아 있다. 고려당과 황금당을 기점으로 해서 동에서 서로, 또한 남에서 북으로, 각각 꼬부라진 골목길을 따라 발길을 옮기다 보면, 창동 골목길 곳곳에는 고색창연한 마산의 역사가 켜켜이 쌓여 있음을 알 수가 있기 때문이다.

그런 사실을 입증해 주는 대표적인 공간 중의 하나가 바로 그 이름도 거룩한 고죽당古竹堂이다. 고죽당은 어떤 곳인가. 당대 조선 옥새玉璽 전각篆刻의 최고 장인匠人이었던 석불石佛 정기호鄭基浩(1899~1989)가 1954년 창동에 차렸다는 전각 작업실 겸 도장방이 바로 고죽당이다. 하지만 이 고죽당은 단순한 도장방이 아니라 당대의 내로라하던 예인들이 인정을 해준 예술의 메카라고 해도 과언이 아니다.

또한 석불은 누구인가. 옛 창원 출신인 석불은 1912년 마산의 창신중학교를 졸업하고 1916년 중국으로 건너가 당시 중국 최고의 전각 고수 황소산黃蘇山 문하에서 수학한 후, 일제강점기인 1927년 일본 동경으로 건너가 작품 활동을 계속하다가 1945년 해방이 되자 귀국선을 타고 귀국한 귀환동포다. 그런 그가 위에서 언급한 대로 1954년 창동 골목길 한편에 고죽당을 차리고 작업을 해나가자 고죽당은 금세 그 이름이 전국적으로 알려졌던 것이다.

그렇게 된 이유 중의 하나는 전국의 명사들이 석불의 실력을 알아보고는 극찬했기 때문인데, 일제강점기 때 만세보 사장을 역임했고, 3·1운동 때 민족대표 33인 중의 한 사람이자 서예의 대가인 위창葦滄 오세창을 비롯하여, 운보 김기창·의제 허백련·남농 허건 등등이 그 대표적인 면면들이다. 또한 석불의 아들과 손자도 석불의 예술혼을 계승하고 있는데, 그의 아들은 목불木佛 정민조로 그는 마산상고 36회 출신이며, 손자는 토불土佛 정경원이다. 이처럼 석불의 가계家系까지도 예인 패밀리의 한 전형이라 할 수 있는 것이다.

동원東園다방도 있다. 6·25전쟁 발발 이듬해인 1951년 말경, 서울의 연극배우 김동원金東園(1916~2006)이 마산으로 피난 내려와 시민극장 옆에 차린 다방이 바로 동원다방이다. 동원다방의 동원이란 옥호屋號도 김동원 자신의 이름에서 따와 작명한 것이라고 하며, 서울의 유명 연극배우가 차린 다방이라 인기가 높아서 동원다방은 금세 마산 예술인 사랑방으로 자리 잡았다고 한다.

비원다방과 전원다방도 있다. 비원다방은 6·25전쟁 휴전 직후인 1954년 3월, 화가 이중섭과 같은 이북 출신인 최영림 화가의 미술전시회가 열린 곳으로도 유명하다. 비원다방은 6·25전쟁 중에도 마산 유일의 화랑 역할을 했으며, 특히나 1954년 2월에는 시조시인 김상옥과 화가 전혁림의 시화전이,

옛 희다방 건너편에 있었던 시대복장.

4월에는 시인 김수돈과 화가 박생광의 시화전이 각각 열리기도 했던 다방이다. 또한 이 비원다방에서는 김갑덕·안윤봉·최인찬·제갈삼·한동훈·정윤주 등이 비원음악동호회를 조직하고서 정기적으로 음악 감상회를 개최하기도 했다. 그리고 그 당시에 이 비원다방과 쌍벽을 이룬 다방은 전원다방인데, 이 전원다방에서는 시인 김수돈, 시민극장 사장 박세봉, 국회의원 한태일 등등이 정기적으로 음악 감상회를 개최하기도 했다. 그 밖에 창동에서 미술전시회가 자주 열렸던 다방으로는 희다방과 한성다방도 빼놓을 수가 없다.

특히나 6·25전쟁이 발발한 1950년대 초반, 그 당시 마산 예인들의 아지트이자 사랑방으로는 위에서 언급한 비원다방과 전원다방 외에 남궁다방과 백랑다방도 있었다. 그리고 그 당시에 마산으로 피난 내려온 기라성 같은 서울의 예인들과 마산의 예인들은 이러한 장소에서 자주 만남을 가졌다는데 그 면면들을 보자.

먼저 문인으로는 오상순·김남조·이영도·이원섭·김세익·남윤철·김춘수·김수돈·정진업·김상옥·문덕수·김윤식·이석 등등이 그 대표적인 면면들이며, 화가로는 남관·김환기·최영림·이림·이수홍·문신·최운 등등이, 음악가로는 조두남·홍지유·한동훈·전경애·김대근·이진태·제갈삼·최인환·정윤주 등등이 각각 그 대표적인 면면들이라고 한다. 연극배우로는 김동

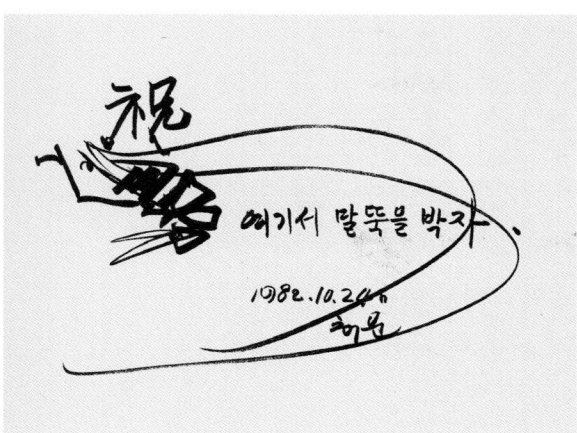
레스트랑 '말뚝이' 개업하는 날. 서양화가 최운의 축하 휘호.

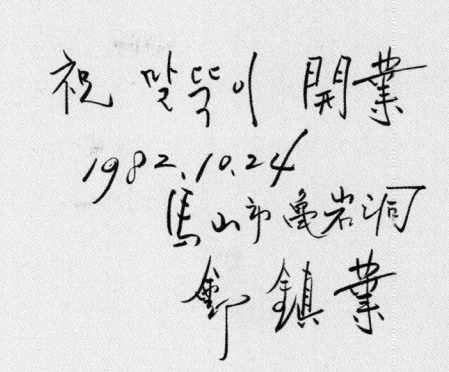
레스트랑 '말뚝이' 개업하는 날. 연극인 정진업의 축하 휘호.

원, 영화배우로는 복혜숙, 사진작가로는 현일영·김일규·강신율·남기섭 등 등도 있었다고 한다. 그들 중에서도 특히 시인 김세익과 소설가 이병주는 신마산의 외교구락부와 구마산의 다방에서 시인 김춘수와 화가 전혁림·강신석, 작곡가 조두남과 언론인 이진순, 사진작가 김일규·강신율·현일영 등등 그 당시의 내로라하던 예인들과 자주 어울렸다고 한다. 그래서 아이러니컬하게도 전쟁 중이었던 그 시기가 오히려 마산 예술이 전성기를 구가하던 시기가 아니었나 하는 생각도 드는 것이다.

그리고 '말뚝이'란 레스토랑을 아시는가. 1982년 10월 24일, 옛 시민극장 옆 골목 2층에서 그 고고呱呱의 성聲을 울린 레스토랑이 바로 말뚝이다. 서라벌 예대 영화연극과 출신의 윤병덕이 차린 말뚝이 레스토랑에는 당대의 예인들이 많이 드나들었단다. 시인이자 연극인 정진업, 서양화가 최운, 언론인 이진순, 사진기자 김일규, 화가 권영호·변상봉·허청륭 등등 당대의 마산 예인들과 명사들이 단골이었다고 한다.

부산 출신으로 50대 초반 무렵 마산으로 거주지를 옮긴 후 처음엔 가포 해

수욕장에서 팔베개란 학사주점을 했다는 윤병덕. 그러나 가포 해수욕장이 폐쇄되자 시내로 진출하여 창동 시민극장 옆 골목 2층에다 똬리를 틀었다는데, 그게 바로 말뚝이 레스토랑이란다. 그 말뚝이 레스토랑의 심벌은 실제로 말뚝이 탈이었고, 그 때문에 말뚝이 탈이 항상 레스토랑 벽면에 걸려 있었다고 한다. 그런데 그 레스토랑을 폐업할 때 말뚝이 탈은 정순옥 화가의 손에 넘어갔다는데 아직까지도 그 말뚝이 탈이 그녀의 수중에 있는지는 잘 모르겠다. 윤병덕은 한때 서울에서 영화판에 발을 담그기도 했던 인물이기도 하다.

만고萬古의 선술집인 창동 고모령도 있다. 주점 분위기와 주점 주인의 심성, 그리고 주점을 출입하는 주당들의 면면 등등으로 평가한다면, 해동海東 제일의 선술집이라고 해도 조금도 손색이 없는 고모령이 한 시기 창동에 있었다는 말이다. 하지만 창동 고모령에 대해서는 《창동야화》 1권에서 언급했기에 여기서는 더 이상의 언급을 피하고자 한다.

주점 '음악의 집'도 있다. 오동동 코아양과 맞은편, 옛 삼성약국 뒤편의 어느 건물 2층에 있던 음악의 집은 서라벌예대 출신의 조남용이란 걸출한 인물이 운영했는데, 전설적인 작곡가 석호 조두남, 창원 출신이지만 진주의 대표 예인으로 추앙받은 시인 파성 설창수, 그리고 한때 신마산의 외교구락부와 오동동의 컨티넨탈다방을 운영했던 상하이 박 같은 불세출의 명사들이 자주 출입했다는 주점이다. 항상 클래식 음악이 흘렀고 막걸리를 주로 팔았던 주점이라서 당시에 꽤 인기가 높았다.

이와 같은 야화들은 그 당시의 창동 일대가 타의 추종을 불허하는 예술의 메카였음을 입증해 주는 단적인 예랄 수 있다. 그리고 마산이 한창 잘나가던 시절에는 없는 점포가 없다고 할 정도로 각양각색의 점포들이 곳곳에 자리 잡고 있던 창동이기도 하다. 특히나 그 좁은 지역에 한성백화점·일신백화점·대진백화점·마산백화점·국제백화점·미도백화점 같은 크고 작은 백화점들이 무려 대여섯 개나 있었다고 하니 말 다한 것이다. 아마 전국적으로 찾아봐도 이런 곳은 없을 것이다.

어디 그뿐이랴. 일제강점기인 1917년에 벌써 고토부키자(수좌壽座)라는 공연장이 로마의 검투사처럼 떡하니 버티고 있던 창동이기도 하다. 이 고토부키자가 지금부터 100년도 훨씬 전에 벌써 창동 인근의 수성동에 건립되어 연극의 무대가 되었으니 어찌 놀라지 않을 수가 있겠는가. 이 말은 마산 연극의 역사가 2020년 올해로 벌써 103년이나 된다는 말과도 같다. 그 때문에 이 글의 모두冒頭에서 창동을 감히 '마산 연극의 종가'라고 한 것이다.

그 밖에 금은방과 시계점으로는 황금당·조일당·평화당·영광당·일신당이, 약국으로는 오행당·삼성약국·마산약국·시민약국·한성약국·고려당약국이, 서점으로는 학문당·백영당·학원사·문혜사가 각각 포진해 있던 창동이기도 하다.

또한 레코드점으로는 명곡사·길벗·오아시스·허리우드가, 빵집으로는 고려당과 코아양과가, 분식집으로는 복희집과 창동분식이, 삼계탕 집으로는 고려삼계탕과 옛 시민극장 맞은편의 백제삼계탕이, 다방으로는 백랑다방·컨티넨탈다방·고려다방·극동다방·오아시스다방·도심다방·가배다방·다사랑·쥬노·부베·태극다방·곰다방·정원다방·보리수다방 등등이 각각 그 자태를 뽐내기도 했다.

병원으로는 삼성병원(현 삼성병원이 아님)·순안산부인과·이병도치과·허종해비뇨기과·김형규내과·김윗과·동일병원·이외과·구외과·안내과·김한동산부인과·노내과·성남병원·동인병원·시민외과·이상현치과 등등이, 은행으로는 경남은행 본점을 비롯한 상업은행·한일은행·조흥은행·주택은

옛 시민극장 옥호.

창동 고려당 전경.

오랜 역사를 자랑하는 창동 복희집 전경.

행·중소기업은행·제일은행 등등의 지점들도 각각 포진해 있었다.

의상실로는 귀빈·고은·뉴스타일·영·엘레강스 등등이, 양복점으로는 태창라사·강신도 양복점·이정양복점·서울양복점·모모양복점 등등이, 일식집으로는 이학초밥·신라초밥·만옥초밥이, 레스토랑으로는 청탑그릴·말뚝이·슈바빙·아비뇽·한성경양식이, 한정식 식당으로는 불로식당과 소문난집이, 불고기 식당으로는 삼오정·삼도집·정근식당·한일관·태극갈비 등등이, 간이주점으로는 승리 술 센터·사슴집·소낙비가, 카페로는 휘가로·은하수·곧 망할·카페 김·나드리예·하루방·해거름 등등이 각각 자리 잡고 있었다.

그 밖에 목욕탕으로는 양성탕·남진탕·문화사우나·신정탕이, 이발관으로는 동성이발관과 공신이발관이 각각 버티고 있기도 했다. 또한 만인들의 휴식처이자 명화의 전당이라 불리던 시민극장이 일제강점기부터 자리 잡고 있던 곳이 바로 창동이었고, 희예식장·한성예식장·대광예식장·극동예식장·청탑예식장·대진예식장 같은 예식장들도 창동과 그 인근에서 각각 한 시기를 풍미했었다. 특히나 희예식장에서는 간간이 연극공연이 있기도 했고, 한성예식장에서는 재경마산학우회가 주최한 문학의 밤 행사가 몇 년간 열리기도 했다. 그리고 부림시장을 비롯한 그 인근의 각종 포목상과 한복집도 엄청난 호황을 누리던 시절도 있었다.

위에서도 잠깐 언급했지만 한 시기 창동을 비롯한 남성동·동성동·오동동 일대에는 병원들이 많았다. 병원이 많았다는 것은 그만큼 그 지역이 번화가였음을 말해 주는 방증이기도 하다. 그 대표적인 병원을 보자.

먼저 삼성병원을 거론하는 것이 순리겠다. 이 삼성병원은 지금의 팔용동에 있는 삼성병원과는 전혀 다른 병원이다. 일제강점기인 1918년 10월 20일 개원한 이 병원의 초대 원장은 김형철金炯轍이었다. 이 병원은 경남 최초의

삼성병원 터 표지석.

병원으로서 1919년 일어난 3·1 만세운동 때 부상당한 우리 민족을 헌신적으로 치료해 준 병원이라고 한다. 1957년 폐원할 때까지 40여 년간 현 불로식당 근처에서 진료를 했다고 하며 그런 사실을 증명이라도 하듯이, 현재 불로식당 바로 옆에는 그 삼성병원의 표지석이 서 있는데, 그 표지석은 마산 의사회醫師會에서 세웠다고 한다.

순안산부인과도 있다. 최근에는 어느 지역을 불문하고 신생아 숫자가 급격하게 줄어들고 있다고 다들 걱정을 태산같이 하고 있지만, 한 시기에는 전국적으로 신생아들이 넘쳐난 적도 있었다. 그 때문에 '둘만 낳아 잘 기르자', '둘도 많다 하나만 낳자'와 같은 슬로건이 생기기도 했고, 남자들은 정관수술을 받는다는 조건으로 예비군 훈련을 면제받던 시절도 있었다. 순안산부인과가 이름을 날렸던 것도 바로 그런 현상과 무관하지는 않을 것이다. 그 병원은 1962년 4월 1일 순안의원이란 이름으로 개원했다가 1995년 10월 2일 순안병원으로 이름을 바꾸고는 일세를 풍미하다가 2007년 6월 폐원하고 마는데, 사실 순안산부인과가 있던 동네는 동성동이다.

허종해비뇨기과도 있다. 이 병원의 허종해 원장은 인근 고성군 대가면이 고향인데, 그는 진주고를 졸업하고 부산대 의대를 졸업한 후 1976년 순안산부인과 맞은편에 있던 일식집 만옥초밥 건물에다 허종해비뇨기과를 개원한 후 지금까지 줄곧 마산에서 진료를 해 오고 있는 비뇨기과의 터줏대감이랄 수 있다. 지금도 동성동 어느 건물 2층에서 허종해비뇨기과를 하고 있는데 마산에서 병원을 개업한 지가 어느덧 40여 년을 훌쩍 넘겼다고 한다. 특히 그는 우리 연극인들에게 자주 도움을 주는 후원자이기도 하다.

이병도치과도 있다. 이 병원은 한때 치과 병원으로도 이름을 날렸지만, 예인들에게는 시인이자 수필가인 서인숙의 남편이 운영한 병원으로 더 잘 알려졌다. 그리고 한 시기에는 마산예총 사무실이 이 병원 건물에 있기도 했다. 그의 아내인 서인숙이 배려를 해 주었기 때문이다. 여기서 서인숙에 대해서 좀 더 언급하려 한다. 그녀가 시인이자 수필가로 마산에서 오랜 기간 활동했기 때문이다.

아호가 백해白海인 서인숙(1931~2016). 사실 그녀는 대구 출신이다. 그녀는 1965년 《현대문학》에 〈맷돌〉과 〈바다의 언어〉를 발표하면서 본격적인 작품 활동을 시작하는데, 그녀가 남긴 수필집으로는 《타오르는 촛불》과 《최후의 지도》가 있고, 시집으로는 《먼 훗날에도 백자는》·《그리움이 남긴 자리》·《청동 거울》 등이 있다. 또한 그녀는 마산문인협회 회장을 역임하는 등 마산 문단에도 큰 족적을 남겼으며, 1982년부터 1988년까지는 백자화랑을 운영한 인물이기도 하다.

창동을 마산 연극의 종가라고 하면서 마산에서 활동한 연극인들을 비롯한 예인들을 언급 안 할 수가 없다. 왜냐하면 그들이 마산 예술계의 중심축이기 때문이다. 그리고 그들 중에는 이미 작고한 분들도 많지만 아직까지도 현역으로 활동하는 분들이 많기 때문이다. 예술 분야에 무슨 나이 제한이 필요할까 마는 그래도 굳이 핑계를 대자면, 지면 사정상 한두 가지 기준을 두려 한다. 그것은 다름 아닌, 문학·미술·사진 분야는 이미 작고한 예인들과 현존하는 60세 이상의 예인들을 기록하려 하고, 연극 등 공연 분야는 작고한 예인들과 50대 이상의 예인들을 기록에 남기려 한다. 그들은 일제강점기의 독립군처럼 모든 조건이 열악한 여건 속에서도 오로지 마산 예술의 전통을 이어가기 위해서 자신의 모든 것을 희생한 장본인들이기 때문이다. 아울러 저자의 실수로 여기에 기록이 안 된 예인이 있다면 해량海諒해 주시기를…….

먼저 문학 분야다. 작고 문인으로는 당대의 거봉巨峰 노산 이은상을 비롯한 권환·김상옥·김세익·김수돈·김용호·김원룡·김춘수·김태홍·박재호·박현령·서인숙·신상철·안확·이극로·이석·이선관·이영도·이원수·이일래·임영창·정규화·정진업·조향·천상병·최순애 등등이 그 대표적인 면면들이고, 현재 활동하고 있는 등단 20년 이상이자 60세 이상인 문인들로는 강신형·강지연·강호인·김교한·김근숙·김미숙·김미윤·김병수·김복근·김연동·김연희·김용복·김태두·김현우·김홍섭·박성임·배대균·백남오·변승기·서일옥·성선경·안화수·오하룡·이광석·이달균·이영자·이우걸·이원기·이처기·임신행·조은길 등등의 문사文士들이 그 대표적인 면면들이다.

미술 분야를 보자. 작고한 화가로는 권영호·김영진·문신·변상봉·송영희·유시원·윤병석·윤종학·이상갑·이수홍·정상돌·최운·최현덕·황인학·현재호·허청륭 등등이 있고, 현재 활동하고 있는 한국화 화가로는 강순덕·김대환·김병규·김상문·김옥숙·김옥자·박기열·박동길·박장화·오창성·윤복희·이장성·정재은·조응제 등등이 있으며, 서양화 화가로는 강선갑·강선백·강육식·강윤희·강종순·구정자·김경미·김말례·김선순·김영자·김완수·김인하·김준학·김진숙·목경수·문성환·박남순·박두리·박순흔·박장근·박정수·박정숙·박정순·박종대·박춘성·박홍렬·석영애·석점덕·성대영·손옥곤·손희숙·송복남·송창수·양은선·양진복·윤영수·이경석·이경애·이민숙·이용수·이종두·전병수·전보경·정응중·정귀순·정되영·정은승·정재삼·조영순·조현경·조현계·조홍규·최서영·최소현·최형숙·황원철 등등이 있다.

사진 분야를 보자. 작고한 사진작가로는 강신율·남기섭·배태남·송녕익·이영환 등등이 있고, 현재 활동하고 있는 사진작가로는 권명호·김상원·김용마·노정석·박기섭·박용덕·박장수·윤병삼·이기환·이영조·이희훈·정기세·정원섭·최양호·최용택 등등이 있다.

연극 분야를 보자. 작고한 연극인으로는 온제溫齊 이광래를 비롯한 김수돈·김태성·박성원·변재식·배덕환·손정수·이용우·정진업·추송웅·한기환·한하균 등등이 있고, 현재 활동하고 있는 연극인으로는 김경선·김소정·김종갑·김칠현·김태준·문종근·송주호·송판호·이상용·장해근·조강래·정석수·정해완·진경호·최덕수·최성봉·한철수 등등이 있다.

무용 분야를 보자. 작고 무용가로는 김해랑을 비롯해서 김애정·박기선·박외선·이필이·정민·최현 등등이 있고, 현재 활동하고 있는 무용가로는 김순애·김태순·김행자·박미·백혜임·서계화·이남주·이동근·이순자·즈희자·정양자·정옥경·함미선·황정희 등등이 있다.

영화 분야를 보자. 작고 영화인으로는 김혜정·이대엽·이철혁·최현 등등이 있고, 생존하고 있는 영화인으로는 초창기 한국영화계의 대 스타로 그 이름을 날린 조미령을 들 수 있는데 그녀는 현재 하와이에 살고 있다고 한다. 또한 영화 자료 수집가로 유명한 이승기도 있고, 영화 〈쉬리〉와 〈은행나무 침대〉를 감독한 영화감독 강제규도 마산 출신이다. 음악 분야는《창동야화》1권에서 이미 언급했기에 여기서는 생략하고, 그 밖의 예술 분야는 다른 지면으로 미룬다.

〈목포의 눈물〉을 부른 가수 이난영의 〈목포는 항구다〉라는 또 다른 노래가 있다. 이 노래의 제목처럼, 목포도 항구지만 사실은 우리 마산도 항구다. 그러나 우리 마산은 보통의 항구가 아니라 예술의 항구다. 아니 예술이 넘실대던 항구라는 말이 더 어울릴지도 모르겠다. 은파銀波가 춤을 추는 합포만灣이 있기 때문이요, 값싸고도 다양한 해산물 안주가 푸짐하게 나오는 선술집과 대폿집들이 항구 주변에 즐비했기 때문이다. 지금은 없어진 홍콩 빠도 그런 역할을 한 명소 중의 하나였고, 당대의 기라성 같은 예인들이 활동했거나 오늘날까지도 활동하는 곳이 우리 마산이기에 하는 말이다.

옛날의 마산 예인들은 한 시기 최고의 번화가였던 창동 일대에 주로 모여들었는데, 벌써 일제강점기에 화가 문신과 이림李林이 그 당시의 공락관(시민극장) 주변에서 활동했다는 사실이 그 중의 한 예랄 수 있다. 당시의 문신은 주로 주문받은 그림을 그려주면서 용돈을 벌었고, 화가 이림은 옛 시민극장 건너편에서 광고 간판사를 하면서 그림을 그렸다고 한다. 그리고 창동의 백랑이나 한성 같은 다방에서는 미술전시회와 시화전 같은 행사들이 자주 열렸다고 한다. 요즘처럼 번듯한 화랑이나 전시장이 전혀 없던 시절이었기에 궁여지책으로 다방을 빌려서 했을 것이다. 그 당시에 전시회를 할 수 있는 장소로는 다방이 최고였기 때문이다.

전성기 시절의 마산수출자유지역 전경.

'과거는 아름답다'는 말이 있다. 그리고 사람들은 누구나 추억을 그리워하기 마련이다. 창동에 대한 옛 추억도 마찬가지일 것이다. 한창때의 창동은 마산의 심장부였으니 많은 예인들이 창동으로 몰려들었을 것임은 불문가지.《수호지》의 양산박梁山泊은 아닐지라도 그 당시의 창동에 마산의 예인들이 스멀스멀 모여들기 시작하자, 창동은 자연스럽게 마산 예술의 메카로 자리 잡은 것이다. 그것도 제법 오랜 기간까지……

앞에서도 언급한 것처럼 특히나 일제강점기인 1917년에 벌써 구마산 창동 인근의 수성동에 고토부키자(수좌壽座)라는 공연장이 개관되어 많은 연극이 공연되었음은 물론, 1932년 창단된 극단 「극예사劇藝社」와 1934년 창단된 극단 「표현무대」의 활동 영역이 되기도 했던 창동이었다. 1932년이면 지금부터 88년 전이다. 그 당시는 암울했던 일제강점기였다. 전 국민의 80% 이상이 문맹文盲이던 시절이기도 했다. 그런 시절에 감히 연극을 하겠다고 나선 사람들이 마산에 있었다니, 그리고 마산 최초의 극단이 벌써 88년 전인 1932년에 창단되었다고 하니, 어찌 놀라지 않을 수가 있으랴.

그 구체적인 증거를 보자. 1932년 7월 2일자 동아일보를 보면, 마산의 "시외 봉선각鳳仙閣에서 책임자 이훈산, 연출부 천영막, 무대 윤종환, 음악부 박성옥, 진행부 김무산 외 수인數人이 극단 극예사劇藝社를 창단했다."고 보도하고 있는 것이 그 단적인 예인 것이다. 이 신문기사는 영예로운 훈장이 아닐 수가 없다. 왜냐하면 입에 풀칠조차도 하기 버거웠던 그 시절에 감히 연극을 하겠다고 나선 마산 연극인들이 있었다는 사실을 입증해 주는 증거이기 때문이다. 특히나 고토부키자(수좌壽座)에서는〈윌리암 텔〉,〈카쥬사〉,〈박첨지〉,〈불구자〉등의 작품이 이광래의 연출로 공연되기도 했기 때문이다.

여기서 마산 출신 연극인으로서 일찍부터 서울로 진출하여 연출가와 극작가, 그리고 교수로서 왕성한 활동을 한 이광래李光來(1908~1968)에 대해서 잠깐 언급해 보련다. 그가 마산 연극의 초석을 놓은 선구자이기 때문이다.

일본의 명문 와세다 대학 출신인 그는 1935년 희곡〈촌선생〉으로 동아일보 신춘문예에 당선된 후 연출과 극작 그리고 각색 분야에서 탁월한 능력을 발휘한 인물이다. 그리고 서라벌예술대학 교수로도 오랜 기간 봉직한 인물이기도 하다. 그의 본명은 홍근興根이고, 호는 온재溫齋이며, 그의 친형이 동요

마산 출신 연극인 이광래(사진 앞줄 오른쪽 두 번째)의 가족 사진.

〈산토끼〉를 작곡한 이일래李一來(1903~1979)이기도 하다.

현재까지 남겨진 각종 기록으로 입증되는 마산 연극의 1세대를 이광래라고 한다면, 이광래보다 나이가 8~9세 아래인 배덕환·김수돈·정진업 같은 연극인들은 마산 연극의 2세대랄 수 있다. 하지만 서울에서 주로 활동한 이광래와는 달리 이들 2세대들은 주로 마산에서 활동을 한 점이 이채롭다. 2세대인 그들은 처음엔 고토부키자(수좌壽座)를 중심으로 활동하다가 나중엔 창동의 공락관(시민극장)과 그 인근의 국제극장(강남극장)으로까지 영역을 넓혀서 많은 연극을 무대에 올리기도 했는데, 〈젊은 그들〉, 〈강씨 일가〉, 〈방랑시인 김삿갓〉, 〈무의도 기행〉, 〈군상〉, 〈닭의 의미〉 등등이 그때 공연된 작품들이다.

이처럼 창동은 일제강점기부터 구마산의 중심축으로 자리 잡아왔음은 물론, 마산 연극의 탯자리로서도 그 역할을 뚜렷이 해 왔다는 사실을 알 수가 있다. 하지만 어느 기간 동안 수많은 점포들이 창동에 있었다고 하여 창동이 중요한 것이 아니라, 창동이 오랜 역사를 가진 마산 연극의 종가 역할을 했기에 그 중요성을 강조하는 것이다. 특히나 재삼 강조하지만 마산 연극이 무대다운 무대에서 본격적으로 활동한 시기는 일제강점기인 1917년부터이고, 그 장소가 창동 인근 수성동에 있던 고토부키자(수좌壽座)였다는 사실이 놀랍고도 중요한 것이다. 하여, 창동을 '마산 연극의 종가'라고 하는 것이다.

구마산의 식당 야화

제20회 마산국제연극제 개막축하연 모습. 장민호, 백성희, 권성덕 등 서울의 유명 연극인과 마산의 예인들이 분위기를 즐기고 있다. 구마산 옛 홍화집에서.

창동 골목길 소재 삼도집.   창동 골목길 소재 정근식당.

구마산을 언급하면서, 그리고 또 창동 골목길을 언급하면서, 식당 야화를 빠뜨릴 수가 없다. 그 이유는 한 시절을 풍미한 식당들이 아직도 골목길 곳곳에서 그 자태를 뽐내고 있기 때문이다. 그런 식당들이 존재하고 있기에 창동 골목길이 아직까지도 잊히지 않고 있는 것이요, 그런 식당들 때문에 마산의 옛 정취가 아직까지도 회자膾炙되고 있기 때문이다.

우선 언급하고 싶은 것은, 속칭 창동 쪽샘 골목 일대에 있는 식당들이다. 요즘은 창동 예술촌 골목으로 더 잘 알려진 그 골목길 중간쯤에, 그리고 학문당 후문 건너편 조금 아래쪽에, 삼도집이란 옥호를 가진 식당이 하나 있다. 주로 삼겹살을 위주로 하는 돼지고기 요리로 잘 알려진 식당이다. 이 삼도집은 대패삼겹살 맛이 일품일 뿐 아니라 식당 주인의 인간성 또한 순박해서 손님들에게 인기가 많다. 특히 이 삼도집의 전금배 사장은 하루도 거르지 않고 매일 소주 두 병을 마시는 애주가로 소문난 사람이다. 그렇게 해야만 장사를 잘할 수 있는 체질이라고 본인이 주장한다. 물론 소주를 마시기 위한 핑계일 터이지만, 그런 핑계를 댈 정도로까지 애주가이니 한편으론 부럽기까지 하다. 이 삼도집은 올해로 대략 45년째 그곳에서 장사를 하고 있다고 하니 언급을 안 할 수가 없는 것이다.

이 삼도집에서 위쪽으로 몇 걸음을 옮기면 학문당 후문이 나오고 그 위쪽 한 집 건너에 유명한 식당이 또 하나 있는데 바로 정근식당이 그것이다. 이 정근식당은 처음에는 어시장 맞은편의 현 국민은행 마산종합금융센터 부근에서 장사를 하다가 창동 뒷골목의 현 위치로 식당을 옮겼다는데 이 식당도 올해로 벌써 40여 년이 된다고 한다. 현재는 2대인 양석훈 사장이 가업을 물려받아서 하고 있다.

삼도집이 돼지고기 맛집으로 소문난 식당이라면, 정근식당은 소고기 맛집으로 소문난 식당이랄 수 있다. 특히 한우소금구이와 된장찌개 맛이 일품이라고 한다. 중국의 삼국시대 때, 유비와 손권 등의 연합군이 조조의 백만 대군과 적벽赤壁에서 서로 대치했다지만, 그 적벽은 아닐지라도 좁다랗고 운치 있는 창동 뒷골목에서 돼지고기 전문집과 소고기 전문집이 서로 일합을 겨룰 듯이 지척에 자리 잡고 있으니 그 광경 또한 정겹기 그지없다. 두 집은 서로 정면으로 마주보고 있지는 않으나 엎어지면 코 닿을 정도로 가까운 거리에 위치해 있으니 더더욱 창동 뒷골목의 정취와 잘 어울린다.

이번에는 발걸음을 중성동 골목 쪽으로 옮겨 보자. 세칭 족발골목으로 유명했던 중성동 골목에는 한때 이름난 족발 전문식당들이 불야성을 이루고 있었다. 하지만 마산이 퇴락했기 때문일까. 옛날에는 번창했던 족발골목도 이제는 초라한 골목으로 전락하고 말았다. 코아양과 건너편의 중성동 족발

❶ 중성동 소재
중성족발원

❷ 중성동 소재
마산족발

❸ 신사동 왕족발 전경

❹ 중성동 골목길
끝자락에 위치한
화성갈비

골목 초입에는 일식당 신라초밥이 위치해 있고 그 옆으로는 족발집들이 제법 많이 있었는데 지금은 신사동 왕족발·중성동 족발원·마산족발 등 달랑 세 집만 을씨년스럽게 남아 있으니 초라하다는 말이 어울릴 정도다. 마치 오늘날의 우리 마산의 민낯을 보는 것 같기에 하는 말이다.

중성동 족발골목을 계속 걸어가다 보면 골목길 맨 끝에 식당 하나가 굳건히 버티고 있다. 갈비 전문집 화성갈비가 그것이다. 이 식당도 벌써 40여 년이 넘는 역사를 가지고 있으며, 구마산의 대표적인 갈비 전문집으로 소문난 곳이다. 그러고 보니 구마산에 있는 이름난 식당들은 거의 대부분 40여 년이 넘는 오랜 역사를 가졌다는 사실이 놀랍고도 고맙다.

구마산의 식당 야화를 언급하면서 빼놓을 수 없는 곳이 또 하나 있다. 경남은행 창동지점 주차장 뒤편이자, 카페 해거름 바로 맞은편 일층에 있는 식당 '오복보리밥'이 그곳이다. 오복보리밥은 비빔밥으로 소문난 식당이다. 이 집의 비빔밥에는 두 가지 종류가 있는데, 하나는 쌀밥 비빔밥이고 다른 하나는 보리밥 비빔밥이다. 그래서 도꾸이들은 방 안으로 들어가면서 "나는 쌀밥, 다른 사람들은 보리밥"이라고 미리 주문해 버리기도 한다. 또한 이 식당은 여러 가지 채소와 다양한 반찬을 내놓는 것으로도 유명하다. 음식 값도 저렴하거니와 맛 또한 일품이어서 남녀노소를 불문하고 자주

구마산 식당 오복보리밥.

찾는 식당이다. 이 오복보리밥도 그 연륜이 올해로 30여 년이 된다고 한다.

오복보리밥은 처음에는 비빔밥 한 그릇에 2,500원을 받았단다. 그러다가 물가가 오를 때마다 500원씩 올려 받곤 했다는데 지금은 한 그릇에 8,000원을 받고 있다고 한다. '정성을 다하는 오복보리밥'이란 선전간판 문구처럼 정말 정성을 다해 상을 차려 낸다. 또한 이 식당의 바닥을 자세히 살펴보면 얼마나 많은 사람들이 출입했는가를 금세 알 수가 있다. 식당 바닥이 반질반질하게 닳고 또 닳았기 때문이다. 수많은 사람들이 오랜 기간 출입했다는 방증이기도 하다. 특히나 비빔밥 한 그릇에 4,000원 할 때는 차례를 기다리는 손님들의 줄이 식당 밖으로 수십 미터까지 길게 늘어선 진풍경이 연출되기도 했단다.

"창동 거리에는 사람이 없어도 오복보리밥에는 항상 사람들이 북적거린다."는 말을 들을 정도로까지 한 시절 전성기를 누렸다는 오복보리밥. 지금도 예전만큼은 못해도 그래도 평일 점심시간과 주말에는 눈코 뜰 새가 없을 정도로 엄청 바쁘다고 엄살 아닌 엄살을 부리는 오복보리밥의 박미자 사장. 나도 한때는 오복보리밥의 단골 축에 속했다. 우리 극단 사무실이 창동 네거리에 있었기 때문이다. 요샛말로 강추(강력한 추천)는 아니지만 채식 위주의 식사를 하고 싶다면 오복보리밥으로 한 번 가보시라고 권하고 싶다. 그 이유는 백문불여일견百聞不如一見, 직접 가보면 알 수 있으리니.

또한 비빔밥과는 또 다른 종류의 음식을 파는 분식집들이 한곳에 모여 있는 장소가 창동에 있다. 그만큼 창동 일대는 맛집이 많은 지역이란 뜻도 되겠다. 그 대표적인 곳이 바로 창동 네거리에서 부림시장으로 들어가는 초입의 먹자골목이다. 아마도 행정구역상으로는 부림동에 속할지도 모른다. 부림시장과 맞닿아 있기 때문이다. 세칭 김밥과 떡볶이 그리고 오뎅과 순대 등등을 주로 파는 지역이다. 위치는 부림시장 들머리인데, 그 통로의 좌우에는 김밥과 떡볶이·순대·우동·국수·라면 등등과 같은 다양한 종류의 메뉴를 파는 분식집들이 자리 잡고 있다. 그 옛날 부림시장이 전성기를 구가할 때는 많은 분식집들이 진을 치기도 했으나 이제는 달랑 네 집만 남아 있다.

한국 사람이라면 김밥을 싫어하는 사람은 별로 없을 것이다. 옛날 학창시절 소풍 갈 때는 김밥이 만인의 필수품이었다. 그리고 부림시장의 분식집들이 인기를 끌었던 것도 이와는 무관하지 않을 것이다. 그러나 사실 분식집에서는 김밥만 팔아서는 수익이 별로 없다. 속된 표현으로 김밥은 다른 메뉴를 팔기 위한 미끼에 불과할 정도이기 때문이다. 마치 '보리 밥풀로 잉어 낚는 것'처럼, 김밥을 시키면서 다른 음식들의 주문도 유도해야 하기 때문이다. 그 때문에 대부분의 분식집에는 떡볶이·우동·라면·순대·국수 등등과 같은 먹음직스런 또 다른 메뉴가 항상 준비돼 있는 것이다. 한때는 마산의 상징이었고, 또한 찾아온 손님들로 장사진을 치기도 했던 곳이 바로 마산 부림시장 입구의 먹자골목이었다.

그렇다면 현재 영업 중인 분식집의 면면을 살펴보는 것도 좋을 것 같다. 우선 부림시장 들어가는 방향의 오른쪽부터 보자. 맨 먼저 동해 칼국수가 있고 그 맞은편에는 수진이네 분식이, 또 그 맞은편에는 11남매 떡볶이가 있으며, 그 오른편 코너를 돌아가면 6·25 떡볶이가 각각 자리를 잡고 있다. 모두 합해서 달랑 네 집 정도다. 그 정경이 참으로 초라하고 스산해 보인다. 그리고 그런 분식집들은 언제 또 옥호가 바뀌거나 없어질지도 모른다. 여기서도 마산의 현주소를 적나라하게 보는 것 같다. 서울의 광장시장 떡볶이 집들은 매일같이 손님들로 북적거린다는데, 우리 마산의 부림시장 떡볶이 집들은 초라할 정도로까지 한산하니, 갑자기 명치끝이 아려오는 것은 무슨 연유일까. 우리 모두 짬을 내서 부림시장 떡볶이 집으로 가 보는 것은 어떨까. 달

부림시장 6·25 떡볶이집.   구마산 식당 부림곰탕.

밤에 개 짖는 소리로 치부하는 사람들도 있겠지만…….

또한 부림시장 들머리의 반지하 식당가에도 오래된 맛집이 하나 있다. 그 지역은 1970년대 중반부터 1980년대 중반까지는 세칭 횟집 타운으로 전성기를 구가하던 식당가이기도 하다. 벌써 30여 년 전의 일이다. 그런 식당가에 지금은 달랑 세 곳만 영업을 하고 있다. 부림곰탕과 일번횟집 그리고 서면식당이 그것이다. 솔직히 말하면 식당가라고 할 수도 없다. 황량하고 썰렁한 분위기만 감돌기 때문이다. 그런데 그런 시베리아의 허허벌판 같은 곳에서도 용감하게 장사를 하고 있는 식당이 하나 있으니 바로 부림곰탕이 그것이다.

부림곰탕이란 상호가 암시해 주듯이, 이 식당의 주 메뉴는 곰탕이지만 곱창찌개도 일품이다. 현재의 위치에서 50여 년 가까이 장사를 하고 있는 식당이다. 현재는 박상식 사장이 운영하고 있는데, 처음에는 그의 모친이 지금의 장소에서 한 20여 년간 식육점을 했고, 그 뒤를 이어 그가 식육점을 물려받아 식당으로 바꾼 후 지금까지 30여 년간 영업을 하고 있다고 한다. 두 기간을 합쳐서 50여 년간 현재의 장소에서 장사를 하고 있다는 말이다. 그래서 그가 용감하게 장사를 하고 있다고 하는 것이다.

나도 한때 극단 사무실이 창동 네거리에 있었던 관계로 그곳을 자주 찾은 축에 속한다. 나에게 그 식당을 소개해 준 사람은 경남항운노조의 백용운 부장이었다. 그는 마산 시내 곳곳에 포진해 있는 맛집을 어찌 그리 속속들이도 잘 아는지 탄복할 지경이었다. 한때 창동에 거의 살다시피 했던 나도 모르는 부림곰탕을 그가 먼저 알고 있었으니 하는 말이다. 그는 마산의 맛집 계통에서는 자타로부터 인정받는 마당발이다. 그와 나 그리고 사진작가 라상호 등 우리 셋은 자주 그 식당을 찾은 단골이기도 했다. 한번은 불로식당의 조재현 사장이 그의 가족들과 함께 이 식당에 식사하러 왔다가 우리와 조우한 적도 있다. 불로식당 가족들이 왔다는 말은 부림곰탕의 음식 맛이 그만큼 인정받는다는 것을 의미한다. 불로식당은 구마산의 대표적인 한정식 식당으로 익히 소문났기 때문이다.

옛 남성동 파출소 주변에도 소문난 식당들이 많았는데, 지금은 없어진 서울깍두기란 식당도 그중의 하나다. 오늘날에는 명동손국수라는 식당이 유명하다. 명동손국수는 서울 명동에서 장사를 하다가 마산으로 내려와 현재의 위치에서 오늘날까지 40여 년간 영업을 하고 있다고 한다. 충남 홍성 출신인 이경문 사장이 1979년 마산으로 내려와 시작했다는 식당이다. 명동손국수

구마산 식당 명동손국수.

란 이름도 서울 명동에서 장사를 하다가 내려왔기 때문에 붙인 옥호라고 한다. 이 집의 별미는 메밀국수다. 겨울철에도 찾는 손님들이 많지만, 성수기인 여름철에는 줄을 서서 기다릴 정도로 문전성시를 이루는 식당으로 소문나 있다.

명동손국수에서 아래쪽으로 한 십여 미터쯤 내려가면 북경성北京城이란 중국집이 나온다. 상호는 거창하나 건물 외관은 좀 초라해 보이는 중국집이다. 하지만 중국 화교華僑가 직접 운영하는 정통 중국집이다. 현재의 위치에서 영업을 한 지는 올해로 28년쯤 된다고 한다. 현 위치에서 장사를 하기 전에는 바로 인근 동서동사무소 부근에서 장사를 했다고 한다.

그런데 이 북경성의 창업 스토리가 재미있다. 북경성은 처음에는 신마산의 현 함흥집 자리에서 일신식당이란 상호를 내걸고 장사를 시작했단다. 그때는 초밥과 중국요리를 같이했단다. 그 후 진동으로 식당을 잠시 옮겼다가 구마산으로 이사를 와서 현 남성동 김한경 치과 자리에서 대동원이란 중국집을 했고, 다시 자리를 옮겨서 구 시민외과 옆에서 중국집 화성원을 했단다. 그리고 또 오동동에서 잠시 중국집 만리성을 하기도 했단다.

그러다가 1994년경 현재의 위치로 옮겨와서 오늘날까지 북경성을 하고 있다고 한다. 듣고 보니 북경성의 이동 과정은 게르만 민족의 대 이동보다 더하면 더했지 덜하지는 않을 정도로 파란만장한 것 같다. 참으로 눈물겨운 이주 야화 같다. 하기야 중국 사람들이 어쩌다가 우리 마산까지 와서 중국과는 전혀 다른 환경에서 새로운 삶을 개척해 나가야 했으니 그 과정이 순탄치 않았을 것임은 불문가지. 그 때문에 그런 힘든 이주과정을 게르만 민족의 이동에 빗대서 언급해 본 것이다.

지금도 북경성에서 음식을 주문하면 그들의 한국말이 좀 서툴다는 것을 느낄 것이다. 그리고 자기들끼리의 대화는 전부 중국말로 한다. 또한 신마산 함흥집의 창업주가 이북 출신인 줄은 알았지만, 북경성이 현재의 함흥집 자리에서 함흥집보다 먼저 장사를 시작했고, 자기들이 진동으로 이사를 나오고 난 뒤에 오늘날의 함흥집이 그 자리에서 장사를 시작했다고 하는 북경성 사장의 설명은 처음 듣는 식당 야화인 것이다. 물론 함흥집은 현재의 위치에서 영업을 시작하기 훨씬 전인 1951년부터 두월동 인근에서 영업을 시작했다고 한다. 현재 북경성의 사장은 3대인 손립상이란 인물이다. 그는 중국 화교 3세라고 한다.

이왕 중국집 이야기를 시작했으니, 중국 화교가 직접 운영하는 중국집 현황을 좀 더 살펴보자. 북경성 사장의 말을 빌리면, 현재 마산에는 정통 중국 화교가 운영하는 중국집은 딱 세 집밖에 없다고 한다. 남성동 파출소 부근의 현 북경성과 옛 신마산 소방서 앞 인근에 있는 영생각永生閣, 그리고 옛 신마산 반월동 사무소 맞은편 인근에 있는 전앙장全央莊이 그것이란다. 요즘은 한식당韓食堂이고 중국집이고를 불문하고 다들 장사가 안 돼 죽을 지경이라고 하기에 조심스럽게 북경성 사장에게 몇 마디 물어본다.

"외람됩니다만, 요즘 장사는 좀 어떠한지요? 다들 불경기라고 아우성입니다만."
"불경기는 분명하지만, 그래도 우리는 그런대로 장사가 잘됩니다."
"요즘 창동에는 중국집들이 거의 안 보이던데요."
"정통 중국집들은 거의 다 없어졌습니다. 특히 화교들이 하는 중국집은요."
"옛날에는 장사가 잘 되었나요?"

중국 화교가 운영하는 북경성.

"옛날 한창때는, 저 위 시민극장에서 영화 한 프로 땡긴 후, 여기 우리 집에 와서 짜장면 한 그릇 땡기고 가곤 했지요. 아마 그때가 전성기였을 겁니다. 분수 로터리가 있던 인근 서성동의 옛 마산 MBC 건물 맞은편에 시외버스 주차장이 있을 때인데, 그때는 어디서 소문을 듣고 왔는지 고성·함안·진영 심지어는 부산에서까지 손님들이 몰려왔어요. 그리고 지금까지 잊을 수 없는 에피소드가 하나 있습니다. 그때는 3·15의거 기념탑 부근에 있는 몽고정 위로 기차가 지나다닐 때인데, 전라도 사람들이 생전 처음 봤는지, 그 철로로 기차가 달리는 광경을 밑에서 쳐다보고는 얼마나 놀랬던지 워메, 기차가 하늘 위로 막 날아다닌당께요. 하면서 놀라 자빠졌답니다. 우리 집에 짜장면 먹으러 와서 그랬다니까요."

북경성 2대 사장은 숨겨진 이야기를 계속 털어놓는다.

"한때 신마산 두월동에 있던 유명한 중국집 갑자원도 우리 북경성의 전신인 일신식당이 함흥집 자리에서 진동으로 옮긴 후에 생겼습니다."라고.

현재 북경성의 대표 메뉴가 뭐냐고 묻자 그는 스스럼없이 짜장면이라고 한다. 그리고 짜장면도 다 같은 짜장면이 아니라 정통 중국식 짜장면이라고 한다. 위에서 북경성 사장이 한 말을 그대로 옮긴 이유는 중국인인 그가 구사하는 한국어가 좀 서툴다는 점을 부각시키기 위해서이다. 예컨대, "짜장면 한 그릇 땡긴다, 영화 한 프로 땡긴다."와 같은 어투가 그것이다. 사실 땡긴다는 표현은 일반인들은 잘 안 쓰는 비속어에 속한다. 그러나 한국어에 능

통하지 않은 중국인이기에, 다른 시각에서 보면 참으로 정겹고도 투박한 어투라는 생각도 드는 것이다. 무슨 악의가 있어서 그런 어투를 사용하는 것이 아니란 이야기다. 나도 어릴 때, 땡긴다는 말을 무심코 썼다가 부모님한테 혼쭐이 난 적도 여러 번 있기에 하는 말이다.

구마산의 식당들을 언급하면서 유성식당을 건너뛸 수가 없다. 유성식당은 흔히 말하는 보신탕 전문식당이다. 옛 오동동 파출소 인근에 있는 식당인데, 단골손님들이 주로 찾는다고 한다. 보신탕을 좋아하지 않는 사람들도 많겠지만, 몸이 허약하거나 건강이 좋지 않은 사람, 또는 큰 수술을 받은 사람들이 자주 찾는다고 한다. 나도 서울에서 연극계 인사들이 찾아오면 자주 이 식당으로 안내하곤 했는데, 언젠가는 한국 연극학계의 석학 유민영 박사 내외를 이 식당으로 안내한 적도 있고, 권성덕 연극배우와 노경식 극작가를 안내한 적도 있다. 유성식당의 음식에 대한 평가를 부탁하자 그들 모두가 대만족이라고 했다.

또한 코아양과 뒤편에 있는 고려횟집도 꽤 알려진 맛집 중의 하나이다. 우연의 일치인지는 모르나 고려횟집이란 이름을 가진 식당이 어시장에 또 하나 있기도 하다. 하지만 어시장의 고려횟집은 전문 횟집인 반면, 오동동의 고려횟집은 초밥과 회, 그리고 생선국을 주로 내놓는 식당인데, 이곳도 꽤 오랜 역사를 자랑하는 곳이다. 나이가 지긋한 사장 겸 주방장이 직접 요리를 하는데, 그의 요리 솜씨가 보통이 아니다. 그 때문인지는 몰라도 이 집의 단골들이 많다.

인근 창원만 하더라도 호황을 누리고 있는 식당들이 많다는데, 우리 마산의 식당들은 왜 다들 침체의 늪에서 헤어나지 못하고 있는 것일까. 그리고 창동과 그 인근의 이름난 맛집들은 왜 다들 자취를 감추고 말았을까. 그 이유는 아마도 경남은행 본점을 비롯한 여타 은행들과 다른 기관들이 전부 다른 곳으로 이전해 버렸기 때문일 것이고, 마산이 창원시로 통합되었기 때문일 것이다. 그리고 또 마산의 중심부였던 창동·오동동·동성동·남성동·부림동 등등이 폭탄 맞은 전쟁터처럼 폐허 아닌 폐허로 변해 버렸기에 그리 된 것은 아닌지 모르겠다.

한 시기 마산의 운명을 좌지우지했던 전前 시장들을 포함한 관련자들이 이제 와서야 "마산이 이렇게까지 침체의 구렁텅이에 빠질 줄은 몰랐다"는 핑계를 대면서 그 책임을 회피하면 할수록 자신들의 치졸함과 무지몽매함만 부각될 뿐이다. 정녕 그들에게 책임을 물을 방법은 없단 말인가. 한 시절 마산을 대표했던 수많은 맛집들이 소리 소문도 없이 사라져 버렸기에 하는 말이고, 우리 마산이 소리 소문도 없이 불황의 늪 속으로 빠져들고 말았기에 하는 말이다. 그 때문에 구마산의 식당 야화를 입에 올리는 것조차 부끄러울 따름이다.

신마산 야화野話

연탄이 주 연료였던 시절의 연탄배달 모습.

많은 사람들의 애독서 중의 하나인 《삼국지》에 나오는 제갈공명과 사마중달은 서로 적수 중의 적수요, 서로 쌍벽을 이룬 대표적인 인물로 알려져 있다. 제갈공명과 사마중달은 사람이지만, 사람이 아닌 장소가 서로 쌍벽을 이룬 곳이 우리 마산에 있다. 일제강점기부터 자웅雌雄을 겨루어 온 신마산과 구마산이 바로 그곳이다. 여기서 쌍벽을 이루었다는 말은 두 지역이 오랜 기간 동안 서로 마산의 중심지로서 그 역할을 톡톡히 했음을 의미한다.

보는 사람의 시각에 따라 다를 수도 있겠지만, 일제강점기 초기에는 신마산이 구마산보다 더 마산의 중심부가 아니었나 하는 생각이 든다. 그 이유 중의 하나는, 많은 일본 사람들이 일제강점기 초기부터 벌써 신마산 일대에다 삶의 둥지를 틀었기 때문이다. 그만큼 주거지로서는 신마산이 최적의 장소였다는 말이다. 특히나 일본 사람들은 주거지를 선택할 때는 예나 지금이나 풍수지리설을 얄미울 정도로 신봉하기 때문이다.

굳이 풍수지리설에 기대지 않더라도 신마산은 지금도 사시사철 살기 좋은 최적의 주거지역이다. 공기 좋고, 따뜻하고, 조용하고, 생활하기에 편리하고 등등……. 아마도 일제가 마산에 본격적으로 들어오면서, 신마산 일대를 주거지역으로 택한 이유도 바로 이러한 지리적인 조건 때문일 것이다. 달리 말하면, 신마산 지역이 배산임수背山臨水의 조건을 갖춘 명당 지역에 해당된다는 말이다. 뒤로는 대곡산과 무학산이 자태를 뽐내고 있고, 앞으로는 합포만 앞바다가 펼쳐져 있으니 배산임수의 조건을 갖춘 대표적인 곳이 바로 신마산 일대라고 할 수 있다. 그래서일까, 특히나 신마산의 월남동 일대는 1899년 마산항이 개항되자마자 신마산으로 들어온 일본인들의 집단 거주지가 되었고, 그 때문에 동네 이름까지도 혼마찌本町로 불렸던 것이다.

이왕 명당 지역이란 말이 나왔으니 신마산에서 대표적인 명당 지역 한 곳을 꼽는다면, 현재의 제일여중·고 교문 입구와 그 부근을 들 수 있다. 그곳은 일제강점기 때 일본의 신사神社가 있던 곳이다. 제일여중·고에 있었던 신사는 술의 신을 모신 송미신사松尾神社라고 한다. 아마도 우리 마산이 물맛 좋고 술맛도 좋은 곳이라서 그런 명칭이 붙었을는지도 모른다. 지금도 제일여중·고 교정과 학교 주변에는 신사 흔적이 뚜렷하게 남아 있다. 학교 안과 바깥에 있는 길고 넓은 돌계단이 옛 신사 계단이기 때문이다. 또한 신사의 돌기둥을 받쳤던 주춧돌이 교정의 정원석庭園石으로도 남아 있고, 교정 담벼락에는 일본인 축조 발기인들의 이름을 음각한 돌들이 지금까지도 박혀 있기 때문이다.

일본 신사가 있었다는 말은 그만큼 그 지역이 명당이라는 사실을 의미한다. 지금도 그렇지만 그 당시의 일본은 자국의 황실에 무조건 충성의 예를 올리는 공간인 신사를 세칭 명당 지역 곳곳에다 세웠던 것이다. 오늘날에도 일본은 야스쿠니 신사靖國神社 참배 문제로 우리나라와 갈등을 빚을 정도이니 일본 사람들의 신사에 대한 집착은 더 이상 말할 필요가 없다. 그래서 일본 신사가 있던 곳은 명당이라는 말이다.

우연의 일치일까. 의령군 정곡면 출신의 삼성그룹 창업주 이병철李秉喆 (1910~1987) 회장이 맨 처음 사업을 시작했던 곳이 바로 마산이라는 사실에 놀라지 않을 수가 없다. 신마산이 명당 지역임을 천하의 이병철도 간파한 것 같기에 하는 말이다. 하고 많은 도시를 다 놔두고 그가 하필 마산에서 사업을 처음 시작했다기에 하는 말이다. 그리고 이병철이 풍수지리설을 신봉했음은 익히 알려진 사실이기도 하다.

이병철은 그가 26세 되던 해인 1936년, 마산에서 정미소를 운영하면서부터 본격적으로 사업에 뛰어든다. 그 정미소 이름이 협동정미소다. 그러나 이병철과 정현용 그리고 박정원 등 세 사람이 동업을 해서 시작한 '협동정미소'

삼성 그룹의 모태 삼성상회(사진출처 : 호암재단).

가 생각만큼 잘되지 않았고, 그 밖에 운수업과 부동산에도 손을 댔지만 계속 실패를 하자 이병철은 마산에서의 사업을 과감하게 접고 근거지를 대구로 옮긴다. 그리고 대구에서 당시 돈 3만 원으로 삼성상회를 세운 후 성공함으로써 오늘날의 삼성그룹 창업주가 된 것이다. 그런 이병철이 그의 첫 사업인 정미소를 마산에서 시작했다는 사실이 놀라운 것이다. 마산에서의 첫 사업이 잘만 되었더라면, 마산이 삼성그룹의 탯자리가 될 뻔했기에 하는 말이다.

신마산과 구마산이 쌍벽을 이룬 것 중에는 문화예술과 관련된 공간도 있다. 그 단적인 예가 공연장이다. 1910년 경술국치가 있기도 전인 1909년에 벌써 신마산에는 마루니시자(환서좌丸西座)라는 공연장이 건립되었고, 그로부터 8년 뒤인 1917년에는 구마산에 고토부키자(수좌壽座)라는 공연장이 건립되었는데, 두 공연장은 당시로서는 보기 드문 최신식 공연장이었다고 한다. 특히나 마루니시자는 신마산에 거주하는 일본인들을 위해서 만든 가부키(歌舞伎) 위주의 공연장이었고, 구마산의 고토부키자는 한국인들을 위해서 만든 다목적용 공연장이었다고 한다. 이처럼 신마산에는 구마산보다도 앞선 시기에 그 당시로서는 최신식 공연장까지 들어섰음이니 신마산과 구마산은 서로 쌍벽을 이루었다고 하는 것이다.

신마산이 명당 지역에 속한다는 사실을 증명하는 장소는 또 있다. 바로 신마산에서 가포 가는 고갯마루 지나 왼쪽 초입에 있는 마산결핵병원과, 현 월영마을 아파트 단지에 있던 국군통합병원이 그것이다. 현재 국군통합병원은 다른 곳으로 옮겨갔지만, 두 병원은 공히 결핵환자들을 위한 병원이었고, 결핵환자들에게는 공기 좋은 곳이 필수적이기에 그런 결핵병원이 있었거나 현재까지도 있다는 사실은 그 지역이 명당 지역임을 말해주는 단적인 예랄 수 있다.

그 때문은 아니겠지만, 해방 직후 신마산에는 귀환동포들의 집단 거주지가 있었고, 6·25전쟁 후에는 피란민들의 집단 거주지도 있었다. 또한 구한말에서 일제강점기까지는 일본과 러시아 영사관도 있었고, 오랜 역사를 자랑하는 마산우편국도 있었다. 마산우편국은 경술국치가

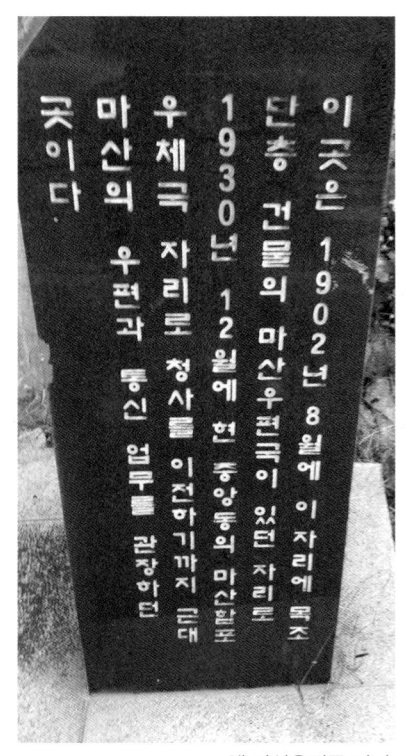

옛 마산우편국 자리.

있기도 전인 1902년 8월, 목조 단층으로 신마산 현 미래산부인과병원 건너편에 지어져 1930년까지 그곳에 있다가 그 해 8월 마산중부경찰서 맞은편에 있는 현 마산합포우체국 자리로 옮겼다고 한다. 환언하면, 마산합포우체국의 전신은 마산우편국이고 그 역사가 올해로 118년이나 된다는 말이다.

그 밖에 '마산헌병분견대'도 있었다. 마산헌병분견대는 1926년 월남동 3가 11번지에 지어졌다는데, 그 건물의 원형은 지금까지도 신마산 그 자리에 남아 있다. 특히나 이 마산헌병분견대 건물은 국내에 남아 있는 유일한 일제강점기의 헌병대 건물이라고 한다. 현재는 그 건물의 내부를 개조하여 전시관으로 활용하고 있다. 그런데 이 마산헌병분견대의 건립 연도가 1926년이 아니라 1912년이란 주장이 근자에 제기된 바 있고, 그 때문인지는 모르나 옛 마산헌병분견대 입구에 설치된 표지석에도 건립연도가 1912년으로 되어 있다. 그런데 마산헌병분견대의 전신은 1904년 설치된 '마산포헌병분주소'라

옛 마산헌병분견대 전경.

고 하며 그 역사도 자그마치 116년이나 된다고 하니 놀랍기 그지없다.

아마도 일제강점기에 진동에서 4·3 만세운동이 벌어졌을 때, 진동의 사동교까지 출동한 헌병들이 바로 이 마산헌병분견대에서 출동한 병력이 아니었을까 하는 추측도 해 본다. 그 사동교에서 우리의 팔八 의사義士들이 목숨까지 바쳐가며 대한 독립을 외쳤는데, 그때 순국殉國한 팔 의사들의 이름은 고묘주·김수동·김영환·김호현·변갑섭·변상복·이기봉·홍두익 등이고, 현재 사동교 입구에는 팔 의사 창의탑도 세워져 있다. 우리 지역 애국지사들에게 한없는 축복이 있을진저.

옛 마산헌병분견대 표지석.

신마산 만날재(고개)에서 출발하면 왕복하는데 한 시간 남짓 걸리는 산이 하나 있다. 바로 정상 높이가 516m인 대곡산이 그것이다. 이 대곡산에서 내려다보이는 마산 앞바다와 더 멀리로 바라보이는 바다 풍광은 가히 절경이라고 해도 지나친 표현은 아닐 것이다. 못 믿겠다는 사람은 한 번쯤 대곡산 정상까지 산행을 해 보시기를. 이 대곡산에서 발원된 물줄기가 신마산 개천을 따라 흘러내리다가 신마산 앞바다로 빠져나가는데, 오늘날에는 그 개천을 창원천이라 부르고 있다. 신마산에서 흐르고 있는 개천을 창원천이라고 하니, 어째 마산과는 좀 어울리지 않는 생뚱맞은 이름 같다는 생각이 들기도 한다.

그리고 대곡산이나 만날재에 갔다 오다가 목마른 사람들이 들르는 장소가 하나 있다. 바로 신마산의 최 부자富者 집이 그곳이다. 이 최 부자 집은 옛 유록동의 유록빌라 초입에 있는데 목마른 등산객들이 이 집에 들러서 가끔씩 목을 축이곤 하는 것이다. 흔히들 최 부자라고 하면 경주의 최 부자를 떠올리겠지만, 우리 신마산에도 많은 사람들의 입에 회자되는 최 부자 집이 있으니 바로 이 최 부자 집인 것이다. 들리는 소문으로는 일제강점기부터 그래 왔다고도 하는데, 누구든지 일 년 삼백육십오일 이 집에서 수시로 물을 마실 수가 있었고, 그런 현상은 지금까지도 변함이 없다고 한다. 그런 연유 때문에 오늘날까지도 최 부자 집이란 평판을 듣고 있는지도 모르겠다.

어느 누구를 막론하고 원하는 대로 물을 마실 수 있도록 허락해 준 사연이 정확하게 알려진 바는 없지만, 집주인의 심성이 좋은 것만은 분명하다. 왜냐하면, 옛날과는 달리 지금은 수도꼭지를 통해서 생수를 마시게 되어 있는데, 추운 겨울에는 수도꼭지가 얼지 않도록 집주인이 매일매일 세심한 조치를 취하는 것을 보면 최 부자란 사람의 심성이 보통은 아니기 때문이다. 하루 스물네 시간, 일 년 삼백육십오일, 항상 대문을 개방해 놓고는 목마른 사람들이 시도 때도 없이 드나들 수 있도록 허락해 준다는 것은 아무나 할 수 있는 일이 아니다. 귀찮은 것은 물론이요 요즘처럼 험한 세상에는 집에 도둑이나 강도가 들 수도 있기 때문이다.

그런 배려 때문에 최 부자 집이란 평판을 들을 것이다. 목을 축이러 온 사람뿐 아니라 인근의 동네 주민들로부터 만약 돈이라도 몇 푼 받았다면 평판이 달라졌겠지만, 목마른 사람에게나 동네 주민들에게 아무런 조건 없이 무료로 물을 제공해 주고 있으니 칭송이 자자한 것이다.

나도 만날재를 오가는 도중에 한 번씩 이 집에 들러서 목을 축이는 편이다. 나중에야 안 사실이지만 이 최 부자 집은 창원상공회의소 한철수 회장의 처갓집이라고 한다. 그러고 보니 그가 창원상공회의소 회장이 된 것은 물론이요 지역 사회의 성공한 기업인으로 자리 잡은 배경에는 이와 같은 그의 처갓집 음덕陰德 때문이 아닐까 하는 좀 엉뚱한 생각도 해 본다. 물론 그의 외갓집도 유명한 항일 애국지사 집안이다. 진전면 임곡리 출신인 죽헌竹軒 이교재李敎載(1887~1933) 애국지사가 바로 그의 외조부이며, 현재 진전면에는 이교재 애국지사의 호를 딴 죽헌로라는 도로 이름까지 있을 정도로 죽헌은 일세를 풍미한 항일 애국지사였다.

이 최 부자 집에서 바다 쪽으로 발걸음을 조금 옮기면, 왼쪽 편으로 작은 개천이 하나 흐르고 있는데 그 개천 이름이 창원천임은 위에서 언급한 바와 같다. 그 창원천 끝까지의 개천 양쪽 주변에는 오래된 벚나무들이 울창하게 어우러져 있는데 그중에는 일제강점기에 심은 것도 있다고 한다. 물론 수령이 얼마 안 된 나무들도 있기는 하지만…….

그런데 봄이 되어 그 개천 양쪽의 벚나무에 벚꽃이 만개하면 그 풍광이 참으로 장관을 이룬다. 그리고 그 개천 양쪽뿐 아니라 그 인근 지역의 벚꽃 풍광은 옛날부터 유명했다고 한다. 그 지역은 지금의 문화동 일대를 말하는데, 그 당시의 벚꽃 풍광이 얼마나 아름다웠으면 사쿠라마찌(앵정櫻町)라는 동네 이름까지 생겼을까 싶다. 그 문화동 일개의 지명이 한때는 사쿠라마찌였기 때문이다. 사쿠라마찌는 벚꽃 동네란 뜻이고, 그 절정기는 1930년대였다고 한다.

오늘날 그 개천 좌우에는 나무 바닥재로 된 산책로가 조성되어 있는데, 거천 정비와 나무 바닥재 산책로는 지역구가 합포구인 이주영 전前 국회의원이 예산을 가져와서 만든 것이라고 한다. 그는 5선의 국회의원과 국회 부의장까지 역임한 인물이기도 하다. 이처럼 구마산에서는 잘 볼 수 없는 도심을 관통하는 개천을 신마산에서는 바로 눈앞에서 생생하게 볼 수 있으니, 이 또한 신마산만이 가지고 있는 운치라고 할 수 있다.

창원천 벚꽃 이야기가 나왔으니 언급하지 않으면 안 될 사람이 있다. 바로 옛 마산일보의 김형윤金亨潤(1903~1973) 사장이 그 장본인이다. 그의 아호가 목발目拔인데, 이 목발이란 호는 바로 창원천의 아름다운 벚꽃 풍광 때문에 생겼다고 한다. 목발은 "눈(目)을 뽑는다(拔)"는 뜻인데, 실제로 김형윤은 일제강점기에 어떤 일본인이 신마산에서 마산 시민 한 사람을 모욕하고 구타하는 현장을 직접 목격하고는 도저히 분을 삭이지 못해 그만 그 일본인의 눈을 뽑아버리고 말았다는데, 그 사건이 있고 난 이후부터 그는 목발이란 아호를 사용하게 되었다고 한다. 이 목발에 대한 야화도 나의 졸저拙著《창동야화》 1권에 언급되어 있다.

창원천을 따라 계속 내려오면, 길이는 짧지만 운치 있는 이름을 가진 다리(橋)가 일고여덟 개나 있다. 그 첫 번째 다리가 바로 연애 다리이고, 그 밑으로는 월견교를 비롯한 청수교·월남교·마산교·산월교·제삼三 산월교와 같은 이름을 가진 다리들이 있다. 물론 무명용사처럼 이름이 없는 다리도 한두 개 있지만, 불과 몇백 미터에 불과한 짧은 거리에 일고여덟 개의 다리가 놓여있다는 사실이 참으로 놀랍다.

그리고 그 다리의 이름들도 정겹기 그지없다. 먼저 연애 다리부터 보자. 지금은 다리의 길이도 짧고 또 폭도 좁아서 별로 볼품이 없어 보이지만, 옛날에는 얼마나 아름다운 다리였기에 청춘 남녀들이 그 다리 위에서 연애를 했을까. 분명 그랬었기에 연애 다리란 이름이 붙었을 터이고······.

월견교月見橋는 또 어떤가. "달(月)을 바라볼(見) 수 있는 다리(橋)"라니, 신마산 말고 그런 정겨운 이름을 가진 다리가 또 어디에 있단 말인가. 그런 로맨틱한 이름을 가진 다리가 한두 개도 아니고 일고여덟 개나 있는 곳이 바로 신마산이다. 물론 다리라고 하니까 모르는 사람들은 길이가 제법 긴 다리인 줄로 생각하겠지만, 길이라고 해봤자 불과 8~9m에 불과한 미니 다리인 것이다.

이왕 신마산 이야기를 풀어 놓았으니, 이번에는 신마산 지역에 있던 명소들을 스크린 해 보는 것도 의미가 있을 것 같다. 그런 명소들 중에는 이미 없어진 곳도 많으나 아직까지도 존재하는 곳이 있기 때문이다. 그렇다면 어느 지점부터 언급하는 것이 좋을까. 여러 장소가 있겠지만, 우선 범위를 좁혀서 옛날 제일극장이 있던 곳부터 더듬어 본다. 왜냐하면 제일극장은 일제강점기부터 있었던 유서 깊은 극장이고, 극장 이름도 처음에는 사쿠라칸 즉 앵관櫻館이었기 때문이다. 여기서 앵櫻이란 벚나무를 의미함은 물론이다.

일본인들이 작명했기에 그런 이름이 붙었을 것이다. 일제강점기에 조선 최고의 무희舞姬 최승희가 이 사쿠라칸에 공연을 오면, 그 공연을 보려는 사람들의 줄이 인근 마산극장까지 이어졌다고 한다. 극장이 있었다는 말은 그 부근이 번창했다는 말. 지금은 사정이 다소 다르겠지만, 옛날에 인파가 가장 많이 붐볐던 곳은 바로 극장 부근이었다. 그 당시의 영화 상영은 보통 오전 11시부터 시작되었고, 영화 상영 횟수는 하루에 평균 대여섯 번은 되었기에, 극장 주변에는 항상 많은 사람들이 복닥거렸던 것이다. 또한 오전 11시부터 시작되는 영화를 조조 영화라고 했는데, 조조 영화의 입장료는 할인되기도 했다. 특히나 명화名畫라고 알려졌거나 에로틱하다고 입소문이 난 영화가 상영되는 날이면 극장 주변은 연일 많은 인파로 북새통을 이루기도 했었다. 하지만 옛 제일극장 자리에는 이제 식당 제일각 건물과 원불교 신마산 교당이란 건물이 들어서 있을 뿐이다.

옛 제일극장 건너편에는 지금은 없어진 백야다방이 오랫동안 자리 잡고 있었고, 그 바로 인근에는 일제강점기부터 있었다는 목욕탕 앵화탕이 지금까지도 건재하고 있다. 이 앵화탕도 《창동야화》 1권에서 잠깐 언급한 적이 있다. 앵화탕은 그동안 주인이 몇 번 바뀌기도 했으나, 한때는 마산에서 알아주던 낭만 협객 설재창의 부모님이 운영한 적도 있다고 한다. 일제강점기 한국 제일의 협객이었던 김두한처럼, 지금은 나이가 칠십 대 중반쯤 된다는 설재창은, 현재 활동 중인 마산출신 낭만 협객으로서는 가장 오야붕이라고 한다. 그 밖에도 인근에는 신마산에서 물이 제일 좋은 목욕탕이라는 우스갯소리를 가진 제일온천을 비롯한 신창탕·보광온천·대림탕·부일탕·럭키사우나·옥천온천·신영사우나 등등과 같은 목욕탕이 오늘날까지도 그 위용을 뽐내고 있는데 다들 그 역사가 30여 년이 된다고 하니 놀랍기 그지없다.

이왕 협객이란 말이 나왔으니 한 시기 마산에서 활동했던 대표적인 협객 몇몇을 살펴본다. 아니 협객이란 말보다는 주먹이란 로맨틱한 표현이 오히려 더 어울릴지도 모르겠다.

먼저 신마산 출신의 주먹으로는 상하이 박(본명 박치덕)을 언급하지 않을 수가 없다. 그는 일세를 풍미한 신마산의 외교구락부와 구마산의 현 코아양과 자리에 있었던 컨티넨탈다방을 운영한 사람으로, 그 당시의 마산 예인들과도 교분이 두터웠던 인물이다. 잘생긴 미남에다 커다란 키에 멋진 카이저 콧수염이 트레이드마크였던 그는 일제강점기 때 상하이에서 독립운동을 한 주먹으로도 알려진 인물이고 그 때문에 상하이 박으로 불렸다는 인물이다. 그 밖에 이장수와 그의 친구 이종업, 고릴라라는 별명을 가진 추상근, 다루끼라는 별명을 가진 이봉순, 그리고 김소웅·양이구 등등도 있었고, 특히나 서울의 옛 명동파 부두목을 지낸 구달웅도 신마산 출신이라고 한다. 구마산의 주먹으로는 최만호와 김광웅·전일남, 그리고 최근에 타계한 진주 출신의 탁영호, 북마산파의 오야붕 김용덕, 한때 태권도로 이름을 날린 강재식 등등이 그 대표적인 면면들이라고 한다.

그런데 마산의 주먹을 들먹이면서 고영재란 인물을 빠뜨릴 수가 없다. 왜냐하면, 그가 자유당 시절, 구마산 창동에서 대구 건달들을 상대로 싸운 마산의 전설적인 주먹이기 때문이다. 그 시절의 야화를 재구성해 보면 대충 이렇다.

자유당 시절의 마산은 외항선이 자주 드나든 항구였기에 밀수가 성행했다고 한다. 밀수가 성행했다는 말은 그만큼 검은 돈이 많이 유통되었다는 말. 그런 이유 때문에 전국의, 그중에서도 특히 대구의, 내로라하는 건달들이 마산으로 몰려들었단다. 그 대표적인 인물이 바로 창동 뒷골목에서 마산의 주먹들과 대구의 주먹들이 일합을 겨루었을 때, 마산의 주먹 고영재로부터 흉기에 찔려 사망한 대구의 주먹을 비롯

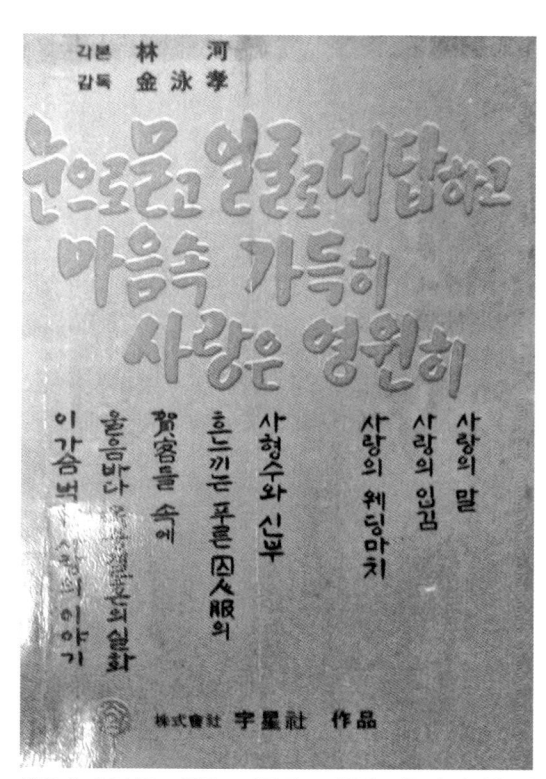

영화 〈눈으로 묻고 얼굴로 대답하고 마음속 가득히 사랑은 영원히〉 포스터.

한 박재수 등등이란다. 그때가 1955년경이었고 그 사건 때문에 고영재는 사형을 구형받았지만 19년 8개월 정도 복역하고 출소했다고 한다.

그의 부친이 한때 어시장 건너편의 아구찜 거리 초입에 있는 현 시민약국 부근에서 한약방을 했다는 고영재. 잘생긴 얼굴에다 강한 카리스마를 가졌고 시도 잘 썼다는 로맨틱한 주먹 고영재. 그 때문은 아니겠지만, 어쨌든 그는 대전 출신의 한 여성으로부터 프러포즈를 받고는 옥중결혼까지 했던 인물이란다. 그런 그의 인생사가 얼마나 드라마틱했던지 그를 모델로 한 영화까지 만들어졌다는 고영재. 그 영화의 제목은 24자나 될 정도로 긴 〈눈으로 묻고 얼굴로 대답하고 마음속 가득히 사랑은 영원히〉였으며, 김영효가 감독을, 신성일과 우연정이 주연을 맡았고, 1974년 개봉되었다는 영화다. 특히나 그 영화에는 의령 출신의 영화배우 최성崔星이 출연하기도 했다. 그런데 위에서 언급한 대구의 주먹 박재수는 그 사건이 있은 한참 뒤에 마산의 주먹 고영재와 화해를 한 후에는 마산에 정착하여 현 코아양과 자리에 있던 옛 컨티넨탈다방 이층에서 신세기 빠를 운영하기도 했단다.

또한 한 시기 마산에는 고창일이란 이름을 가진 걸출한 스포츠계의 고수도 있었다. 그는 여느 주먹들과는 달리 일본의 당수도와 우리의 태권도에 모두 능한 진정한 무림의 고수였으며, 베트남 전쟁 때 주월 한국군 사령관으로 활약한 채명신 장군으로부터도 실력을 인정받았던 출중한 무도인이라고 한다.

일본에서 태어나고 자란 그는 우연하게도 살인사건에 휘말려 도피생활을 전전하다가 급기야는 신마산으로 귀국하게 되는데 그때 운명적으로 조순제라는 당시의 마산 주먹을 만나 마산에 정착하게 되면서부터 그 이름이 알려지게 되었단다. 다소 왜소한 체격임에도 무술계의 고수였던 고창일은 태권도 청양관 관장을 하면서 많은 제자를 배출했는데 그의 제자 중에서 수제자는 윤태운이라고 한다. 철도기관사 출신인 윤태운은 당수도와 태권도를 배우기 전에는 권투에도 일가견을 가진 인물이었다고 한다. 마산MBC 이사를 역임한 박권주도 고등학생 시절 그로부터 운동을 배웠다는 일화도 있다.

또한 특이하게도 마산 출신의 영화배우이자 국회의원을 지낸 이대엽과 훗날 서양화가로서 이름을 날린 김한도 고창일의 제자라고 하는데, 특히나 김한은 윤태운 밑에서 집중적으로 운동을 배웠다고 한다. 이대엽도 이때 배운 태권도 실력이 바탕이 되어 액션 스타로서 한 시대를 풍미했으며, 김한은 운동보다는 그림에 전념하여 나중에는 화가로서 당대를 풍미했다고 한다. 특히나 김한은 현 마산 3·15아트센터 대극장의 무대 막幕 그림을 그린 화백이기도 하고, 고등학생 시절에 벌써 해군사관학교 태권도 사범을 했을 정도로 운동에도 특출한 재능을 보인 인물이라고 한다. 혹시 3·15아트센터 대극장에 공연 보러 가시거든 그 무대 막의 배경 그림을 한 번 감상해 보시기를. 또한 윤태운처럼 역시 철도기관사 출신의 김난조와 마산상고 옆에서 태권도 도장을 한 강순남도 고창일의 제자였다고 한다.

하지만 세상이 변했기 때문일까, 옛날엔 멋도 있고 로맨티스트라 불린 주먹들도 많았지만, 이제는 그런 주먹들을 쉽게 찾아볼 수가 없는 마산이 되어 버렸다고 아쉬워하는 사람들이 많다.

옛 제일극장에서 다시 옛 마산극장 쪽으로 발걸음을 옮기면 월남교란 다리가 나오는데 그 다리를 일제강점기에는 쿄바시(경교京橋)라고 했단다. 그 월남교를 건너면 바로 오른쪽에 일제강점기에 지어진 유명한 요정 망월관望月館이 있었는데, 그 망월관望月館을 망월루望月樓라고 주장하는 사람도 있다. 이름이야 어쨌든 그 망월관은 1908년에 지어진 전형적인 일본식 건물로서,

달을 바라볼 수 있는 집이라는 운치 있는 옥호를 가진 고급 음식점이자 요정이었다. 한창 잘나갈 때는 보통 사람들은 감히 들어갈 엄두조차 못 낸 요정이었고, 그 건물의 조형미가 참으로 아름답기로 소문난 요정이기도 했다.

그 당시 망월관 부근에는 동운東雲과 탄월呑月이라는 고급 요정도 있었다고 한다. 나도 대학생 시절 두월동 거리를 지나다니다가 여러 차례 망월관을 본 적이 있다. 대략 1990년대 초반까지는 폐가 같았어도 건물 자체는 남아 있었지만, 지금은 그 흔적조차 사라져 버렸고 그 자리엔 지금 상우 더 헤라우스라는 고층건물이 들어서 있을 뿐이다. 그런데 그 망월관이 폐업되고 난 뒤 그 건물에는 마산 최초의 체육관이라는 마산체육관이 한동안 자리를 잡고 있었다고 한다.

그 망월관에서 좀 더 아래로 몇 걸음을 옮기면 오냇과란 병원도 있었고, 그 바로 옆에는 유명한 중국집 갑자원도 있었다. 그 당시의 갑자원은 고급 중국집이어서 아무나 들어갈 수가 없었다고 한다. 다들 가난했던 시절이었기 때문이리라. 그 맞은편에는 한 시기 선지국밥과 수육으로 유명한 대구식당도 있었지만, 그 대구식당 자리에는 지금 서승희 헤어코디라는 미용실이 들어서 있을 뿐이다. 대구식당에서 좀 더 내려오면 길 건너 오른편에 대성당구장이 있었다. 한때는 신마산 병풍이란 간판이 걸려 있다가 지금은 무슨 기氣 치료 공간으로 변해 있는 집이 바로 나의 삼촌이 운영했던 대성당구장이었고, 학창 시절 내가 그 삼촌 집에 자주 들렀기 때문에 그 당시의 신마산 사정을 어느 정도는 알고 있는 것이다.

그 대성당구장 바로 밑에 월남동 성당이 있는데, 성당의 출입구는 연세병원 맞은편에 있다. 그런데 이 월남동 성당을 좀 더 언급하지 않을 수가 없다. 왜냐하면 경남대학 캠퍼스가 완월동에 있던 시절, 그 당시의 경남대학에는 천재 교수 두 명이 서로 용호상박龍虎相搏이었는데, 한 사람은 소설가 이병주이고, 다른 한 사람은 영문학자 배덕환 교수였다고 한다. 바로 그 배덕환 교수가 월남동 성당 주변에 살았으며, 그가 나의 대학 은사이자 나를 연극판으로 이끈 장본인이기 때문이다. 또한 그는 영문학자이면서도 초창기 마산연극계를 주도했던 유명한 인물이다.

바로 그 배덕환 교수의 아들이 현재 천주교 마산교구장인 배기현 주교이며, 그가 어렸을 때 바로 이 월

마산예총 회장과 경남대 교수를 역임한 배덕환.

남동 성당을 몇 번 드나든 인연 때문에 오늘날 주교까지 되었다고 하는 유명한 일화도 있다. 또한 배기현 주교의 어머니가 이 월남동 성당 부근에서 전풍자 산부인과를 운영했는데, 현 부일목욕탕 바로 옆에 있는 식당 이오정이 바로 그 병원 건물이란다. 이런저런 사연 때문에 월남동 성당을 좀 더 언급한 것이다.

또한 월남동 성당 인근에는 소문난 가게들도 많았다. 창원대 총장과 국회의원을 지낸 박성호의 부모님이 운영했던 양품점 현대사도 있었고, 그 옆에는 마산의 대표적인 식당으로 꼽히는 함흥집이 오늘날까지도 그 자태를 뽐내고 있다. 함흥집 인근에는 원산면옥이라는 냉면집도 있었는데, 그 집 역시 이북 출신이 운영한 식당으로 위치는 현재의 럭키통술 자리라고 한다. 또한 함흥집 맞은편에 있는 부일탕은 지금까지도 영업을 하고 있는 역사가 제법 오래된 목욕탕이기도 하다. 물론 주인은 몇 번 바뀌었겠지만.

조금 더 걸음을 옮겨 보면, 그 거리 곳곳에는 한 시절 음악 감상실로 이름을 날린 신신과 모나미, 빵집 미화당, 악단이 있던 클럽 다이애나와 홀리데이, 그 이름도 유명한 외교구락부 다방, 언론인 출신의 로맨티스트 이진순이 운영했던 선술집, 조두남 작곡가가 피아노 반주를 한 적이 있다는 락희카바레, 주점 동백홀, 마산시 음식점 영업허가증 1호였던 일식당 귀거래 등등도 있었다. 또한 한때 신마산에서 깃발을 날렸던 다방인 아시아다방·수다방·홍다방은 물론이요, 강신율 사진작가가 운영했던 조광사진관, 외국선원들이 주로 들락거렸다는 항등여관 등등 그 이름만 들먹이는데도 숨이 찬 명소名所들이 곳곳에 포진해 있었던 신마산의 쿄마찌(京町·두월동)였다. 그리고 악극단 공연이 끝날 무렵이면 극장 출입문을 활짝 열어놓고 경쾌한 생음악 반주에 맞춰 현란하게 춤을 추는 아름다운 무희들의 춤사위를 잠깐이나마 볼 수 있게 해 준 마산극장도 빼놓을 수 없는 명소 중의 하나였다.

신마산을 언급하면서 반월시장과 번개시장도 빼놓을 수가 없다.
먼저 반월시장부터 보자.
반월동에 있다고 해서 반월시장이란 이름이 붙었는지는 모르나 어쨌든 반월시장은 제법 오랜 역사를 가진 재래시장이다. 반월시장은 1960~70년대에는 전성기를 구가하기도 했으나 지금은 많이 쇠락한 모습을 보여주고 있어 안타깝기 그지없다. 그래도 아직까지 그 시장바닥을 지키고 있는 가게들이 있다는 게 그나마 천만다행이다. 반월시장 옆 개천은 2008년 1월 30일 복개되어 소공원으로 조성되었지만 소공원이라기보다는 차라리 손바닥만 한 공간이라고 하는 것이 더 어울릴 것 같다. 그만큼 장소가 협소하다는 말이다. 반월시장 초입부터서는 반월횟집·항아리 분식·골목식당·산수갑산·반달집 등등의 가게들이 다닥다닥 붙어 있어 보기에도 정겹다. 그중에서도 60여 년의 전통을 가졌다는 반달집은 옛날부터 돼지고기 요리로 소문난 식당인데, 이제는 창원에 분점까지 냈을 정도로 손님들의 변함없는 사랑을 받고 있다고 한다.

다음은 번개시장을 보자.

신마산 롯데마트를 중심으로 그 주변 곳곳에서 매주 일요일마다 열리는 난장亂場이 바로 번개시장이다. 매주 일요일 꼭두새벽부터 난장이 섰다가 오전 10시경이 되면 그 흔적조차 남기지 않고 순식간에 사라져버리고 마는 번개시장. "번개처럼 섰다가 번개처럼 사라진다."고 해서 붙은 이름인지는 모르나 여하튼 번개시장은 신마산의 대표적인 명물인 것만은 틀림없다. 우선 많은 농·어촌 사람들이 각종 농·수산물을 직접 가지고 와서 판매하는 장소가 바로 번개시장이요, 그 밖에 속칭 "없는 것 말고는 다 있는 시장"이란 우스갯소리를 가진 번개시장이다. 우스갯소리가 아니라 사실 번개시장에서는 수많은 상품들을 팔고 또 살 수가 있다. 믿지 못하겠다면 직접 한번 체험해 보시기를. 또한 번개시장은 매주 일요일마다 만남의 장소가 되기도 한다. 신마산에 거주하는 주민들이 번개시장 인근의 탁주집이나 식당에 삼삼오오 도여서 술잔을 앞에 두고는 지난 한 주 동안 일어난 각종 소식을 전해주고 또 전해 듣는 자리이기 때문이다. 바로 주민들의 사랑방이라고도 할 수 있다.

다시 두월동 거리로 돌아온다. 신마산의 많은 가게들 중에서 밀수품까지도 팔았다는 깡통집과, 한때는 기름을 넣으려고 대기하는 시내버스들이 마산극장 앞까지 길게 줄을 서기도 했다는 금성주유소는 아직까지도 건재하고 있는 신마산의 지킴이다. 하지만 대부분의 명소들은 이제 거의 다 사라지고 없지만, 그래도 아직까지 로마의 검투사처럼 떡하니 그 자리를 지키고 있는 소수의 명소들이 있다는 사실은 놀랍고도 고맙다. 옛날엔 번창했으나 오늘날에는 퇴락해져 버린 신마산의 두월동 거리는 이제 통술거리라 불린다. 그래서인지 통술집들이 제법 포진해 있기는 하지만 다들 장사가 안 된다고 아우성이다.

이왕 통술집 이야기가 나왔으니 신마산 일대에 들어서 있는 통술집의 면면들을 살펴보는 것도 의미가 있을 것 같다. 물론 그동안 많은 통술집들이 있다가는 없어지고를 여러 번 반복했을 터이지만……

먼저 월남교에서 옛 마산극장 방향으로 살펴보자. 맨 처음 눈에 들어오는 통술집이 담소통술이고 그 조금 아래 맞은편에는 이름이 엇비슷한 담소랑이, 그 아래로는 예원통술·서울실비, 해물안주를 주로 내놓는 서호통술·해운대 실비, 심성 좋은 여주인과 푸짐한 안주가 자랑인 럭키통술, 그 밖에 양지통술·은혜통술·홍씨통술·우정실비·밀양실비·해오름실비 등등의 주점들이 각각 포진해 있다. 그런 통술집의 분위기가 시끌벅적하고 경상도 특유의 강한 사투리가 주점 안을 난무해야 살맛나는 세상이라 할 수 있는데, 요즘은 대다수의 통술집들이 텅텅 비어 있고, 통술거리의 분위기마저 스산하니, 괜히 마음이 심란해지고 걱정부터 앞서는 것은 무슨 연유일까. 내가 통술집을 운영하는 것도 아닌데…….

신마산 야화를 풀어놓는 마당이니 식당 하나를 더 언급하련다. 바로 삼도정이란 식당이 그것이다. 위치는 신마산 남부터미널 건너편이다. 생활 근거지가 신마산이기에 나도 한 번씩 그 삼도정에 가기도 한다. 그때마다 삼도정이란 식당 이름이 구마산의 창동예술촌 뒷골목에 있는 삼도집과 비슷해서 혹시 형제간에 하는 식당이거나 아니면 삼도집 분점이 아닐까 하는 생각이 들어서 사장에게 물었더니 아니나 다를까 돌아온 대답이 예상대로였다. 창동예술촌 뒷골목에 있는 삼도집은 자기 누님 내외가 한다고 했다. 그러면 그렇지, 누구에게나 예감은 들어맞을 때가 있기 때문이다.

창동 뒷골목의 삼도집과는 달리 신마산의 삼도정은 소고기 요리가 전문이란다. 특히나 질 좋은 소고기를 사용하기 때문에 손님들로부터 인기가 높다고 한다. 이 삼도정은 통합 창원시 시의원 출신인 이명근이 사장인데 그는 경력이 다채로운 인물이기도 하다. 그가 이 식당을 운영할 뿐만 아니라, 한때는 마산시 배구협회 회장도 했고, 또한 도자기를 전공한 도예가이기 때문이다.

신마산을 언급할 때 빠뜨려서는 안 될 학교가 하나 있는데 바로 신마산 월영동에 있는 경남대가 그것이다. 나는 1971년 이 대학에 입학을 하고 1975년 졸업을 했다. 내가 이 대학 출신이라서 하는 말이 아니라, 경남대는 신마산 지역을 상전벽해桑田碧海로 만드는데 큰 기여를 한 중심축이었고, 오늘날까지도 그런 역할을 하고 있기에 언급을 안 할 수가 없다는 말이다. 신마산 완월동에 있던 오늘날의 경남대가 월영동에 둥지를 틀기까지에는 길고도 험난한 여정旅程이 있었다. 그 과정을 살펴보자. 마산 사람이라면 그런 과정을 알아둘 필요가 있기 때문이다.

경남대는 해방된 다음 해인 1946년 국민대학관(야간)으로 첫출발을 한다. 그리고 1948년 정규 대학인 국민대학(주간)으로 자리 잡는다. 1952년에는 교명이 해인대학으로 바뀌고, 1961년에는 교명이 마산대학(중리에 있는 오늘날의 마산대학과는 다름)으로 바뀐다. 1971년에는 교명이 다시 경남대학(단과대학)으로 바뀌고, 이때의 대학 캠퍼스는 완월동 현 경남아파트 자리였다. 그 경남대학이 현재의 신마산 월영동에서 공식적으로 출범한 시기는 1974년이고, 그 당시에는 단과대학이었다. 1982년이 되면 오늘날의 경남대학교(종합대학)가 공식적으로 출범하고 그때의 총장은 윤태림이었다. 그리고 1982년도의 신입생 모집정원은 3,400여 명이었으며, 그 이후부터 1만여 명이 훨씬 넘는 학생들이 신마산 댓거리에서 북적거렸으니 신마산을 언급할 때 경남대를 빠뜨릴 수가 없다는 말이다.

그리고 오늘날의 경남대가 있기까지에는 현 박재규 총장의 공이 절대적이었다고 한다. 현재 경남대의 학생 수는 대학·대학원·특수대학원 등을 포함하여 13,000여 명이고, 교직원은 200여 명이라고 한다. 이처럼 경남대가 장족의 발전을 하게 된 주된 원인은 바로 박재규 총장의 뚜렷한 교육철학과 강한 추진력 때문이라고 한다. 그가 이 대학 총장을 3대부터 10대까지 무려 일고여덟 번이나 맡은 사실과 지금도 총장을 하고 있다는 사실이 그런 증거랄 수 있다. 올해로 개교 74주년을 맞이하는 경남대는 현재까지 13만여 명이 넘는 졸업생을 배출했다고 한다.

경남대 전경.

유원연탄 신문광고.

또한 신마산은 한 시절 마산의 성장 동력 역할을 톡톡히 한 지역이기도 하다. 비교적 좁은 지역이었음에도 많은 공장들이 있었다는 사실이 그 증거랄 수 있다. 구마산에는 비교적 상점들이 많았던 반면, 신마산에는 크고 작은 공장들이 많았던 점이 이채롭기도 하다. 그리고 신마산 일대가 황금기를 구가하던 시절도 있었다. 그 구체적인 예를 보자.

신마산 지역에는 유난히도 연탄공장들이 많았다. 지금은 무연탄을 싣고 다니던 화물열차 철로가 산책로로 바뀌어져 있지만, 그전에는 신마산 부두까지 무연탄을 가득 실은 열차가 운행되기도 했었다. 신마산에 연탄공장이 많이 있었기 때문이다. 그 시절에는 연탄이 시민들의 주된 연료였기에 연탄공장이 많을 수밖에 없었다. 신마산 반월동 사무소 건너편 현 포 시즌 골프 연습장 부지에 있었던 한강연탄과 합포구청 아래의 이마트 자리에 있었던 경남연탄이 그 대표적인 것이다. 이 경남연탄은 오늘날의 경남에너지의 전신이며, 신마산 해안도로 변의 삼성 디지털 플라자 자리에는 유원연탄도 있었다. 그리고 신마산 현 롯데마트 자리에는 제81 공군항공정비창도 있었는데, 이 제81 공군항공정비창은 1953년 6·25전쟁이 휴전되자 사천에서 마산으로 옮겨왔다고 한다. 그 후 롯데마트 부지에는 극동해운과 마산중기 등이 각각 순차적으로 있다가 없어졌다고 한다.

그리고 신마산에 "공설운동장이 있었다."고 하면, 그 말을 쉽게 믿을 수가 있겠는가. 하지만 이 말은 사실이다. 지금의 신마산 남부터미널 부지 주변이 신마산 공설운동장이었다. 또한 이승만 전 대통령이 그 공설운동장에서 연설을 한 적도 있었다. 그 후 그 공설운동장 부지와 그 주변에 마산화력발전소가 들어선 것이다. 그런데 마산화력발전소가 들어서자 주변의 공기가 급격하게 나빠지기 시작했다고 한다. 그 때문에 그 시절 신마산에 살던 사람들은 외출도 마음대로 못했다고 한다. 시커먼 석탄가루가 얼마나 많이 날렸던지 흰 옷은 까만색으로, 까만 옷은 회색으로 변해 버릴 만큼 공기가 나빠졌기 때문이란다.

또한 오늘날의 월영광장 부근에는 종이공장인 마산제지가 있었는데, 그 마산제지는 한국 최초의 종이공장이라고 한다. 그 밖에도 일성펌프가 현 월영광장 인근에, 디젤 엔진을 주로 만든 진일기계공업사가 신마산 현 해바라기아파트 부지에 각각 있었다. 흔히 진일 디젤이라고 불린 진일기계공업사는 경운기와 선박 엔진을 주로 만든 회사였는데 처음에는 규모가 작은 진일철공소로 출발했지만 1960년대에는 한창 깃발을 날렸던 회사였다.

또한 현재의 신마산 문화동 경남아파트 자리엔 아주방직도 있었다. 이 아주방직 창업자는 고성군 개천면 출신의 박용표라는 인물로, 그는 나중에 마산의 아주방직을 접고 생활근거지를 밀양으로 옮긴 후에는 밀양의 유성모직을 인수하는데, 그 유성모직은 한동안 밀양지역에서 그 이름을 날리기도 했다. 특히나 고성 출신인 그가 마산에서는 아주방직을, 밀양에서는 유성모직을, 각각 운영했다는 사실이 특이하기도 하다.

그리고 현 창포동 광신비치아파트 자리에는 광신기계가, 연세병원 옆 해바라기아파트 뒤편에는 금광기계가, 한백아파트 자리엔 유원산업이, 동성아파트 자리엔 동양주정이 각각 있었다. 또한 현 월영동 부영아파트 자리에는 한국철강도 있었다. 1957년 설립된 한국철강은 오랜 기간 신마산에 있다가 2000년대 초반 문을 닫고는 창원으로 옮겨가고 만다. 그 밖에 오르간을 주로 만든 백조악기는 물론이요 술 공장도 많았던 신마산이다.

이처럼 신마산 야화는 그 사연이 대하드라마처럼 길고도 풍성하다. 하지만 다른 야화들은 다른 기회로 미룬다. 특히나 주류회사인 오늘날의 무학도 신마산이 그 탯자리라고 하는데, 술과 관련된 야화도 다른 지면으로 미룬다.

술과 예술의 도시, 마산이여

오른쪽 첫번째 밀양 연극인 안영, 그 옆 마산 연극인 한하균, 그 옆 저자. 두 사람은 이미 고인이 되었다.

한 시기 서울을 비롯한 전국의 각 도와 광역시에는 그 지역을 대표하던 소주가 있었다. 예컨대, 서울·경기의 진로, 강원의 경월, 경북·대구의 금복주, 전남의 보해, 전북의 보배, 충북의 백학, 충남의 선양, 부산의 대선 그리고 우리 경남의 무학 등이 그것이다. 그런데 그런 소주를 자도주自道酒라 한다는 사실을 나는 나중에야 알았다. 마산에서 주류 유통업을 하는 내 친구를 통해서였다. 《창동야화》 2권을 쓰면서 어느 날 친구에게 물었다.

"친구야, 옛날에 서울에는 진로, 부산에는 대선, 경남에는 무학과 같은, 그 지역에서만 팔던 소주가 있었던 것 같은데, 그런 사정은 지금도 똑같나?"

"그런 술을 자도주自道酒라 한다. 전에는 자도주라고 해서 각 지역마다 의무적으로 자기 지역의 술(소주)을 팔아야만 하는 그런 규제가 있었는데, 요즘엔 그런 규제가 없어졌다. 그런데 그건 와 묻노?"

내가 자도주란 생소한 용어를 난생처음 알게 된 것은 최근이었다. 대략 1976년경이 되면 세칭 자도주법이 시행되면서 각 도와 광역시에서는 의무적으로 자기 지역의 소주를 50%는 반드시 팔아야만 했고, 나머지 50%는 다른 지역의 소주를 팔아도 되는 그런 시절이 있었단다. 그런데 어느 정도 세월이 흐르고 나자 각 지역의 대표 소주들이 이름표를 바꿔 달고 다시 등장하는데, 서울·경기의 참이슬, 강원의 처음처럼, 충북의 시원한 청풍, 대전·충남의 이제 우린, 전북의 하이트, 광주·전남의 잎새주, 경북의 맛있는 참, 경남의 좋은데이, 부산의 C1과 대선, 제주의 한라산 등등이 그것이란다. 그런데 그런 자도주 규제는 1996년경부터 없어지고, 급기야는 지역과는 상관없이 소주 시장은 이제 완전히 자유경쟁체제로 돌입했다고 한다.

대충 이런 내용을 나에게 알려 준 사람은 나의 국민학교 친구인 최락후 사장이다. 그는 현재 마산에서 대양유통이란 회사를 운영하고 있는, 주류에 관해서는 해박한 지식을 가진 인물이다. 인근 고성군 구만면이 고향인 그는 마산에서 중·고등학교를 다녔기 때문인지 마산의 통술집 역사도 잘 안다. 묘하게도 역시 마산에서 중·고등학교를 나온 그의 친형도 현대유통이란 더 큰 회사를 운영하고 있는데, 바로 최경락 사장이 그 장본인이다. 특히 최경락 사장은 홍화집의 단골로서 우연히 홍화집에서 나와 조우하게 되면 그날 술값은 무조건 자기가 먼저 내버리는 대인大人이다. 아마 내가 자기 동생 친구이자 고향 후배라서 그럴 것이다. 형제는 용감하다는 말처럼 양인兩人은 마산에서 사업을 하면서 남모르게 적선도 많이 하고 있다. 특히 예술계에 발을 담그고 있는 나에게는 많은 도움을 주는 당사자들이다. 양인兩人 모두 자신들의 선행이 알려지는 것을 싫어하는 성격이라 이 글을 보게 되면 불같이 화를 낼지도 모를 일이지만……

오늘날 시중의 주점에서는 여러 가지 종류의 술을 팔고 있는데, 그중에서도 우리 서민들이 가장 즐겨 마시는 술은 소주가 아닌가 싶다. 시쳇말로 즐거워도 마시고 슬퍼도 마시며 홧김에도 마시는 술이 소주라고 한다면 지나친 표현일까. 특히나 소주는 예술가들과도 불가분의 관계가 있는 술이다. 아니 예술가들은 다른 술보다는 소주를 훨씬 더 즐겨 마신다. 그 이유 중의 하나는 소주 값이 비교적 저렴하기 때문이요, 그 다음으로는 한 잔 마시면 목구멍을 톡 쏘는 듯이 쏴 한, 그야말로 한마디로 표현하기 어려운 그런 치명적인 느낌 때문일 것이다. 그래서 예인들은 술시酒時에 만나게 되면 누가 먼저랄 것도 없이 대개가 "쏘주 한잔 하입시더."로 수인사를 건네곤 하는 것이다.

마산이 자타로부터 예향이란 소리를 듣게 된 이유 중의 하나는, 이처럼 허

구한 날 주야장천晝夜長川 소주를 즐겨 마신 출중한 예인들이 마산을 떡하니 지켜왔기 때문이다. 그런 예인 몇 사람을 살펴보자. 먼저, 시인이자 연극인이었던 화인花人 김수돈을 들 수 있다. 그는 일제강점기에 《문장》지를 통해서 등단한 시인이자, 한 시기 마산 연극계를 이끈 연극인이다. 술과 관련된 그의 일화는 많지만 지면 관계상 그중의 하나만 소개한다.

김수돈이 현 경남대의 전신인 마산대에 강사로 출강할 때의 일이다.

어느 날 강의 시간이 훨씬 지나도 그가 강의실에 나타나지 않자 학생들은 당시에 교무과장을 맡고 있던 배덕환 영문과 교수를 찾아간다. 학생들로부터 자초지종을 전해 들은 배덕환 교수는 감이 잡히는 타가 있어서 일단 학생들을 설득해서 돌려보낸다. 그는 김수돈이 술값 때문에 술집에 인질로 잡혀 있음을 직감했기 때문이다.

김수돈 시인.

사실 김수돈은 간밤에 호기롭게 술을 마시긴 했으나 정작 지갑엔 땡전 한 푼 없었기에 궁여지책으로 술집에 볼모로 잡혀 있을 수밖에 없었고 그 때문에 강의를 하러 올 수가 없었던 것이다. "양복 입은 신사가 요릿집 대문에서 매를 맞는데~"라는 유행가 가사처럼 김수돈의 처지가 바로 그런 〈빈대떡 신사〉라는 노래의 주인공과 같은 처지였던 것이다. 그런 사례는 한두 번이 아니었다. 그래서 배덕환 교수는 서둘러 김수돈이 볼모로 잡혀 있는 주점을 찾아가서 술값을 대신 계산해 주고는 그를 구출해 낸 배꼽 잡는 에피소드가 여러 번 있었던 것이다.

아마도 두 사람의 친분 관계가 보통이 아니었기에 가능했을 것이다. 사실 배덕환 교수는 1916년생이고 김수돈 시인은 1917년생이니 두 사람은 거의 동년배랄 수 있고, 또한 배덕환과 김수돈은 같은 연극인이었기에 그런 일이 가능했으리라. 특히나 배덕환은 한때 마산예총 회장을 역임한 적도 있는 당대의 로맨티스트였기에 그런 상황을 원만하게 처리할 수가 있었을 것이다. 물론 요즘 같으면 상상조차도 할 수 없는 일이겠지만.

정진업 시인.

아호가 월초月礁인 정진업도 있다. 김수돈과는 달리 그는 단편소설로 《문장》 지를 통해서 등단했지만 소설보다는 시와 연극 활동으로 당대를 풍미했으며, 역시 소주를 즐겨 마신 예인으로 소문난 인물이다. 월초 이야기가 나왔으니 지금까지도 마산 예인들의 입에 회자되고 있는 에피소드 하나를 언급하련다.

월초와 게蟹 그림으로 유명한 최운 화백은 평소에는 형님, 아우님 하는 절친한 관계였단다. 그런데 그 당시에 오동동의 모 선술집 주모를 사이에 두고는 서로 한 치의 양보도 하지 않는 라이벌이 되어 급기야는 어느 날 오동동 거리에서 벌건 대낮에 양인兩人이 일합一合을 겨루는 사태가 발생하고 말았단다. 술집 주모를 독차지하기 위해서 큰 싸움판을 벌였다는 말이다.

예나 이제나 아름다운 여인을 앞에 두고는 아무리 친한 사이라도 서로 양보를 하지 못하는 모양이다. 월초가 최운보다 5년쯤 연장임에도 서로가 흠모하는 여인을 앞에 두고는 한 치의 양보도 하지 않았기에 하는 말이다. 다행히도 두 사람은 주위의 만류에 힘입어 피차 승자 없는 결투를 마치고는 또 언제 그랬냐는 듯 고모령으로 가서 우정의 술잔을 밤늦게까지 기울였다고 하는 사건이 그것이다. 그만큼 두 사람은 술을 사랑한 당대의 로맨티스트였다고 한다. 그 밖에도 조각가 문신, 서양화가이자 권투에도 일가견을 가졌던 정상돌, 서예의 대가 초암草庵 변지섭, 한국화가 청하淸河 변상봉 등등도 애주가로 널리 알려진 예인이다.

마산에서 활동한 예인 중에서도 특히나 소주를 즐겨 마신 인물로는 시인 황선하와 서양화가 허청륭·현재호 그리고 연극인 한하균을 빠뜨릴 수가 없다. 그들은 평생 동안 오로지 하얀 소주만을 애음愛飮한 소문난 애주가였기 때문이다. 나는 이 네 분들과는 남다른 인연이 있고 또한 주석酒席을 자주 같이했었기에 사시사철 소주만을 마셔대던 그분들의 모습을 지금까지도 선명하게 기억하고 있다.

먼저 황선하 시인부터 보자. 아호가 백청百淸인 그는 경북 월성 출신이지만 진해에서 오랫동안 살면서 활동했기에 진해 출신으로 아는 사람들이 많다. 그는 "시인은 평생 시집 한 권이면 족하다."는 소신을 가진 시인으로 유명하며, 자신의 소신대로 평생 동안 《이슬처럼》이란 시집 한 권만을 낸 시인이다. 조용하고 내성적인 성격의 소유자인 그가 한때 진해에서 연극에도 출연했다

황선하 시인.

는 사실이 놀랍지만, 그는 나의 고등학교 국어 선생님이기도 했다. 그런저런 인연 때문에 선술집에서 자주 조우遭遇하곤 했는데, 그때마다 선생은 항상

소주만을 고집했던 것이다.

아호가 지운志雲인 연극인 한하균도 있다. 그도 또한 타의 추종을 불허할 정도의 소주 애호가이자 두주불사의 주당이었다. 그가 얼마나 소주를 즐겨 마셨는가는 술 때문에 중풍으로 세 번이나 쓰러졌음에도 계속 소주를 마셨다는 사실이 이를 증명한다. 내가 알기로 그는 평생 동안 소주만을 마셨다. 상대방이 아무리 고급 양주를 권해도 그는 오로지 소주만을 고집한 특이한 취향의 소유자였다. 내가 대학 시절 그로부터 연극 지도를 받은 적이 있기에, 그리고 또 한때 나의 모교인 고성고등학교에서 함께 교사로 근무한 적이 있기에, 나는 그의 소주 사랑을 누구보다도 잘 안다고 자부한다.

소주만을 고집한 예인은 또 있다. 바로 서양화가 허청륭 화백과 현재호 화백이다. 먼저 허청륭 화백을 보자. 진해 출신인 그는 자존심 세고 개성 강한 화가로 소문난 화백이다. 그리고 까칠한 성격을 가진 화가로도 알려진 인물이다. 젊은 시절 나는 주로 맥주를 마셨고 그는 철두철미 소주파였지만 그럼에도 우리 둘은 자주 어울렸다. 어떤 때는 고모령에서, 또 어떤 때는 주붕酒朋에서, 그리고 또 어떤 때는 홍화집에서였다. 우리는 선호하는 주종酒種도 서로 달랐고 개성도 서로 달랐지만 잘도 어울려 다녔다. 아마도 그가 한때 진해에서 연극 활동을 한 이유 때문인지도 모르겠다. 그는 또한 우리 극단의 무대 제작과 포스터 디자인을 직접 해 준 적도 여러 번 있다. 그와 내가 오랜 우정을 나누고 있다는 사실을 어떻게 알았는지, 한때 연극인과 화가의 30년 우정이란 타이틀로 우리 두 사람을 인터뷰한 기사가 경남신문에 전면으로 게재된 적도 있다. 땡초라는 특이한 별명을 가진 그는 나와 주석을 오래 했던 사람 중 첫 손가락에 꼽히는 인물 중의 하나다.

허청륭 화백이 평생 동안 소주만을 고집한 이유는 아마도 그의 지병 때문이었을 것이다. 그는 췌장에 문제가 있어 항상 음식을 조심했고 그 때문에 술도 항상 소주만을 마셨다. 생전의 그의 주치의가 마산에서 내과의사로 이름을 날린 문한규 박사였는데, 자기로부터 치료를 받던 허청룡 화백보다 의사인 그가 먼저 타계한 탓으로, "자기 주치의를 저세상으로 먼저 보낸 환자"라는 농담의 장본인이 되기도 했던 허청룡 화백이기도 하다.

허청룡 화백.

현재호 화백도 둘째가라면 서러워할 소주 애호가였다. 그의 단골 주점은 주로 고모령이나 성미 또는 주봉이었는데, 그도 언제나 소주만을 즐겼던 사람이다. 이북 황해도 은율 출신인 그는 어릴 때 중국으로 건너가 그곳에서 유치원까지 다니다가 초등학교에 입학할 무렵 해방이 되자 부산으로 귀국한 후 훗날 마산에 영구 정착한 서양화가이다. 굵은 바리톤 음성이 일품인 그는 노래도 잘 불렀고, 한때는 자기 화실 2층 계단에서 굴러떨어져 생사의 고비를 넘나들기도 했던 불운의 화백이다.

허청룡 화백과 현재호 화백은 둘 다 소주를 좋아한 탓인지 두 사람은 허물없이 지낸 사이로도 소문이 났다. 지금은 없어졌지만, 한때 남성동 파출소 밑에 있던 주점 주봉에서 허청룡 화백과 현재호 화백 그리고 내가 술자리를 함께한 적이 있었다. 그 주석에서 나는 현재호 화백의 십팔번은 '백치 아다다'요, 허청룡 화백의 십팔번은 '명태'라는 사실을 처음 알았다. 물론 그 '백치 아다다'는 옛 고모령의 오야붕 문자은 여사의 십팔번이기도 하지만……

흔히 세계의 3대 명주名酒로 중국의 마오타이(茅台酒)와 프랑스의 꼬냑, 그리고 영국의 스카치위스키를 꼽는다. 그중에서도 중국의 마오타이는 우리에게 친숙한 이름의 술이긴 하지만 값이 비싸고 도수도 또한 높은 독주毒酒다. 지금은 없어졌지만, 한 시기 당대를 풍미했던 구마산의 쌍흥관이나 신마산의 갑자원에서 짜장면이나 짬뽕을 시켜먹으면서 빼갈 한 독구리 시키지 않은 사람은 진정한 애주가라 할 수 없다. 그만큼 중국술은 도수가 높아서 취기가 빠르게 올랐다가 또 빠르게 깨기 때문에 주당들에겐 인기가 높았던 것이다.

이왕 술 이야기가 나왔으니 우리 마산과 경남을 대표하는 주류회사인 (주)무학을 언급하지 않을 수가 없다. 흔히 말하는 무학소주가 그것인데, 그 이유가 몇 가지 있다. 우선 (주)무학이 2020년으로 창립 91주년을 자랑하는 우리 마산의 대표적인 주류회사란 점이 그것이다. (주)무학은 일제강점기인 1929년 3월 설립된 쇼와昭和주류공업사가 그 모태이며 그 당시에 생산된 술은 증류식 소주와 청주였다고 한다. 이 쇼와昭和주류공업사와 무학에 대해서는 후술하고자 한다.

특히나 지난해에 경남신문이 신 물산장려운동을 전개하면서 그 첫 번째 기업으로 무학을 다룬 것은 그만큼 무학이 우리 지역에서 큰 비중을 차지하고 있음을 말해 주는 단적인 증거랄 수 있다. 알려진 바와 같이, 물산장려운동은 일제강점기인 1920년대에 일제의 경제적인 수탈정책에 맞서서 평양과 서울을 중심으로 고당古堂 조만식과 인촌仁村 김성수 등이 주도했던 범국민적 민족경제 자립실천운동을 말하는데, 2019년으로 창간 73주년을 맞은 경남신문이 민족정신 발현의 시작점이 된 물산장려운동을 한 단계 더 승화시킨 신 물산장려운동을 주창하여 독자 제현의 주목을 받기도 했다.

널리 알려진 대로 마산은 일찍부터 물맛이 좋은 곳으로 소문이 났고 그 때문에 일제강점기부터 우리 마산, 그중에서도 특히 신마산에, 술 공장이 많이

일제강점기 마산에서 제조된 청주.

들어섰다. 특히나 1899년 5월 1일 마산항이 개항되고 많은 일본인들이 신마산에 거주하면서부터 양조장이 들어서기 시작했고 또한 일본식 청주도 등장하기 시작했다. 우리가 흔히 말하는 정종正宗이 바로 일본식 청주인 마사무네(まさむね)인 것이다.

마산이 해동 제일의 주도로서 타의 추종을 불허했다는 사실은, 1930년대에 벌써 전국의 술 생산량 1위를 기록했다는 점에서도 입증이 된다. 기록에 의하면, 마산에서는 1904년부터 일본인들이 처음으로 일본식 청주 즉 마사무네를 생산하기 시작했는데, 그때부터 청주양조업이 날로 발전하기 시작하여 급기야는 주도酒都 마산이라는 소리를 들을 정도로까지 마산의 양조업이 성업했던 것이다.

이왕 술 이야기가 나왔으니 마산의 술 공장 즉 주조장의 역사를 살펴보는 것도 의미가 있을 것 같다.

마산 최초의 주조장은 1904년 현 신마산 월영광장 부근의 옛 일성펌프(월영동 마크리움 일대) 자리에 설립된 아즈마(東) 주조장이며, 그 다음으로는 1905년 서성동에 설립된 이시바시(石橋) 주조장이고, 또 그 다음으로는 1906년 장군동에 설립된 고단다(五反田) 주조장과 청계동에 설립된 죠다케시(永武) 주조장이며, 그리고는 1907년 신마산 홍문동에 설립된 니시다(西田) 주조장, 1908년 상남동에 설립된 오까다(岡田) 주조장, 1909년 장군동에 설립된 지시마엔(千島園) 주조장 등등이 그 역사를 계속 이어왔다고 한다. 이처럼 마산에는 1900대에 벌써 여남은 개가 넘는 청주 공장이 설립되었음이니 어찌

주도(酒都) 마산이란 소리를 듣지 않을 수가 있겠는가.

여기서 일제강점기에 일본인들이 설립했던 주조장들이 해방 후에는 어떻게 변모했는가를 살펴보는 것도 중요할 것 같다. 왜냐하면 일제로부터 해방된 후부터는 그런 술 공장을 우리 마산 사람이나 한국 사람들이 인수해서 운영했기 때문이다.

위에서 언급한 대로, 1904년 설립된 아즈마(東)주조는 1923년에는 하라다(原田)주조(대표 原田淸一)로, 그리고 해방 다음 해인 1946년에는 동화주조(대표 정기운)로, 각각 그 상호와 대표자가 바뀌는데, 이 동화주조는 1950년대 후반경에는 청주 생산을 중단하고 주조장 자체도 없어졌다고 한다. 하지만 그 당시에 동화주조가 만든 청주 간보단(寒牧丹)은 한 시기 그 이름을 날렸다고 한다.

1905년 설립된 이시바시(石橋)주조(대표 石橋市太郞)는 해방 다음 해인 1946년에 대흥주조(대표 문삼찬)로 그 상호가 바뀐다. 이시바시(石橋)주조는 서성동 16번지에 있었고 그 당시에 이시바시(石橋)주조가 만든 청주가 바로 다이덴 마사무네(大典正宗)였다고 한다. 그 후에 대흥주조는 부용(芙蓉)이란 정종을 출시해서 큰 인기를 끌었으며, 대흥주조의 위치는 현 서성동 덕천상가 아파트 일대였고, 대흥주조의 대표였던 문삼찬이 바로 조각가 문신의 삼촌이라는 점이 이채롭기도 하다.

1907년 설립된 니시다(西

1960년대의 백광청주 상표.

田주조(대표 西田木摠市)는 해방 후인 1946년에는 삼성주조(대표 신봉희)로, 그리고 1960년경부터는 백광주조(대표 이우현·이성훈)로, 그 상호와 대표자가 각각 바뀐다. 그리고 이 백광주조는 1970년대 중반까지는 마산에서 가장 오래된 양조장 중의 하나였다고 한다. 니시다(西田)주조는 신마산 옛 홍문동에서 설립되었으며, 그때 생산된 청주의 이름은 게이링(鷄林)이라고 한다. 니시다(西田)주조는 해방 이후부터는 삼성주조로 그 상호가 바뀌었다가 1961년경에는 백광주조로 상

1960년대의 삼광과 삼강 청주.

호가 바뀌면서 한때 그 이름도 유명한 백광청주를 생산했다고 한다. 회사 대표도 처음에는 이우현이었으나 1973년 10월에는 이성훈으로 바뀌는데, 백광주조는 그 당시 마산 유일의 청주 공장이었다고 한다. 위치는 신마산 현 신동아 빌라 자리라고 한다. 그런데 이 백광주조의 이성훈 대표는 경남대학교에 자신의 이름을 딴 성훈관이란 강의동을 기증하기도 했고, 그러한 공로로 경남대 한마미래관에 있는 명예의 전당에 '명예의 한마인'으로 헌액된 인물이기도 하다. 때는 2016년 10월 12일이라고 한다.

1909년 현 장군동에 설립된 지시마엔(千島園)주조(대표 遠騰豊吉)는 해방 다음 해인 1946년 손삼권이 불하를 받아서 처음에는 천도원 주조라는 이름으로 영업을 하다가 나중에는 삼광주조로 상호를 변경한다. 지시마엔(千島園)주

조가 생산한 대표 청주는 야요이(彌生)였다. 그런데 이 지시마엔(千島園)주조가 항간에는 1925년에 설립되었다는 설도 있다. 삼광주조의 대표 청주는 삼광청주였고, 이 삼광청주도 한때는 그 이름을 날렸다고 한다. 삼광주조의 대표인 손삼권은 한때 삼광주조와 삼강주조 등 두 개의 회사를 경영하기도 했으나 1973년 정부의 군소주류업체 통·폐합조치에 따라 그만 폐업하고 만다.

1913년 설립된 미요시(三好)주조도 있다. 이 미요시(三好)주조는 해방 직후에는 여러 사람이 운영하지만 1953년경부터는 삼일주조로 그 상호가 바뀌고 대표자도 정명갑으로 바뀐다. 삼일주조가 생산한 청주는 관해(觀海)였고, 공장 위치는 부림시장 아래쪽 옛 화남상사 건물이 있던 곳이며, 문삼찬이 한때 운영했던 대흥주조와 인접한 곳이라고 한다.

1914년에 설립된 히라이(平井)주조(대표 平井政太郎)도 있다. 이 히라이(平井)주조는 신마산 중앙동 옛 마산역 부근에 있었고 정종 스위꼬(醉香)를 생산했으나, 해방 후에는 회사 이름이 조해(朝海)주조(대표 서준보)로 바뀌었다고 한다.

1921년 설립된 합자회사 시미즈(淸水)주조도 있다. 신마산 신창동에 있었던 시미즈(淸水)주조는 청주 다이쇼 사꾸라(大正櫻)와 다이라(井筒平)를 생산했는데, 이 청주들은 만주와 중국 대륙으로까지 팔려나갔다고 한다. 그리고 시미즈(淸水)주조의 시미즈 즉 청수淸水는 현 신마산 창원천에 있는 청수교라는 다리 이름에서도 그 어원語源을 찾을 수가 있다.

1929년 설립된 쇼와(昭和)주류공업사도 있다. 이 쇼와주류공업사는 일본 야마무라(山邑) 주조의 계열사로 1929년 4월 10일 자본금 50만 엔으로 설립된 주류회사다. 앞에서 언급한 바와 같이 바로 이 쇼와주류공업사가 오늘날의 (주)무학의 모태인데, 설립 초기에는 주로 희석식 소주와 청주를 제조했다고 한다.

여기서 쇼와주류공업사와 (주)무학에 대해서 좀 더 살펴보자.

쇼와주류공업사는 해방 이듬해인 1946년에 마산양조공업사로 그 상호가 바뀌고, 1965년에는 최위승 회장이 이 마산양조공업사를 인

무학주조 전신 소화주류.

수한 뒤 회사 이름을 무학양조장으로 다시 바꾸고는 대표이사로 취임한다. 이 무학양조장이 오늘날의 (주)무학으로 발전하는 것이다. 따라서 이제는 경남뿐만 아니라 전국을 무대로 그 이름을 날리고 있는 (주)무학의 발전과정을 살펴보는 것도 의미가 있을 것 같다. 왜냐하면 (주)무학은 우리 마산이 그 탯자리이기 때문이다.

(주)무학의 전신인 무학양조장은 1973년 경남지역 36개 소주 제조공장을 통·폐합 및 흡수하고 회사 이름을 무학주조주식회사로 변경한다. 그리고 1984년에는 공장을 신마산 신창동에서 봉암동으로 신축·이전하고, 1985년에는 무학장학재단까지 설립한다. 1994년이 되면 최위승 회장의 아들인 최재호가 대표이사에 취임하며, 1998년에는 (주)무학으로 상호가 변경되고 '매실마을'이 출시된다. 2005년에는 (주)무학의 용인 공장이 설립되고, 2006년에는 국내 최초의 순한 소주인 그 유명한 '좋은데이'가 출시되는 것이다.

2008년이 되면 최재호가 무학가족의 회장에 취임하고, 2010년에는 '좋은데이' 1억병 판매를 돌파한다. 2013년에는 창원 2공장을 준공하고, 2014년에는 '좋은데이' 15억병 판매를 돌파하며, 2015년에는 '좋은데이' 18억병 판매라는

❶ (주)무학 최위승 명예회장의 회고록 표지
❷ 무학이 2015년 창원 1공장에 전 세계 주류 3,500여 종을 전시해 놓고 있는 주류박물관 굿데이뮤지엄 내부 모습
❸ 1960년대 생산된 무학소주 제품들
❹ 신제품 무학소주
❺ (주)무학 최재호 회장

대 기록을 세우기도 한다. 그 때문에 그는 동종同種 업계로부터 당대의 풍운아란 찬사까지 듣는다. 요즘은 '좋은데이'에 이어 '딱 좋은데이'가 시내 주점가에서 돌풍을 일으키고 있다고 하는데, 올해가 2020년이니 아마도 이제는 더 엄청난 숫자의 소주 판매기록을 돌파했을 것이다.

(주)무학이 이처럼 장족의 발전을 하게 된 배경에는 창업자인 최위승 회장과 오늘날의 (주)무학가족을 이끌고 있는 그의 아들 최재호 회장의 뜨거운 열정과 끈질긴 집념, 그리고 탁월한 혜안 등이 도사리고 있을 것이다. 물론 오늘날까지 무학소주를 애음해 온 수많은 애주가들의 성원도 큰 몫을 차지했을 것임은 부연할 필요조차 없다.

이제는 우리 지역에서 몇 안 되는 대표적인 원로로 추앙받고 있는 최위승 회장. 그는 2012년 회고록 《포기는 없다》(도서출판 경남)를 펴내기도 했다. 인근 고성군 대가면 암전리가 고향인 그는 위에서 언급한 것처럼 그 당시의 마산양조공업사를 인수하여 무학양조장이란 간판을 내걸고 본격적으로 소주를 생산하기 시작한 후부터 오늘날에 이르기까지 불멸의 무학소주를 있게 한 장본인이다.

한편, 우리 마산에서 소주가 본격적으로 팔리기 시작한 시기는 1961년경부터라고 한다. 그 당시에 마산에는 유원·무학·마산·강남 등 4개의 소주 공장이 가동 중이었으나, 소주의 수요가 계속 늘어나면서 1970년대에는 무학·강남·백광·삼천리·영진이란 이름을 가진 5개의 소주 공장이 성업 중에 있었다고 한다. 이처럼 마산과 술은 불가분의 관계가 있다. 지금까지 명멸해 간 많은 주조장과 오랜 기간 술을 애음해 온 수많은 애주가들이 그런 사실을 증명해 주고 있기 때문이다.

그리고 마산의 주조장을 거론하면서 빠뜨릴 수 없는 회사가 하나 더 있으니 바로 유원산업이 그것이다. 1929년 4월, 일본에 본사를 두고서 청주인 시

야마무라(山邑) 주조. 해방 후에는 유원산업.

유원산업이 제조한 백매소주.

쿠라 마사요시(櫻正吉)를 생산하던 야마무라(山邑)주조가 동명同名의 술 공장을 마산 월남동에 하나 더 세운다. 바로 마산 야마무라주조가 그것이다. 그러나 해방 후 이 야마무라주조는 회사 이름을 무학주정으로 바꾸고 소주와 주정 酒精을 생산하다가 1960년 동양주정과의 합병을 통해서 유원산업으로 상호를 다시 바꾸고는 소주인 백매白梅를 생산하기 시작한다. 그러나 유원산업은 1965년경부터는 주정 회사만 운영을 하다가 1980년대 후반엔 공장을 마산에서 함안군 칠서 공단으로 이전하기도 하지만, 오래되지 않아 그 회사는 문을 닫고 만다.

유원산업은 1970년대까지만 해도 마산에서 잘나가던 회사였으며, 유원산업의 최재형崔載衡 사장은 자타가 인정하는 로맨티스트이자 선이 굵은 기업가였다고 한다. 아호가 학초鶴初인 그는 당대를 주름잡던 걸출한 예인들과도 교유가 깊었다고 한다. 그 대표적인 인물 중의 하나가 바로 서예가 일중一中 김충현金忠顯이라고 한다. 김충현은 김영삼 전 대통령의 서예 스승으로도 잘 알려진 인물이다.

한 시절 학초의 집에는 예술작품들이 수두룩하게 쌓여 있었다고 한다. 그만큼 그가 예인들과의 교분이 두터웠던 인물임을 암시해 주는 단적인 예랄 수 있다. 또한 그는 바둑에도 일가견을 가져 한때는 한국기원 이사장을 역임한 적도 있고, 그가 경남신문 사장(1964~1965)으로 있을 때는 학초배 바둑대회를 창설하기도 했단다. 한 시기 그는 마산의 유원연탄과 부산의 대선주조를 경영하기도 했고, 부곡 골프장을 만들기도 하는 등 1970년대까지는 마산에서 알아주던 기업인이었으나 지금은 그런 회사 모두가 사라지고 말아 안타깝게 여기는 사람들이 많다.

이처럼 마산은 술과는 인연이 깊은 도시랄 수 있다. 그리고 또 술은 그냥 단순한 알코올이 아니라 낭만과 운치를 상징해 주는 메타포이기도 하다. 그런 점 때문에 마산이 낭만적인 도시란 말을 듣는지도 모르겠다. 굳이 동정호에서 술잔을 기울인 두보와 이태백을 들먹이지 않더라도, 우리 마산의 예인들이 선술집을 보금자리로 삼아 예술혼을 뜨겁게 불태웠음은 결코 우연이 아니며, 마산에 달 월月 자가 들어간 동네가 많은 것은 더더욱 우연이 아닐 것이다. 달과 술은 고금을 불문하고 낭만과 운치를 가장 잘 대변해 주는 상징이기 때문이다. 월영동·월남동·월포동·신월동·반월동·두월동과 같은 동네 이름들이 그 증거랄 수 있다. 게다가 시조시인 이은상, 작곡가 조두남, 연극인 이광래, 무용가 김해랑을 비롯한 배덕환·김수돈·정진업·문신·최운·한하균·신상철·변상봉·현재호·허청륭 등등 기라성 같은 마산의 예인들이 술잔을 벗 삼아 마산 예술계를 지켜왔음이니 오늘날까지도 예향 마산이란 말을 듣고 있는지도 모르겠다. 술과 예술의 도시 마산이여, 영원하고 또 창대昌大하라!

제
2
부

불세출의 마산 예인

한국 문학계의 거봉巨峰
— 노산鷺山 이은상

강연을 하기 위해 입장하는 노산. 앞줄 오른쪽 첫 번째가 노산 이은상.

보는 사람의 시각에 따라서는 서로 관점이 다를 수도 있겠지만, 마산의 예인들은 마산을 예향이라 부른다. 그 이유는 전국에서도 둘째가라면 서러워할 당대의 예인 중에는 우리 마산 출신들이 많기 때문이다. 그런 예인 중에서 첫손가락에 꼽히는 사람이 바로 시조 시인 노산鷺山 이은상李殷相(1903~1982)이다.

노산 이은상. 그 거대한 봉우리를 어디에서부터 접근해 가는 것이 좋을까. 그가 한국 문학사에 남긴 불후의 명작들이 너무나 많기 때문에 하는 말이고, 그가 너무나 위대한 족적을 남긴 거인이기에 하는 말이다. 그는 약관의 나이인 1920년대 중반에 벌써 당대의 지성인이었던 육당 최남선·춘원 이광수·가람 이병기·위당 정인보 등과 함께 시조부흥운동을 부르짖었던 인물이다.

알려진 대로, 시조부흥운동은 일제강점기 시절에 우리나라 민요시를 계승시키고 시조를 부흥시키려 했던 운동을 말하는데, 민요시 분야는 김억과 김소월이, 시조 분야는 최남선과 이병기 그리고 이은상 등이 각각 주도했다고 한다. 이처럼 노산은 일찍부터 중앙에서 두각을 나타낸 마산 출신 문인인 것이다.

그런 노산이 그의 사후 어느 시기부터 유독 그의 고향인 마산에서 과거의 그의 행적이 친일이었느니 친독재였느니 하는 논란에 휩싸이기 시작했고, 그 논란 중의 일부는 아직까지도 해소되지 않고 있다. 일제강점기 36년 동안 그 악랄했던 조선총독부의 탄압과 만행을 어느 누가 피해갈 수 있었겠는가. 그래서 일부는 피하지 못해 나중엔 친일로 변절하기도 했고, 다른 일부는 피하지 않은 채 끝까지 죽음으로 항거하기도 했던 것이다. 그 당시의 한국인들 중에서 감시와 회유의 대상이 안 된 사람은 거의 없을 정도였다고 하니 그 시기를 안 살아본 후세들은 남겨진 각종 기록과 증언 등등으로 그 당시의 상황을 추측해볼 수밖에 없다고 본다.

이왕 친일이란 말이 나왔으니, 일제강점기의 대표적인 친일 인물로 거론되는 춘원春園 이광수의 행적을 잠깐 살펴보자. 그가 전적으로 친일만 했던 인물인가 하는 의문이 들기 때문이다.

춘원 이광수. 일본 이름은 가야마 미쓰로[香山光郎]. 육당六堂 최남선·벽초碧初 홍명희와 함께 조선의 3대 천재로 이름을 날렸던 춘원 이광수. 일본 와세다 대학 출신인 춘원 이광수. 노산 이은상처럼 그도 일본 와세다 대학 출신인 점이 이채롭다. 독립운동가·언론인·작가·소설가·시인·문필가 등등 다방면에 걸쳐서 당대의 명사로 그 이름을 아낌없이 날렸던 춘원 이광수. 그는 일제강점기에 대한민국의 독립운동과 상해 임시정부의 활동에도 참여했고, 1919년 동경의 조선인 유학생들이 일으킨 2·8 독립운동을 주도하고 2·8 독립 선언서를 쓴 인물이기도 하다. 또한 그는 상해 임시정부 기관지 독립신문사 사장을 비롯해서 동아일보 편집국장·조선일보 부사장 등을 역임하였으며, 〈마의태자〉·〈단종애사〉·〈흙〉 등등의 작품을 쓰면서도 독립운동을 했던 인물이다. 특히나 춘원은 와세다 대학 앞에 있던 산쵸안[三朝庵]이라는 소바집 2층에서 2·8 독립선언서를 썼다는데, 그 소바집은 오랜 세월 동안 대를 이어 영업을 해 오다가 2018년 7월경 폐업했다고 한다.

춘원은 1937년 수양동우회 사건으로 투옥되었다가 반년 만에 병보석으로 풀려나는데, 이때부터 그가 본격적으로 친일활동을 한 것으로 알려져 있다. 1939년 친일 어용단체인 조선문인협회 회장에 취임하는 것이 그 대표적인 예랄 수 있다. 그는 독립운동도 많이 하고 수많은 명작도 남겼지만, 대표적인 친일파와 반민족주의자로 낙인찍힌 인물에 속한다.

일본 와세다 대학에서 유학할 때, 허영숙과 나혜석이란 걸출한 두 신여성과 삼각연애를 한 것으로도 유명한 춘원 이광수. 이북 오산학교 교사 시절, 사후에 불멸의 시인으로 칭송받는 김소월의 담임을 맡기도 했다는 춘원 이광수. 그는 당대의 명사들인 박은식·주시경·김두봉·장지연·홍명희·변영만·정인보·한용운·오세창·안재홍·현제명·안창호 등등과 함께 광문회 멤버로도 활동했던 인물이다.

그런 춘원에 대해서 연세대 명예교수이자 국내 철학계의 1세대 학자인 김형석도 이렇게 설명하고 있다.

> 춘원과 인촌 같은 분들이 없었다면 우린 독립을 못 했을 거다. 고故 안병욱 교수는 이광수 소설 〈유정〉을 읽고 민족의식을 깨달았다고 했다. 그 시대 사람들 중 95%는 춘원 등 때문에 민족의식을 갖게 됐다. 그분들 때문에 친일한 사람은 없을 거다. 좌파 정권 때 친일파 딱지 붙이기 바람이 부는데 전적으로 정치적인 동기 때문이다. 지금 사람들이 어떻게 그분들을 친일이라고 재단하는가.
> (조선일보. 2020. 1. 2.)

한때는 노산도 친일을 했다는 주장이 제기된 적이 있으나, 그가 1938년 6월부터 1942년 9월까지 일제의 탄압으로 전남 백운산 기슭에서 은거했던 사실, 그리고 1942년 12월부터 1943년 9월까지 조선어학회 사건으로 홍원경찰서 및 함흥 교도소에 구금되었다가 기소 유예로 석방된 사실, 그리고 또 1945년 1월부터 1945년 8월까지 조선 사상범 예비 구금령 위반으로 광양유치장에 구금되었다가 해방과 함께 출옥한 사실, 등등 때문에 그의 친일행적은 없었던 것으로 밝혀졌다. 하지만, 그의 친독재 행적에 대한 시비는 아직까지도 수면 아래에 잠복해 있는 것 같아 안타깝기 그지없다. 극히 일부의 사람들이 아직까지도 그의 그런 행적을 문제 삼고 있기에 하는 말이다. 노산이 친 독재 행적을 분명히 남겼다면 그 점에 대해서는 비난받아 마땅하겠지만 만약 그렇지 않다면 그 책임은 누가 질 것이며 고인의 실추된 명예는 또 누가 보상해 줄 것인가. 하지만 이 지면에서는 노산의 문학적인 활동만 언급하려 한다. 그 이유는 마산 출신 예인들의 소중한 야화野話를 기록으로 남기는 것이 이 책의 집필 의도이기 때문이며, 책의 제목을 《창동야화》로 한 것도 바로 그런 점 때문이다.

아호가 노산인 이은상. 그 아호의 탄생 야화가 흥미롭다. 노鷺자는 해오라기 노자이고, 산山은 그가 어렸을 때 사시사철 뛰어놀던 제비산을 의미한단다. 그런 의미에서 노산이란 호는 마산 앞바다와 제비산에서 뛰놀던 아이, 즉 마산이 고향인 아이 또는 사람을 의미한다고 하면 지나친 비약일까. 또한 이은상에게 노산이란 호를 지어준 사람은 함양 박도사보다도 더 도를 통한 사람처럼 보인다. 알려진 대로 함양 박도사는 한때 영험한 예언으로 당대를 주름잡은 예언가였기에 하는 말이고, 노산이란 호를 듣고 보면, 그 호를 가진 사람은 필시 마산 출신일 것이라는 이미지가 강하게 연상되기에 하는 말이다. 어쨌든 이은상은 노산蘆山·노산학인蘆山學人·남천南川·강산유인江山遊人·강상유인江上遊人·두우성斗牛星 같은 많은 호를 가졌지만, 그중에서도 특히 노산이란 호를 가장 즐겨 사용했고 또한 호를 항상 한자로 썼다고 한다. 마치 자신이 마산 출신임을 자랑이라도 하듯이.

이왕 제비산을 언급했기에 하는 말이지만, 이은상과 제비산은 서로 떼려야 뗄 수 없는 관계가 있다. 마산 상남동에는 그의 생가가 있었고, 그 생가 뒤로는 제비산이 있었다. 그래서 그 제비산은 그의 어릴 때의 놀이터였고, 또한 그 제비산은 그의 어린 시절의 추억이 고스란히 담겨 있는 보고寶庫이기도 했다. 그가 그 제비산과 관련된 추억을 얼마나 소중하게 여겼는가는 그의 옛 동산에 올라라는 절창으로도 쉽게 짐작해 볼 수 있다.

> 내 놀던 옛 동산에
> 오늘 와 다시 서니
> 산천 의구依舊란 말
> 옛 시인의 허사虛辭로고
> 예 섰던 그 큰 소나무
> 버혀지고 없구료
>
> 지팡이 도로 짚고
> 산기슭 돌아서니
> 어느 해 풍우엔지
> 사태 져 무너지고
> 그 흙에 새 솔이 나서
> 키를 재려 하는구료

 옛 북마산 파출소 부근에 있던 태양극장 자리가 노산의 생가터였고, 노산이 태어났을 때 그의 출생을 기념해서 그의 부친이 우물을 파고는 그 우물에 아들 이름을 붙여서 '은상이 샘'이라고 명명했다지만, 그 우물터도 이제는 을씨년스런 모습으로만 남아 있을 뿐이다.
 노산을 언급하면서 그가 1932년 이화여전(현 이화여대) 교수를 하면서 지은 불후의 가곡 〈가고파〉를 언급하지 않을 수가 없다. 〈가고파〉는 그의 시 중에서도 백미白眉에 해당되기에 하는 말이고 또한 자타가 인정하는 불후의 국민가곡이기에 하는 말이다. 그리고 또 대한민국 사람 중에서 중년 이상 된 사람들은 이 노래를 모르면 한국 사람이 아니라고 할 정도로 널리 알려진 노래이기에 하는 말이다. 〈가고파〉는 전편 1~3수首, 후편 4~10수首로 각각 구성되어 있다. 환언하면 총 10수로 구성된 노래라는 말이다. 아래의 인용이 전편 1~3수의 노랫말이다.

내 고향 남쪽바다 그 파란 물 눈에 보이네
꿈엔들 잊으리오 그 잔잔한 고향 바다
지금도 물새들 날으리 가고파라 가고파

어릴 제 같이 놀던 그 동무들 그리워라
어디 간들 잊으리오 그 뛰놀던 고향 동무
오늘은 다 무얼 하는고 보고파라 보고파

그 물새 그 동무들 고향에 다 있는데
나는 왜 어이타가 떠나 살게 되었는고
온갖 것 다 뿌리치고 돌아갈까 돌아가

가서 한데 얼려 옛날같이 살고지라
내 마음 색동옷 입혀 웃고 웃고 지나고저
그날 그 눈물 없던 때를 찾아가자 찾아가

그런데 이 〈가고파〉란 노래의 탄생 야화가 재미있다. 〈가고파〉는 작곡가 김동진金東振(1913~2009)이 1933년에 작곡한 곡이란다. 작곡가 김동진이 평양 숭실전문학교를 다닐 때의 스승이 바로 양주동梁柱東(1903~1977)이었는

1963년 12월 7일 코리아 하우스에서 가진 노산 회갑 축연장에서 동경 유학시절의 벗 양주동과 함께.

호남신문 사장 시절 광주를 찾은 백범 김구와 자리를 함께한 노산(왼쪽에서 두 번째).

데, 노산과 절친한 친구였던 국문학자 양주동이 숭실전문학교에서 교수를 할 때 국어시간에 학생들에게 〈가고파〉를 낭송해 주었단다. 때마침 작곡가의 꿈을 키우고 있던 김동진이 수강생으로서 그 강의를 듣고는 큰 감동을 받아 그날 집에 돌아와서 바로 작곡하여 오늘날의 〈가고파〉가 탄생하게 되었다는 후문이다.

또한 숭실전문학교는 걸출한 음악가를 많이 배출한 학교로도 유명하다. 마산에서 평생 동안 활동하면서 주옥같은 명곡을 많이 남긴 석호夕湖 조두남이 바로 그 학교 출신이요, 그 밖에 〈가을 밤〉·〈골목길〉 등을 작곡한 박태준과 〈고향 생각〉·〈그 집 앞〉·〈희망의 나라로〉 등을 작곡한 현제명이 바로 평양 숭실전문학교 출신이기 때문이다.

그리고 가곡 〈가고파〉의 탄생에 일조를 한 양주동과 이은상, 이 두 사람의 인연도 운명적이랄 수밖에 없다. 아호가 무애无涯인 양주동은 이북 개성 출신이고, 노산 이은상은 경남 마산 출신으로 서로가 고향이 달랐음에도 두 사람은 교유가 깊었던 것이다. 무애와 노산은 같은 해에 태어났음은 물론, 일본의 명문 와세다 대학에서 같이 유학을 한 인연도 있다. 노산은 사학과를, 무애는 영문학과를 다녔던 것이다. 그리고 두 사람 다 박학다식하고 아는 것이 많아서 그 당시에 한국의 또 다른 3대 천재라 불렸다고 한다. 무애도 노산 못지않은 당대의 지식인으로서 그가 영·불·중·일어에 능통했음은 물론 평론·번역·수필·영문학·국문학 등등을 두루 섭렵한 자칭 국보라고 했던 인물이다. 더욱이 노산의 시 〈가고파〉가 명곡으로 탄생하는 데는 무애가 결정적으로 큰 역할을 했음이니 두 사람의 인연을 운명적이라고 하는 것이다.

가곡 〈가고파〉와 관련된 일화는 또 있다. 〈가고파〉의 대중적 인기가 입증된 단적인 예랄 수 있는데, 바로 6·25전쟁 때라고 한다. 작곡가 김동진이 6·25 때 남한으로 피난 내려오다가 휴전선 부근에서 한국군의 검문에 걸리게 되자, 달리 신분을 입증할 만한 증명서를 갖고 있지 않았던 김동진은 검문하는 군인에게 "〈가고파〉란 노래를 아느냐. 내가 바로 그 노래의 작곡자다."라고 말하고는 그 노래의 한 소절을 불러 젖힘으로써 무사히 검문소를 통과했다는 일화를 가진 〈가고파〉이기도 하다.

이 〈가고파〉가 처음에는 평양의 한 교회에서 조금씩 불리기 시작하다가 급기야 국민가곡으로 애창되기까지에는 테너 이인범의 공이 컸다고 한다. 이인범은 일제강점기에 일본에서 전全 일본 성악 콩쿠르에서 우승을 한 후, 일본 전역으로 순회공연을 다니게 될 때는 반드시 그 당시의 신곡이었던 〈가고파〉를 레퍼토리에 넣어 부르면서 나라 잃은 설움을 달래는 한편, 우리의 민족혼을 일깨우기도 했다고 한다. 그런 저런 사연 때문에 〈가고파〉의 작곡자 김동진은 테너 이인범이 타계했을 때 그의 장례식장에서 조사弔辭을 읽으면서 눈물을 펑펑 쏟았다고 한다. 이인범 때문에 자신의 곡인 〈가고파〉가 유명해지고, 또한 자기가 이 세상에 알려지게 되었다고 회고하면서…….

이러한 탄생 야화를 가진 〈가고파〉. 그 노래의 전편 1~3수는 그렇게 탄생했고, 후편 4~10수는 그로부터 40년 후인 1973년에 탄생한다. 1970년 작곡가 김동진은 노산 이은상의 고희와 자신의 회갑 기념으로 〈가고파〉 후편 4~10수를 작곡한 후, 1973년 12월 10일 숙명여대 강당에서 숭의여고 합창단을 통해 〈가고파〉 전곡 모두를 공식 발표하기 때문이다. 그 후 〈가고파〉는 처음에는 전국을 스멀거리게 하다가 급기야는 전국을 온통 들썩거리게 만들고 만다. 〈가고파〉가 국민 가곡으로 자리 잡게 된다는 말이다. 그 구체적인 예는 〈가고파〉가 1984년 MBC 문화방송 조사에서 내가 좋아하는 가곡 1위에 올랐다는 사실에서도 찾을 수가 있다.

노산을 언급하면서 그의 부친 이승규李承奎(1860~1922)를 빠뜨릴 수가 없다. 독립 운동가이자 육영 사업가였던 이승규는 원래는 천주교 신자였으나 1866년 병인년에 대원군의 천주교 박해를 피해 당시의 경남 동래로 이사를 했다가, 마산으로 생활근거지를 다시 옮긴 후 1904년에 호주 선교사 아담슨 A. Adamson(손안로)으로부터 전도를 받고는 기독교로 개종한 인물이다. 이승규는 아담슨 선교사와 함께 마산 문창교회를 설립한 인물이고, 또한 마산 창신학교의 설립자이기도 하기에 그를 빠뜨릴 수가 없다는 말이다.

문창교회 하면 생각나는 사람이 또 있다. 바로 독실한 기독교인이었던 김영삼 전 대통령과 영부인 손명순 여사다. 두 사람은 1951년 3월 6일 마산 문창교회에서 결혼식을 올렸다고 한다. 그만큼 문창교회의 역사가 오래됐다는 말이다. 알려진 대로 손명순의 집안은 그 당시 경남 지역에서는 유지로 통했다고 한다. 손명순의 아버지인 손상호는 논산훈련소에 훈련화를 납품하고 고무신과 자전거 타이어 등 각종 고무 제품을 생산하는 경향고무공업사의 사장이었으며, 손명순은 마산여고 출신이란다.

김영삼 前 대통령 부부의 젊은 시절.

창신학교와 이승규는 불가분의 관계가 있기에 창신학교를 좀 더 살펴본다. 오랜 역사를 가진 마산 창신학교는 1906년 5월 17일 문창교회에서 독서숙讀書塾이라는 이름으로 그 첫

출발을 한다. 독서숙이 마산 창신학교의 전신이라는 말이다. 그 후 독서숙은 1908년에 학교명을 창신학교로 바꾸고 남녀공학제를 실시한다. 이때 초대 교장은 아담슨이고, 부교장이 바로 이승규였다. 그런데 창신학교의 설립 현황을 보면, 독서숙과 마산사숙馬山私塾이란 이름이 각각 중복으로 언급되고 있는데, 그것은 아마도 그 둘은 이름만 다를 뿐 실체는 같은 것이 아닌가 싶다.

또한 이승규는 1919년의 3·1 독립운동을 마산에서 주도한 인물이기도 하다. 3·1 독립운동 때 창신학교 학생들이 이은상의 공부방에 모여서 독립선언문을 등사한 후 태극기까지 준비하고 만세운동에 참가한 사실과, 교사들은 사표를 제출하고 동년 3월 12일 학교에 태극기를 게양하고 독립선언 선포식을 거행한 사실 등은 모두 그 배후에 이승규가 버티고 있었기에 가능했던 것이다. 그 사건으로 학생 2명과 부교장 이승규가 2년 동안 옥고를 치렀다는 사실이 그 단적인 방증이다. 참고로 창신학교를 설립한 공로로 1978년 5월 17일 마산 창신학교 창립 50주년을 맞아 이승규 장로 기념동상이 창신학교 교정에 세워졌다는데 그 동상이 지금까지도 있는지는 잘 모르겠다.

위에서 창신학교와 문창교회 그리고 이승규를 언급한 이유는 다른데 있지 않다. 바로 노산이란 인물의 성장배경 때문이다. 만약 창신학교와 문창교회가 없었다면, 그리고 이승규란 선각자가 없었다면, 과연 노산이란 걸출한 인물이 탄생할 수 있었을까 하는 의문이 제기되기 때문이다. 물론 노산이 범상치 않은 재능을 가지고 태어난 것은 사실이겠지만, 그의 부친 같은 선각자가 일찍부터 그를 교육시키고 이끌지 않았다면 그 결과는 아무도 모를 일이다. 아마도 하느님밖에는. 노산이 독실한 기독교인이 된 것도 이러한 그의 운명 때문이 아닐까 하는 생각도 들기 때문이다.

노산은 아버지가 설립한 창신학교를 졸업한 후, 그 학교 교원으로 잠깐 있다가 연희전문학교(현 연세대)에 입학한다. 그 이후에는 앞에서 언급한 것처럼 일본 와세다 대학 사학과에 입학했다가 귀국한 후 각종 사회단체와 학계 그리고 언론계 등에 몸담고 활동한다. 그리고 그가 시조에 본격적으로 손을 댄 시기는, 1923년 등단작인 〈고향생각〉을 발표한 이후부터라고 한다. 그리고 그가 첫 시조집인 《노산시조집》을 발간한 해는 〈가고파〉를 쓴 해인 1932년이라고 한다. 그 이후부터 노산은 전래의 시조형식을 현대적으로 승화시킨 새로운 시조시 형식을 개척하면서 2천여 편의 시와 시조를 남긴다. 〈가고파〉 외에도 〈성불사〉·〈옛 동산에 올라〉·〈고향생각〉·〈사우〉 같은 그 제목만 들먹이는데도 숨이 찰 정도의 많은 시편들이 노래로 만들어져 당대의 명곡이 되기도 한 것이다.

여기서 노산과 무애와의 또 다른 인연을 언급하지 않을 수가 없다. 위에서 언급한 것처럼 노산이 첫 시조집으로 《노산시조집》을 발간하자 이에 뒤질세라 무애도 같은 해인 1932년에 첫 시집으로 《조선의 맥박》을 발간하는 것이 그 한 예랄 수 있다. 같은 해에 똑 같이 시집을 발간하는 우연 아닌 인연이 얽혀 있다는 말이다. 또한 노산 이은상과 육당 최남선 그리고 무애 양주동을 가리켜 또 다른 조선의 3대 천재라고 한 사실도 예사 인연이 아닌 것이다.

1921년 두우성이라는 필명으로 《아성》에 시 〈혈조〉 발표한 이후, 노산은 1922년 《조선문단》을 통해 시조 〈아버님을 여의고〉·〈꿈 깬 뒤〉 등을 발표하면서 등단한다. 그는 1924년 《조선문단》에 〈영사행〉·〈애사〉·〈새벽이면〉 등을 발표하면서 초기에는 자유시를 주로 썼으나, 1926년 이후부터는 카프의 계급주의 문학에 대항해서 일어난 시조부흥 운동의 영향으로 우리의 전통문학과 국학에 깊은 관심을 갖게 된 후부터는 시조시인으로 전향한다. 《노산시조집》에 수록된 〈가고파〉와 〈성불사의 밤〉·〈고향생각〉 등은 지금도 애창 가곡으로 손꼽히는 노래들이다. 그는 1930년대 이후부터는 가람 이병기와 함

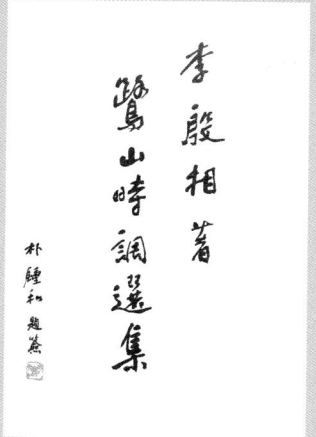 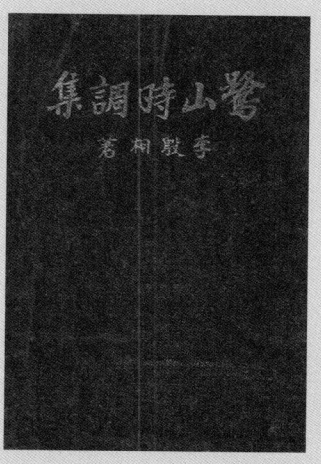 

노산시조선집　　　　　　　노산시조집　　　　이은상 시조선집 표지

께 한국의 대표적인 시조시인으로 자리를 굳히면서 민요적인 리듬을 살린 작품을 많이 쓰기도 한다.

　하지만 노산은 해방 이후부터는 개인의 서정보다는 현실에 바탕을 둔 국토 예찬이나 조국 분단의 아픔, 그리고 우국지사의 추모 등을 작품에 주로 표현한다. 그리고 평론에도 관심을 가져 여러 편의 평론을 발표하기도 한다. 또한 그는 시문집으로는《조국강산》(1954)·《노산 시문선》(1960) 등을, 사화집으로는《조선사화집》(1931)을, 전기로는《탐라기행 한라산》·《피어린 육백리》·《이 충무공 일대기》등등 많은 저서를 남겼으며 이순신의《난중일기》를 번역한 인물로도 유명하다.

　이처럼 타의 추종을 불허하는 업적을 남겼었기 때문일까, 아니면 그가 민족시인의 대표적인 표상이었기 때문일까. 경남시조시인협회에서는《가고파, 내 고향 남쪽 바다》(도서출판 경남, 2017년)라는 이은상 선생 기림 사화

마산역에 세워진 가고파 시비.

집을 펴내기도 했는데, 그 책 속에 실린 글들은 구구절절 우리의 폐부를 찌르기도 한다. 그 글 중의 일부를 보자.

> 우리는 다른 업적은 젖혀두고, 문학만으로도 그가 얼마나 탁월한 애국자이고 민족주의자이며, 훌륭한 문학가인가를 절실하게 공감한다. 따라서 최근 마산역 광장에 세워진 가고파 시비는 마산 문화의 자긍심의 상징으로, 〈가고파〉를 사랑하는 새로운 계기가 될 것임을 의심치 않는다.
>
> (오하룡, pp.268~269.)

흔히 민족문학을 말하고 민족시인이라 이름을 붙이고들 있지만 노산

선생만큼 민족문학을 바로 한 분을 찾기 어려우며 또한 노산 선생에 앞서 민족시인이라는 이름을 붙일 시인은 따로 없다 할 것입니다. 선생의 얼, 말, 글 정신은 문학 안에서뿐 아니라 우리 민족이 영원히 받들고 나가야 할 이정표입니다. (이근배, p.143.)

해마다 은상이 샘을 파묻어 버리겠다고 목소리를 높이는 이들도 〈가고파〉, 〈옛 동산에 올라〉, 〈그 집 앞〉, 〈성불사의 밤〉, 〈봄 처녀〉 등을 부르며 자랐을 것이다. 노산은 이들 작품으로 힘겨운 시대의 질곡을 지나온 국민들에게 모국어의 아름다움으로 정서 순화에 큰 보탬을 주었다. 그 사실마저 굴삭기로 덮을 수는 없다. 우물을 덮어 흔적마저 없애겠다는 것은 아예 역사에 이름을 지우겠다는 발상이 아닌가. 더 이상 노산의 무덤에 삽을 꽂지 마라. (이달균, p.162.)

일본은 당시 우리의 애국지사들에게 말할 수 없는 악랄하고 잔혹한 고문을 했다. 노산 이은상 선생도 몸과 마음이 지칠 대로 지쳐 좁디좁은 감옥에서 바깥세상을 그리워하며 구부리고 앉아 견디면서 이 시들을 지은 것이다. 이처럼 절명의 순간에서 남긴 시편들은 우리들 가슴에 피멍을 남겨주고 있다. (서일옥, pp.118~119.)

이러한 시인을 가리켜 백철은 동양적인 무상의 시인이라 하였고, 피천득은 애수의 시인이라고 하였으며, 양주동은 늠실 바다라 평한 바 있다. 이 밖에도 많은 평자들이 애국시인과 민족시인, 종교시인 등 다양하게 일컫고 있다. 이것은 그의 시 세계가 그만큼 다양하다는 것에 다름없다. 그는 뚜렷한 아이덴티티를 갖고 있는 위대한 시인이었고,

현대시사에 뚜렷한 족적을 남긴 시인이었다. (김복근, p.48.)

　위의 인용들 속에는 노산의 진면목眞面目이 적나라하게 드러나 있음을 알 수가 있다. 그의 진면목이란 다름 아닌 한국 문학계의 거봉으로서의 그의 업적을 말하는 것이다. 하지만 그런 노산이 우리 곁을 떠나가 버린 지는 이미 오래되었고, 그가 그렇게도 사랑했던 "꿈엔들 잊으리오/ 그 잔잔한 고향바다"도 이젠 반 토막밖에 안 남았다. 그리고 이제 마산이라는 그 이름조차도 아예 사라져 버리고 말았다. 마산이란 이름을 팔아먹은 자들에게 응징 있을진저.

　우리의 노산은 선지자처럼, 이런 사태를 미리 예견했던 것일까. 그래서 일찍 유언을 남겼던 것일까. "산천 의구란 말/ 옛 시인의 허사로고"란 시구가 마치 그의 유언처럼 구구절절 우리의 가슴을 때리기에 하는 말이다. 아, 거봉 노산이여!

노예처럼 일하고 신神처럼 작업한 조각가
―문신

문신 (1923~1995, 사진 | 문신미술관).

마산이 항구라서 그랬을까. 한 시기 마산에는 유독 귀환동포들이 많이 살았다. 특히나 신마산 댓거리 일대와 북마산 회성동 일대에 많이 살았다. 귀환동포를 농언(弄言)으로는 우환동포라 하기도 했다. 일제강점기 말, 제2차 세계대전이 끝나자 일본에서 귀국선을 타고 귀국한 동포들을 그렇게 불렀던 것이다.

그런 귀국선들과 얽히고설킨 가슴 아픈 사연들은 너무나 많았고 또한 우리 마산 출신 예인들과 관련된 사연들도 부지기수였다. 그리고 그런 귀국선 중에서 가장 대표적인 것은 바로 우키시마마루(浮島丸)호였다. 정말 한 많은 우키시마마루호랄 수 있다.

1945년 8월 22일 일본 아오모리(靑林)현 오오미나토(大湊)항을 출발한 한 척의 배가 부산항을 향해서 출발하기 시작했다. 그 배에는 아오모리 같은 곳에서 강제노역에 시달리며 짐승 같은 생활을 강요당했던 징용 한인 수천 명이 정원을 훨씬 초과해서 타고 있었다. 그들은 조국이 해방되었다는 소식을 듣고는 하루라도 빨리 고향으로 돌아가고 싶은 마음에서, 그리고 또 그 배를 타지 못하면 다시는 조국으로 돌아갈 수 없다는 괴담에 쫓겨서 다급하게 배에 올랐던 것이다.

승선 정원이 800여 명인 우키시마마루호는 원래는 상선이었지만 대동아전쟁 중 일본 해군에 차출되어 아오모리와 홋카이도 사이를 운항하다가 그 전쟁이 막 끝나자 부산항을 향해서 출항했던 것이다. 그러나 일본 선박의 운항을 금지한다는 미군사령부의 명령에 따라 우키시마마루호는 부산항으로 가다가 중간에서 급히 뱃머리를 돌려야만 했다. 그런데 오후 5시 무렵이 되자, 그 배에서 갑자기 두 번에 걸쳐서 엄청난 폭발이 일어났고 그와 동시에 그 배는 한가운데가 두 동강으로 절단된 채 침몰하고 만다. 그 결과 수많은 한국인들이 그 배와 함께 수장되고 말았던 것이다. 그래서 한 많은 우키시마마루호라고 하는 것이다. 더 안타까운 것은 우키시마마루호 사건은 지금까지도 그 진상이 정확하게 규명되지 않고 있다는 사실이다.

사실 일제강점기 때는 수많은 우리 동포들이 관부연락선을 이용했다. 관부연락선은 일제강점기 때 일본의 산요기선山陽汽船이란 회사가 1905년부터 1945년 제2차 세계대전 종료 직전까지 부산항과 일본의 시모노세키항 사이를 왕복 운항했던 연락선을 말한다. 이 연락선을 통해서 일제강점기에 수많은 한국인들이 일본으로 건너가기도 했고 또한 돌아오기도 했던 것이다.

맨 처음 취항한 관부연락선은 이키마루(壹岐丸)호였고 그 뒤로 취항한 배들은 각각 곤고마루(金剛丸)호와 고안마루(興安丸)호, 그리고 도쿠주마루(德壽丸)호 등이었다. 관부연락선에는 얼마나 많은 우리 동포들의 애환이 서려 있었던지 소설가 나림那林 이병주는 〈관부연락선〉이란 소설 속에서까지 그 배를 언급해 놓고 있는 것이다. "나는 대구를 출발해 부산으로 가서 관부연락선을 타고 일본으로 건너갈 예정이다."라는 구절이 그 한 예다. 〈사의 찬미〉로 잘 알려진 한국 최초의 소프라노 윤심덕과 〈산돼지〉란 희곡을 쓴 전라도 목포 출신의 극작가 김우진도 바로 관부연락선이었던 도쿠주마루호를 타고 귀국하던 도중 현해탄의 검푸른 물에 함께 몸을 던져 정사情死 했다고 알려져 있다.

내가 왜 관부연락선을 언급하느냐 하면, 바로 우리 마산의 자랑이자 대한민국의 자랑인 조각가 문신文信(본명 안신安信·1923~1995) 때문이다. 그는 일본 규슈九州 지역의 한 탄광지대에서 탄광 노동자였던 아버지와 일본인 어머니 사이에서 태어났다. 그런데 알고 보니 그의 부모님이 결혼을 하게 된 사연이 참으로 운명적이었다. 어느 날 그의 어머니에게 몰래 접근하다 들켜서 달아나던 도둑을 문신의 아버지가 잡아주려다 발을 헛디뎌 다치는 바람에 두 사람은 운명적으로 만나게 되고 급기야는 사랑에 빠졌기 때문이다.

하지만 어머니 집안의 반대가 너무 심해서 두 사람은 궁여지책으로 규슈의 탄광지역으로 도망을 가 그곳에서 신혼살림을 차리게 된다. 그리고 두 사람은 탄광에서 같이 일을 하면서 신혼생활을 해 나간다. 그러다가 5살 되던 해에 문신은 아버지와 함께 관부연락선을 타고 마산으로 먼저 귀국하게 되는 것이다. 그의 어머니는 일본에 남겨둔 채로.

그런데 문신에 대한 글을 쓰기 위해서 자료를 찾아보다가 의문점 하나를 발견했다. 바로 문신의 출생연도가 알려진 것과는 다르다는 사실이 그것이다. 대부분의 자료에는 그의 출생연도가 1923년으로 되어 있으나, 문신은 "나는 실은 1922년 1월 16일 규슈(九州)의 탄광지대에서 태어났다."(《문신 회고록 : 돌아본 그 시절》, p.31.)라고 고백하고 있기 때문이다. 그래서 그의 출생연도를 1922년으로 바로잡는 것이 맞지 않을까 싶다. 그리고 문신은 그의 부모님이 살았던 탄광지대를 다음과 같이 설명하고 있다.

> 그 탄광지대는 규슈 사가현 다케오란 아담한 온천도시가 있는 인근이었다. 주변 일대는 멀리 시야에 들어오는 곡창으로도 알려져 있는 곳이다.
> (같은 책, p.25.)

문신이 그의 아버지와 함께 마산으로 먼저 돌아오고, 그 다음 해에 그의 어머니도 두 살 위의 형을 데리고 마산으로 오게 된다. 하지만 문신은 부모님과 한 1년 정도 행복한 시간을 보낼 뿐 또다시 부모님과 이별을 하게 된다. 마치 앞으로의 그의 일생이 파란만장할 것이라는 점을 암시라도 하듯이, 그의 부모님은 문신을 마산에 남겨 둔 채 또다시 일본으로 돌아가 버리기 때문이다. 그 이별은 문신에게 크나큰 충격으로 다가왔지만 그래도 문신은 마산에서 생활해야 한다는 현실 그 자체를 천만다행으로 여겼다. 왜냐하면 그런

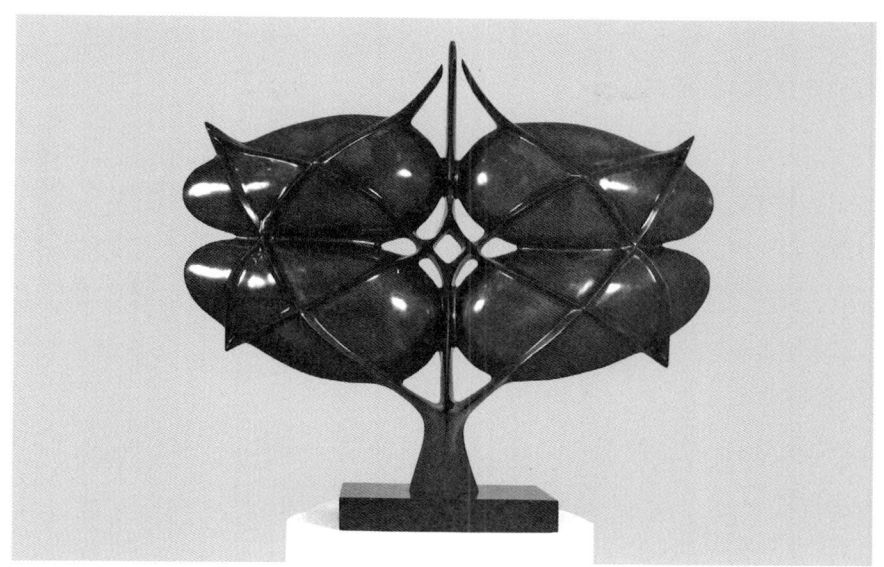

문신의 작품 〈하나가 되다〉 1989년.
(사진 | 문신미술관).

문신의 작품 〈생生과 화和〉 1989년.
(사진 | 문신미술관).

외로운 환경이 훗날 자신의 창작활동의 자양분이 되었다고 아래와 같이 술회하고 있기 때문이다.

> 첫째는 그때의 나의 환경이 오늘에 이어주는 나의 예술의 길에 소양의 싹이 되었고, 둘째는 나에게는 잊을래야 잊을 수 없는 고향이 있었다는 것이 그간에 파리 화단에서의 작가적 기반도 뒤로하면서 다시금 고향을 찾게 했던 것이다. (같은 책, p.42.)

일본에 가면 왜놈이 된다는 생각을 가진 할머니의 반대로 홀로 할머니 슬하에서 자라게 된 문신. 친구도 없고 말도 잘 통하지 않는 마산에서의 그의 유년 시절은 암울하기만 했다. 하지만 극장 영화 선전간판을 그리는 현장을 직접 목격하면서부터, 그리고 또 어머니와 함께 모래사장에서 모래로 그림을 그리며 놀던 때를 회상하면서부터, 그는 그림과의 운명적인 조우를 하게 되는 것이다. 훗날 그가 세계적인 대가로 성장하게 된 배경에는 이러한 그의 슬픈 과거가 도사리고 있는 것이다. 문신의 고백을 좀 더 들어 보자.

> 내가 그 당시를 지금에 와서 회상해 볼 때, 그 어린 나이에 부모의 품에서 자라지 못한 것은 세상의 안정사에서는 불행한 한때임에는 틀림없을 것이다. 그러나 내가 그동안 오랜 해외 생활에서 가까이 눈여겨보며 서글픈 마음을 금할 수 없었던 것은 해외에서 살고 있는 교포 가족 중에서 2세들이 그 나라의 습관에 익숙해져 갈수록 그들의 조국관이 흐려져 간다는 것이다. 그럼 나는 어릴 때부터 부모와는 한때 생이별이었으나 고향에서 살 수 있었다는 것은 다행한 일이었다. (같은 책, p.42.)

문신의 회고에 따르면, 그의 아버지 고향은 인근 고성군 하이면下二面이고, 그의 아버지의 외가는 인근 진동임이 드러난다. 왜냐하면 그의 아버지의 고향인 모래실은 고성군 하이면 사곡리에 있는 마을이기 때문이다. 그런 사실은 그의 회고담을 통해서도 밝혀진다.

> 아버지는 고성군 내의 한려수도가 한눈에 펼쳐 보이는 산마루, 대대로 이어온 선산 아래 마을인 모러실에서 태어나 한때 조부의 슬하에서 한문을 익혔다. 이후 외가인 진동 근향의 농어촌에 나와서 성년기를 맞는다.   (같은 책, p.19.)

따라서 문신의 고향이 마산 진동이라고 하는 일부의 주장은 사실과 다르며, 그의 아버지의 고향이 고성이므로 그의 본적도 당연히 고성이 되지 않을까 싶다. 이런 말을 하는 데는 이유가 있다. 바로 나의 고향도 고성이기에 거장 문신의 고향을 고성이라고 해도 큰 잘못이 아니란 생각이 들기 때문이다.

누군들 아버지에 대한 애틋한 추억이 없을까마는, 특히나 문신에게는 아버지에 대한 추억이 더 애틋했다. 아마드 그의 예민한 감수성 때문이었는지도 모른다. 그런 감정은 "한때 나는 아버지 곁을 떠난 10대가 될 무렵 그를 보고 싶을 때면, 당시 마산에서 영화 팬의 인기를 모으고 있던 심소천의 목소리를 듣기 위해 영화관을 찾았다."고 하는 회고담에도 잘 나타나 있다. 특히나 문신은 자신의 창작활동에는 아버지의 영향이 컸음을 다음과 같이 밝히고 있는 것이다.

> 이번 나의 회상기에서 그토록 서두에서부터 나의 아버지의 이야기에 치중하게 된 것도 그의 생활 배경이 나의 오늘의 특히 조각 작품에—

문신의 작품 〈자화상〉 1943년 (사진 | 문신미술관).

그것은 우연일 수도 있겠으나—결과적으로 관련성을 가진 현상으로서 나타나 있기 때문에서였다. (같은 책, p.60.)

문신은 한때 마산 시민극장에 취직을 해서 영화 선전간판을 그렸다는 소문도 있었으나 그 소문은 사실과는 다르다. 사실 그는 14~15세 되던 무렵, 그 당시 창동의 공락관(옛 시민극장)에서 상영되던 영화의 선전간판을 한 번씩 그려준 적은 있어도, 극장의 정식 직원으로는 일한 적이 없다고 자신의 회고록에서 밝히고 있기 때문이다.

하지만 시민극장의 영화 선전간판을 그렸던 화가는 따로 있다. 바로 정상돌 화백이 그 장본인이다. 정상돌 화백은 복싱에도 일가견을 가진 사람으로서 한때는 마산 회원구의 강삼재 국회의원 사무국장을 하기도 한 다채로운 경력의 소유자인데 그가 바로 한때 시민극장에서 영화 선전간판을 그렸다고 한다.

또한 초창기의 공락관은 영화 전용극장이 아니라 여러 가지 행사를 겸해서 할 수 있는 강당 역할을 했기에 가끔씩 그 공간을 대관한 측에서 영화 필름을 서울이나 부산에서 사와서 영화를 상영했다고 한다. 물론 문신도 자신이 직접 영화 필름을 사와 공락관에서 상영한 적이 한 번 있었지만, 돈을 벌기는커녕 그 당시 돈으로 40여 만 원의 손해만 보았다고 고백한 한 바가 있기도 하다. 특히나 문신은 그림 실력이 뛰어났던 관계로 여러 편의 영화 선전간판을 그려주고는 돈도 제법 톡톡히 받았다고 한다.

이왕 영화 선전간판 이야기가 나왔으니 강남극장 선전부장 출신의 화가 한 사람을 소개하려 한다. 그가 극장 선전간판을 그렸던 사람으로서는 현존하는 화가 중 가장 연장자이기 때문이다. 그 주인공은 바로 한국화가인 교당

茭堂 김대환 화백이다. 교당도 역시 문신처럼 일본에서 태어나 그곳에서 소학교를 다니다가 해방이 되자 관부연락선을 타고 마산으로 돌아온 귀환동포다. 그리고 지금은 없어진 강남극장에서 영화 선전간판을 실제로 그렸던 장본인이기도 하다. 그가 강남극장의 정식 직원이었다는 말이다. 나중에 그는 강남극장의 선전부장까지 했다고 한다. 그래서 월급을 고정적으로 받을 수가 있었고, 그 때문에 살기가 어려웠던 그 시절에도 비교적 안정적인 생활을 할 수가 있었다고 한다. 특히나 그 시절에는 영화의 흥행 성공 여부가 선전간판에 달려 있었기 때문에 그림 실력이 뛰어난 교당 화백의 인기는 실로 높았다고 한다. 그 때문에 그의 주머니에는 항상 돈이 두둑했고, 그래서 그 당시에 생활이 어려웠던 문신 화백을 비롯한 많은 선배 예인들을 오동동의 주점으로 자주 모실 수가 있었다고 한다.

다시 문신 이야기로 돌아온다. 일본에서 태어나고 자랐기 때문일까. 문신은 평소에는 말수도 적고 또한 내성적인 성격을 보여주었지만, 술이 거나하게 취하면 플라멩코 같은 격정적인 춤사위도 스스럼없이 보여주었다고 한다. 술을 마시다 취기가 오르고 흥이 나면 옆에서 시중을 들던 아가씨에게 화장품을 가져오라 하고는 직접 화장을 짙게 하고서 플라멩코 같은 춤을 곧잘 추었다고 한다. 겉으로는 내성적이었지만 속으로는 뜨거운 열정의 소유자였던 문신의 그런 성격은 어릴 때부터 형성되었다고 할 수 있는데, 그런 사실은 아래와 같은 그의 고백을 통해서도 입증이 된다.

> 그보다 내 천성이 굿과 같은 업의 광대나 장이의 기질에 맞아서였던 것 같다. 앞서의 소 씨름판이나 활동사진을 보던 그 시절에는 수시로 지방을 도는 유랑극단 외에도 무슨 굿이 들어왔다 하면 나는 쪽을 못

쓰고 어른의 심부름 길에서 어느 틈을 타서라도 찾아들었다.

(같은 책, p.64.)

문신의 집이 추산동에 있을 때, 김대환 화백의 집도 바로 근처에 있었기에 두 사람의 교분은 더더욱 남달랐다고 한다. 김대환 화백의 회고담을 좀 더 들어보자.

문신 형님의 특기는 두 가지로 요약할 수 있능기라. 첫째는, 술이 거나하게 취하면 여장女裝을 하고는 배꼽을 드러내 놓은 채 안주 접시를 캐스터네츠로 활용하면서 스페인 전통춤인 플라멩코를 기똥차게 잘 췄능기라. 그리고 둘째는, 문신 형님은 제사상에 올리는 문어 안 있나, 그 문어 다리를 기가 막히게 잘 오려서 마치 작품처럼 만드는 솜씨가 뛰어났다 카이. 칼질을 절묘하게 잘해서 아주 예술작품처럼 만들었다꼬. 그만큼 문신 형님은 손재주가 좋았고 멋도 부릴 줄 아는 로맨티스트였다꼬.

문신은 한때 자기 어머니에게 반감을 가진 적이 있었던 것은 사실이나 그가 당대를 대표하는 조각가로 자리 잡는 데는 그의 어머니의 공도 컸다. 어린 시절 마산 앞바다 갯가에서 어머니가 바지락을 캐는 동안, 문신은 어머니 옆에서 모래를 가지고 혼자 놀았는데, 그때부터 조각의 기본기를 스스로 배우기 시작했던 것이다. 그런 사실은 그의 회고담을 통해서도 밝혀진다.

내가 모래로 사람을 만들 때에는 양손을 좌우에서 꼭 같이 움직여 물 먹은 모래를 끌어 모아 역시 머리에서부터 시작한다. 이어서 목덜미에서 어깨를 그리고 가슴을, 가슴 위에는 양손바닥을 접시처럼 해서 누르면 두 유방이 동시에 만들어진다. 다음 복부, 그리고 히프에서 넓적다리, 이렇게 하나의 여인이, 부조 나상浮彫裸像이 만들어졌다.

(같은 책, p.38.)

문신은 14살이 되면서부터는 소묘와 데생에 관심을 가지기 시작한다. 그 이유는 그 무렵부터 그가 알고 지내던 박 씨라는 사람의 화방에 드나들기 시작하는데 그때부터 손님들로부터 각종 그림을 그려달라는 부탁을 받기 때문이다. 그는 그림에 남다른 소질을 가지고 있었기에 부탁받은 그림을 그려주면서 돈을 모으기 시작했고 그렇게 모은 돈으로 그림 공부를 체계적으로 할 계획을 세웠던 것이다. 그러나 그는 걱정이 태산이었다. 그림 공부를 본격적으로 하기 위해서는 만주로 가야 할지 일본으로 가야 할지를 쉽게 결정할 수가 없었기 때문이다.

그런 고민을 하고 있던 와중에 그의 어릴 때의 친구인 서두환이 그에게 일본행을 권한다. 하지만 문신은 그때까지만 해도 일본으로 갈 생각은 조금도 없었다. 왜냐하면 자기 어머니에 대한 반감도 있었고, 그의 아버지와 어머니가 헤어진 이유를 그의 어머니가 한국인이 아니라 일본인이기 때문이라고 생각했기 때문이다. 한국인 어머니라면 어린 자식을 둘이나 놔두고 헤어지지는 않았을 것이라고 생각했기 때문이다. 하지만, 어릴 때의 친구인 서두환이 일본행을 거듭 권하자 그는 마침내 일본 유학을 택하고 만다.

드디어 1938년부터 1945년까지 근 6~7년간의 문신의 일본 유학생활이 그렇게 시작된 것이다. 문신은 1938년 일본 동경에 있던 일본미술학교의 서양화학과에 들어가서 본격적으로 미술 공부를 시작한다. 그리고 그곳에서 화

사진 | 문신미술관

동경의 일본미술학교 시절의 문신 (사진 가운데).

1938년 보통학교 동기 서두환과 함께
(오른쪽 모자 쓴 사람이 문신).

1941년 동경의 문신 (19세).

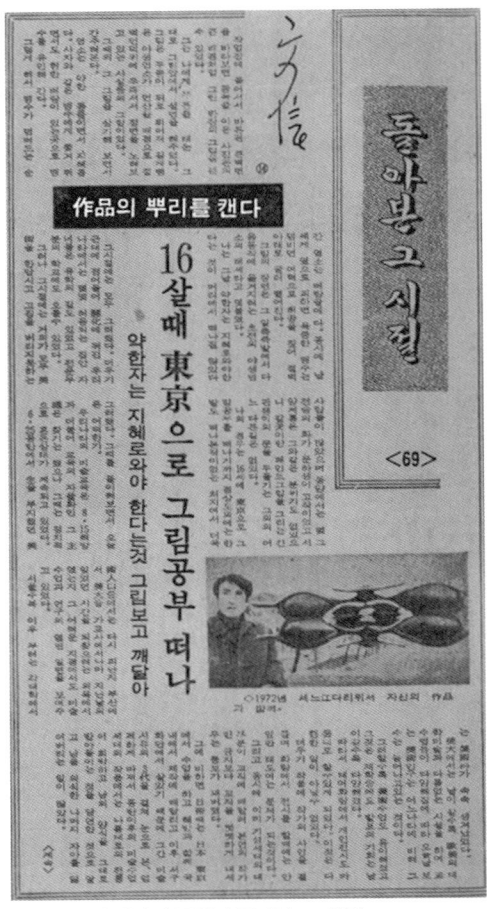

경남신문에 연재된 문신의 돌아본 그 시절.
(1981. 10. 15.)

가로서의 재능을 보란 듯이 발휘하기도 한다. 후일의 문신은 조각가로서 그 명성을 날리지만, 사실 그는 처음에는 서양화가로 출발했다. 그가 1948년 제1회 개인전을 서울(당시의 동화화랑)과 마산(세 군데의 다방)에서 개최할 때에도 서양화 작품으로 한 것이 그 증거다. 그래서 마산에서의 그의 첫 전시회는 마산 최초의 서양화 전시회로 기록되고 있는 것이다.

이제부터는 일본 유학을 마치고 귀국한 후부터 타계할 때까지의 문신의 활동상을 요약해 본다.

1945년 8월 15일, 해방이 되자 마산으로 돌아온 그는 본격적으로 화가로서의 활동을 시작하게 되는데, 그 기간이 바로 1961년 미술공부를 더 하기 위해서 프랑스로 갈 때까지인 대략 15~6년간이다. 그 기간 동안의 활동을 요약하면, 1945년부터 1947년까지 서울과 마산·부산·대구 등지에서 회화와 부조 전시회를 개최하는 것을 필두로, 1948년 서울과 마산에서의 제1회 개인

전, 1949년 제2회 개인전, 1953년 제3회 문신 양화전, 1957년부터 59년까지 3년간 한묵·박고석·유영국 등과 했던 모던아트협회 활동 등등이 그 대표적인 예랄 수 있다.

또한 1961년 프랑스로 가서 1965년 귀국할 때까지의 5년간이 제1차 도불渡佛 기간이고, 1967년에 다시 도불하여 1980년 영구 귀국할 때까지가 제2차 도불 기간인 것이다. 또한 이 기간이 그가 조각가로서의 명성을 세계적으로 알리게 되는 시기이기도 하고, 이 기간 중에 문신은 적지 않은 불후의 명작을 남기게 되는 것이다.

제2차 도불을 마치고 영구 귀국한 후부터 문신은 자신의 예술세계를 정리하기 시작한다. 그 첫 작업이 자신의 제2의 고향이랄 수 있는 마산에 문신미술관을 건립하는 것이었다. 마산 앞바다가 내려다보이는 추산동의 산 중턱에 한국 최초의 조각공원을 만들고 또한 그곳에다 미술관도 같이 건립하고 싶었기 때문이다. 그곳은 〈가고파〉의 노랫말에 나오는 "내 고향 남쪽 바다"를 지척에서 내려다볼 수 있는 곳이었고, 또한 크고 작은 배들이 정박해 있는 합포만灣의 풍광이 한 폭의 풍경화를 연상시켜주는 곳이었다. 그래서 문신은 그곳에다 미술관을 건립하고 싶었던 것이다. 현장에 직접 가서 보면 누구나 수긍하겠지만 그곳은 정말 절경 중의 절경을 조망할 수 있는 곳이다. 지금은 합포만을 거의 반쯤이나 삼켜버린 매립지가 흉물스럽게 보이지만, 그 당시만 해도 마산 앞바다가 이렇게 매립되리라고는 아무도 상상하지 못했던 것이다.

자신의 이름을 내건 미술관을 건립해야겠다고 결심한 문신은 미술관 부지를 직접 정하고 또한 미술관 설계를 직접 하기 시작한다. 그리고 또한 조각공원 조성에도 들어간다. 조각공원 속에 미술관도 같이 건립하는 것이 그의 원대한 계획이었기 때문이다. 자신의 예술인생에 마지막 획을 긋고 싶어서였을 것이다. 수많은 난관에 봉착할 것이고 엄청난 돈이 든다는 사실도 알았을 것이다. 하지만 문신은 좌고우면하지 않았다. 아니 할 수가 없었다. 그는 마산으로 영구 귀국하기 전부터 벌써 그런 결심을 했었기 때문이다.

1980년 처음 시작된 미술관 건립 공사는 1994년 5월 개관될 때까지 장장 15년이나 걸렸다. 1~2년도 아니고 5~6년도 아닌 무려 15년간이나 미술관 건립에 전력투구를 했음에도 그의 건강에 이상이 안 생긴다면 그게 오히려 이상한 일일 것이다. 결국 그는 건강이 악화될 대로 악화되어 미술관 개관 1년 후인 1995년 그만 타계하고 만다. 향년 72세로.

여기서 중앙대 교수이자 미술평론가인 김영호의 글을 잠깐 살펴볼 필요가 있다. 왜냐하면 그의 글 속에는 타계한 문신의 예술세계와 그의 업적이 명징明徵하게 드러나 있기 때문이다.

> 문신이 인생 노정에서 이룩한 예술적 성취는 자연의 원형이라 부를 수 있는 어떤 세계였다. 때로는 자연물을 상기시키는 형상의 세계이자, 유기적인 선과 볼륨의 형태로 표현된 순수 추상의 세계이다. 그것이 이른바 문신이 발견한 시메트리의 미학이다. 그는 생명의 원형적 구조를 대칭성으로 파악하고 그것으로부터 우연히 파생되어 작동하는 비대칭적 형태들을 탐구해 나갔다. 이러한 대칭과 비대칭을 융합시키는 조형방식은 문신에게 새와 물고기와 개미 같은 미물을 리드미컬하게 표현하는 미학적 준거가 되었다. 문신이 제시한 시메트리의 미학은 주변의 예술가들에게 큰 반향을 일으켰다. 그 반향은 미술계 뿐만 아니라 유럽의 작곡가들에게 전달되어 다수의 헌사곡이 태어나게 되었다. 문신은 갔지만 그의 예술은 그가 남긴 조각과 음악의 선율

속에 살아 숨 쉬고 있다.　　　　　　　〈〈문신의 삶과 예술〉 중에서)

　마산 출신의 서양화가 문신은, 그리고 마산 출신의 세계적인 조각가 문신은, 그렇게 우리 곁을 떠나갔다. 1995년 5월 어느 날이었다. 그가 손수 설계하고 그가 직접 만든 조각공원에서 내려다보이는 합포만合浦灣은 그날따라 물결이 한층 더 잔잔해 보였고, 미술관 주변의 봄 풍광은 황홀할 정도로 아름다웠다. 그리고 5월의 따뜻한 햇살도 문신미술관 위로 흐드러지게 쏟아져 내리고 있었다.

　도처에 불후의 명작들을 남긴 채 표표히 이승을 떠나간 거장 문신. "노예처럼 일하고, 신처럼 작업했다"는 조각가 문신. 이제 그는 가고 이름만 남았다. 우리 마산에. 하지만 "가난 때문에 장인匠人의 길을 영원히 포기할 수밖에 없는 것이 예술가의 숙명"이란 화두는 왜 아직도 고금을 관통하는 것일까. 문신 같은 거장도 돈이 부족하여 더 많은 명작을 남기지 못하고 서둘러 요단강을 건너갔기에 하는 말이다. 아, 거장 문신이여.

천상 시인
―천상병

천상병과 목순옥의 다정한 모습.

마산 출신 시인 중에 천상병千祥炳(1930~1993)이란 걸출한 인물이 있다. 천상 시인이라 불릴 정도로 일반인들에게도 잘 알려진 천상병 시인. 하지만 그는 시인 천상병이라기보다는 기인奇人 천상병이란 말이 더 잘 어울렸던 사람이다. 그가 보통 사람과는 다른 기행奇行을 많이 보여준 탓이다.

　국어사전을 보면 기인을 "성격이나 말, 행동 따위가 보통 사람과 다른 별난 사람"이라고 설명해 놓고 있는데, 이에 비추어 보면 천상병을 기인이라고 해도 큰 잘못은 없을 것 같다. 하지만 그의 기행에는 그럴만한 운명적인 사연이 있는 것이다. 그런 운명적인 사연을 말하기 전에, 이왕 기인이란 말이 나왔으니 기인이란 평가를 받고 있는 예인 몇몇을 살펴보는 것도 의미가 있을 것 같다.

　그 대표적인 인물로는 먼저 최북崔北(1712~1760)을 들 수 있다. 조선 시대의 내로라하던 화가 최북. 그는 평생 동안 "붓(毫) 하나로 먹고 산다(生)."는 의미에서 호생관毫生館이란 호를 사용했을 정도로 자신의 그림 실력에 대단한 자부심을 가진 화가였고, 자기 이름 북北자를 반으로 쪼갠 칠칠七七이란 글자를 자신의 자字로 사용할 만큼 기인이었다고 한다. 그가 얼마나 기인이었는가는 자신의 그림을 혹평한 사람에 대한 분노를 못 삭여 자기의 한쪽 눈을 직접 찔러 장님이 되고 말았다는 데서도 알 수 있다. 화가가 한쪽 눈이 안 보인다면 어찌 되겠는가.

　매월당梅月堂 김시습金時習(1435~1493)도 있다. 조선 초기의 문인이자 학자였고 신숙주·성삼문·박팽년·정인지 등과 함께 훈민정음 창제에도 앞장섰던 인물이 바로 김시습이다. 세조 때 생육신 중의 한 사람인 그는 삼각산 중흥사에서 과거 공부를 하고 있다가 세조의 왕위 찬탈 소식을 전해 듣고는

3일 동안 문을 걸어 잠그고 두문불출해 가며 번민에 번민을 거듭한 끝에 그만 자신이 소장하고 있던 모든 책을 불살라버리고는 일부러 미치광이 행세를 해 가며 주유천하를 했던 인물이다. 그는 단종을 죽인 세조에 충성한 신숙주와 정인지 그리고 정창손의 행차를 보면 서슴없이 욕설을 퍼붓고 조롱한 반면, 서거정과 김담, 김종직 등과는 교유를 한 인물이다. 사람을 가려서 교유했다는 말이다. 또한 그는 알려진 대로 조선 최초의 한문 단편소설집으로 추정되는 《금오신화》를 지은 인물이기도 하다.

대구 출신의 서양화가 이인성李仁星(1912~1950)도 있다. 일제 치하인 1912년 대구에서 태어난 그는 1931년 동경으로 유학을 가서 태평양미술학교를 다닌 천재 화가였으나, 1950년 39세의 나이로 요절한 기인이다. 그의 죽음 또한 믿을 수 없을 정도로 억울한 죽음이었는데, 바로 1950년 어느 날 밤, 술이 거나하게 취한 이인성이 고갯마루에 있는 자기 집으로 올라가던 도중에 한 경찰관과 심하게 싸운 후 집으로 가서 잠자리에 든다. 그런데 이인성과 싸운 뒤로 아직 화가 덜 풀린 바로 그 경찰이 이인성의 집으로 쳐들어와서 이인성의 머리에 총격을 가함으로써 이인성이 그 자리에서 즉사하는 사건이 발생하고 만 것이다. 그래서 그림에 천부적인 재능을 가진 이인성은 그 재능을 채 꽃피우지도 못한 채 요절하고 말았는데, 그런 그의 죽음도 바로 자신의 기인 기질 때문에 빚어진 것이라서 더 안타까운 것이다.

기인으로 둘째가라면 서러워할 인물이 또 있다. 바로 시인 이상李箱(1910~1937)이다. 그는 일제강점기의 시인·작가·소설가·수필가·건축가로 다방면에 걸쳐서 재능을 뽐낸 한국의 대표적인 기인이랄 수 있다. 알려진 대로 그의 본명은 김해경이다. 이상은 그의 필명인데 그 필명의 탄생 야화가 흥미롭다. 1929년 그는 경성고등공업학교 건축과를 수석 졸업하고는 졸업기념 사진첩에 그의 본명인 김해경 대신 이상이라는 이름을 썼다는데, 그 이름은 그의 친구이자 화가인 구본웅으로부터 선물로 받은 화구상자에서 따 왔다고 한다. 그 화구상자가 오얏나무로 만들어졌기에, 이상이란 그의 필명도 바로 그 오얏나무 상자에서 따 온 것이라고 한다.

이상은 1931년 폐결핵 진단을 받고는 황해도 배천 온천에서 요양을 하다가 기생 금홍이와 사귀게 되고, 나중에는 금홍이를 서울로 데리고 와서 종로 1가에다 제비 다방을 차리고는 동거까지 한 인물이다. 하지만 제비 다방의 장사가 잘 안 되자 1935년 다방을 폐업하고는 금홍이와도 헤어지고 만다. 그러나 1936년이 되면 더 큰 스캔들이 터지고 마는데 그것은 다름 아닌 시인 이상과 신여성 변동림의 결혼이 그것이다. 왜 두 사람의 결혼이 큰 스캔들이었느냐 하면, 그 당시에는 변동림도 이상 못지않게 유명했던 신여성이었기 때문이다. 1916년 서울에서 태어난 그녀는 경성여고보를 거쳐 이화여전 영문과에 다녔는데 당시로서는 보기 드문 자유 연애주의자이자 콧대 높은 로맨티스트였다고 한다. 하지만 두 사람의 결혼생활은 이상의 갑작스런 죽음 때문에 4개월 만에 종지부를 찍고 말며, 변동림도 1944년 5월 화가인 김환기 金煥基(1913~1974)와 재혼하고는 이름도 변동림에서 김향안金鄕岸으로 개명을 한 후로는 수필가로 활동했던 인물이다.

하지만 천상병은 위에서 언급한 사람들과는 달리 일부러 기인인 체 행동한 사람은 아니었다. 그가 기인 행세를 하게 된 원인은 바로 1967년에 터진 속칭 동백림東伯林 간첩사건 때문이었다. 동백림 간첩사건이란 1967년 7월 8일 중앙정보부가 발표한 간첩단 사건을 말한다. 당시 중앙정보부는 한국에서 독일과 프랑스로 건너간 194명에 달하는 유학생과 교민들이 동베를린의 북한 대사관과 평양을 드나들며 간첩활동을 했다고 발표하는데, 그들 중에서 작곡가 윤이상과 화가 이응노는 동베를린에 가기도 하는 등 의심스런 부

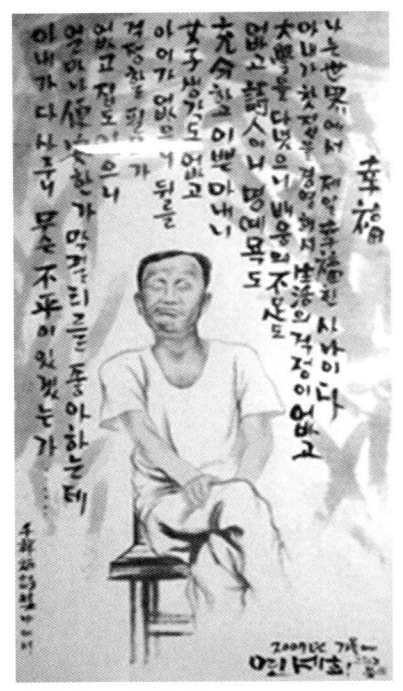

천상병의 시 〈행복〉 액자.

분이 많았지만, 천상병 시인은 전혀 관련이 없었는데도 억울하게 체포되어 심한 고문까지 받았던 것이다.

그는 동백림 간첩사건 때문에 체포되어 6개월간이나 고문을 당하다가 겨우 풀려나지만, 그 고문으로 인해서 몸이 망가지고 정신까지 혼미해져서 얼마 살지 못할 것이라는 소문이 자자했던 인물이었다. 그는 "전기 고문을 너무 심하게 당해서 정자가 모두 다 죽었다. 그래서 결혼을 해도 애를 못 낳는다고 하더라."고 실토할 정도로 몸이 만신창이가 되었던 것이다. 하지만 그가 얼마나 착한 심성의 소유자였는지는 그런 지독한 고문을 받고서도 그는 그 누구도 원망을 하지 않았다는 사실에서 잘 알 수 있다. 또한 그는 남들에게 신세 지는 것을 싫어해서 그 누구에게도 심지어는 잘 사는 형제들한테도 손을 벌리는 일은 없었다고 한다. 그는 언제나 막걸리 한두 잔 사 마실 수 있는 돈만 가지고 있으면 흡족해 했던 사람이란다.

그래서 그는 자기와 친한 사람을 만나면 다짜고짜로 단돈 1~2천 원만 달라고 했다는데 그 돈은 바로 그날 사 마실 수 있는 막걸리 값이었다고 한다. 그 외에도 천상병 시인은 많은 일화를 남겼는데, 그 대표적인 것은 그가 1970년 무연고자로 오해를 받아 서울시립정신병원에 수용되는 사건이 그것이다. 천상 시인 천상병이 아무도 모르게 정신병원에 강제로 수용되어 있다니…….

그런 사정도 모르고 당시의 지인들은 서울 바닥에서 갑자기 사라진 천상병 시인을 죽었다고 생각하고는 그의 유고 시집 《새》를 발간했다고 한다. 당사자인 시인이 버젓이 살아 있음에도 죽었다고 생각하고는 유고 시집을 발간하는 웃지 못할 해프닝이 벌어진 것이다. 아마도 당사자가 살아 있음에도 유고 시집이 나온 유일무이한 시인은 천상병 말고는 없을 것이다. 그만큼 그는 타의 추종을 불허한 기인 중의 기인이었다.

1970년 겨울, 거의 매일 동가식서가숙 하며 떠돌아다니던 천상병은 어느 날인가부터 명동과 종로 바닥에서 갑자기 그 자취를 감추고 만다. 그리고는 그 다음 해 봄이 다 가도록까지 단 한 번도 서울 바닥에 얼굴을 드러내지 않는다. 그의 안부를 궁금해 하던 문인 몇몇은 그의 연고가 있는 부산에까지 수소문을 해 보지만 부산에도 천상병은 없었다. "혹시나 죽지는 않았을까" 하며 그와 가까운 시인들은 불길한 예감에 휩싸이기 시작한다. 급기야는 "천상병이 죽었다더라."는 흉흉한 소문까지 나돌기 시작한다.

그의 지인들은 "참 사람 좋고 아까운 친구였는데, 시집 한 권도 못 내고 죽다니"하며 아쉬워하기도 한다. 그래서 몇몇 시인들이 요절 시인 천상병의 유고시집을 내기로 의기투합하고 또 동분서주한 결과 시집 한 권 분량의 시를 모으기는 했으나, 이번에는 시집 발간 비용을 마련하는 것이 난제였다. 마침내 시인 성춘복이 시집 발간 비용을 내겠다고 나서자 드디어 1971년 12월 호화 장정의 천상병 유고 시집 《새》가 발간되는 것이다.

매스컴을 통해서 이 시집의 발간 소식이 보도되자, 그 보도는 금세 장안의 화젯거리가 되고 만다. 그런데 어느 날 천상병이 살아 있다는 날벼락 같은 소식이 날아든 것이다. 그가 행려병자로 오인되어 서울시립정신병원에 수용되어 있다는 소식이 그것이었다.

그래서 천상병의 문우들은 호화 양장본으로 꾸며진 유고 시집 10여 권을 비단 보자기에 싸 들고는 서울시립정신병원으로 병문안을 갔는데, 자신의 유고 시집을 한참 동안 훑어보던 천상병이 조용히 입을 열더란다. 그리고는 "내 인세印稅는 우찌 되었노?" 하더란다. 미처 인세를 생각하지 못한 문우들은 갑자기 망치로 뒤통수를 한 대 얻어맞은 듯 다들 멍하니 천장만 쳐다보고 있었다는 유명한 일화의 당사자가 바로 천상병이다.

그의 유고 시집 《새》를 언급하다 보니 불현듯 신마산의 만날고개(재) 생각이 난다. 만날고개가 나의 산책 코스이기 때문이다. 생활 패턴이 아침 형인 나는 주로 아침에 산보 삼아 만날고개를 찾곤 하는데, 그럴 때마다 고희석 전 부총장(경남대) 부부를 자주 만나기도 한다. 그런데 고 부총장은 나를 만날 때마다 특이하게도 경남신문사 최광주 회장의 근황을 자주 전해 주는 것이다. 최 회장이 그의 대학 제자이자 아마도 나와 친하다는 사실을 알기 때문일 것이다. 이왕 최 회장 말이 나온 김에 그와 관련된 이야기를 좀 해 보련다. 그가 나의 주붕酒朋이자 둘째가라면 서러워할 로맨티스트이기 때문이다.

나는 대학 1학년 때 교양과목으로 자연과학개론을 고 부총장부터 배웠기에 그의 직계 제자는 아니지만 어쨌든 제자 축에는 속한다고 생각하고 있다. 그리고 근 50여 년 전에 가르친 자연과학개론의 수강생인 나를 그가 아직도 기억하고 있다는 사실이 놀랍기도 하다. 그러나 최광주 회장은 고 부총장의 직계 제자이다. 학부와 대학원에서 그로부터 배웠고, 전공도 전기공학이기 때문이다. 그는 또한 왕성하게 활동하는 사업가이면서도 공학박사 학위까지 받은 특이한 경력의 소유자이기도 하다. 박사 학위도 특수대학원 같은 데서 받은 것이 아니라 일반대학원에서 받은 오리지널 학위이다. 그만큼 그는 정통파라는 말이다.

그런데 사업가인 그가 박사 학위 소지자란 말을 듣고는 놀라는 사람들이 많다. 첫째는 대학 교수가 되려는 사람이 주로 받는 박사 학위를 사업가인 그가 받았다는 사실에 놀라고, 둘째는 스케일이 크고 화통한 성격인 그가 "머리카락에 홈을 파는 일"에 비유되는 학문의 최고 과정까지 마쳤다는 사실에 놀라기 때문이다. 그만큼 그는 치밀하고 빈틈없는 성격의 소유자이기도 하다. 그런 성격의 소유자이기에 그가 단기필마로 오늘날과 같은 성공한 사업가로 등극할 수 있었을 것이다. 그는 광득종합건설(주)을 비롯한 방계 회사의 창업주이자 경남신문사 회장을 3년간이나 맡았음은 물론 민주평화통일자문회의 경남부의장까지 맡기도 했다. 그 밖에도 경남대 총동창회 회장을 비롯해서 그가 맡았거나 맡고 있는 단체는 수두룩하다. 그만큼 그는 사회 활동도 왕성하게 하는 인물이다.

내가 그를 처음 만났을 때는 지금부터 대략 25~6년 전인 1990년대 중반이 아닌가 싶다. 그때는 내가 마산국제연극제에 매진하고 있을 때였다. 그래서 그를 연극제 관련 각종 행사에 초청하면서부터 교유하기 시작했다. 알고 보니 그도 경남대 동문일 뿐 아니라 한때는 고성을 대표했던 영생건설에서 상무까지 했을 정도로 고성과도 인연이 깊은 인물이었다. 그 때문에 그를 아직도 고성 사람으로 아는 사람들이 많다. 하지만 그는 밀양시 하남읍 출신이다. 지금도 사석에서 "나는 사업을 영생건설 배환갑 회장님으로부터 배웠다. 그 어른이 나의 영원한 주군이다."라고 할 정도로 그는 고성과 옛 영생건설에 강한 애착을 가지고 있는 사람이다. 그래서일까. 그는 고성 출신들과의 교분도 많다. 그중의 한 사람이 바로 윤종경 세무사다. 고성 출신인 그는 진주고와 경남대를 졸업하고 창원에서 청암세무법인 대표를 맡고 있는데 그도 술에는 일가견을 가진 인물 중의 한 사람이다.

최광주 회장은 1983년 영생건설에 입사해서 상무까지 역임하고 1995년 퇴사를 한 후, 같은 해에 창원에서 자신의 회사를 설립한다. 그리고 1996년 회사를 마산으로 잠시 옮겼다가 1998년 다시 창원으로 옮긴 후 오늘날에 이르고 있다. 그 회사가 바로 광득종합건설(주)이다. 또한 그는 대한적십자사의 고액 개인 기부자 모임인 레드크로스 아너스 클럽 50호 회원이기도 하고, 여러 예술단체에 후원을 한 공로로 2015년 경남메세나 대상을 수상한 인물이기도 하다. 우리나라의 노블레스 오블리주Noblesse Oblige의 전형典型을 꼽을 때 가장 먼저 거론되는 사람이 경주의 최 부자인데, 묘하게도 그가 경주 최씨인 점도 이채롭다. 특히 그가 각계각층에 후원을 많이 한 사실을 감안해 본다면, 그를 노블레스 오블리주의 한 전형이라고 해도 큰 잘못은 없을 것이다.

노블레스 오블리주를 언급하다 보니 갑자기 2007년도의 일이 생각난다. 내가 그 해에 이아타(AITA/IATA) 세계연극제를 마산과 창원에서 보름 간 개최한 적이 있는데, 그 행사를 개최하면서 예산이 부족하여 애를 태우고 있을 때, 그가 2천만 원인가 3천만 원인가 되는 거금을 아무런 조건 없이 선뜻 후원해 준 사실이 있기 때문이다. 그 당시에는 그의 회사도 그렇게 크지 않을 때라고 생각하는데, 그렇게 큰돈을 선뜻 후원해 주는 것을 보고 깜짝 놀란 적이 있는 것이다. 지역 예술단체의 행사에는 대기업은 물론이요 중·소기업도 후원을 잘 안 해 주는 것은 널리 알려진 사실이다. 그런데 내가 부탁을 하지 않았음에도 그가 먼저 후원을 해 주는 것을 보고 참 통이 큰 사람이라는 생각을 한 적이 있는 것이다. 그만큼 그는 오래전부터 노블레스 오블리주를 솔선수범한 사람이었다. 특히나 2007년 7월쯤만 해도 그 당시에 경남에는 메

저자의 졸저 《내 인생은 연극이다》 출판기념회에 참석한 내빈들.

저자의 졸저 《창동야화》 1권 출판기념회에서 축사를 하는 최광주 회장.

제2부 　 불세출의 마산 예인

세나란 개념조차 아직 없었을 때였고, 경남메세나협회도 아직 창립이 안 된 시기였기 때문이다.

이번에는 주석酒席과 관련된 에피소드를 좀 보자. 지금도 그렇지만, 그와 내가 죽이 맞아 한창 어울려 다닌 때가 있었다. 사는 아파트는 서로 달랐지만, 신마산 월영동에서 살던 시절이었다. 벌써 20여 년 전의 일이다. 땅거미가 슬슬 지기 시작할 무렵이 되면 어김없이 그로부터 전화가 온다.

"오뎁니꺼."
"극단劇團이오."
"우짤낀데예."

우짤낀데예라는 말은 한잔하자는 뜻이다. 그 특유의 거두절미 간결체 화법이랄 수 있다.

"우짜꼬 싶어 고민하고 안 있소."
"그라모 나오이소 고마."
"느닷없이 나오라니, 오데로?"
"아, 장~그 집이지요."

'장~그 집'이라는 말은 우리가 자주 가는 통술집 홍화를 말한다. 마치 간첩들이 주고받는 암호처럼 그는 말의 앞뒤를 싹둑 자르고 알맹이만 전하는 스타일이다.

그래서 서로 시간을 정한 후 홍화에서 조우하는 것이다. 아는 사람은 알겠지만 한 시절 홍화는 자칭 주당들의 아지트였다. 그 아지트는 지금의 홍화가 아닌 옛날의 홍화였다. 그곳이 우리의 도꾸이 집이었고, 거의 매일 우린 그곳에서 술잔을 기울였다. 아니 술잔을 기울인 것이 아니라 술을 그냥 들이부었다고 해도 과언이 아닐 정도였다. 그도 나도 술의 전성기였기 때문이다. 하지만 술을 홍화에서만 마셨으면 얼마나 좋으랴. 우리는 속된 표현으로 발동이 걸리면, 홍화 인근의 주점은 말할 것도 없고 멀리 신마산 통술거리까지 원정을 가는 만용을 부리기도 했었다. 신마산 통술거리의 어느 2층에 있던 주점 레인보우가 우리의 또 다른 도꾸이 집이기도 했다. 그 레인보우의 주인 이름이 박경희였는데, 가수 박경희와 이름이 같아서 지금까지도 기억하고 있다. 그러나 그 레인보우는 오래전에 문을 닫았다는 후문이다. 어쨌든 연극인인 나 때문에 사업가인 그가 술판이란 수렁에 빠져서 지금까지도 허우적거리고 있는 것은 아닐까 하는 좀 엉뚱한 생각도 해 본다. 후회막급이지만 어쩌랴. 모든 일엔 명암이 교차하는 것이 만고의 진리인 것을.

한 시절, 마산에는 날 새는 줄 모르고 로맨틱한 주점을 찾아 거리를 전전하던 사람들이 있었다. 화가 변상봉·허청륭·정은승·송영희·전외선·한승희, 그리고 이광석·노치웅·김형춘·최광주·김동구·이진화·박혜영·이영숙 등등이 그들이었다. 나도 그 말석에 끼었음은 물론이다. 그들 중에서 화가 변상봉·허청륭·송영희와 불자(佛子) 이진화는 타계해 버렸지만, 김형춘과 최광주 그리고 김동구와 나는 아직까지도 운치 있는 선술집을 찾아 헤매 도는 보헤미안이랄 수 있다. 아니 술자리를 좋아하는 로맨티스트랄 수 있다. 옛날에는 주로 마산에서 마셨으나 요즘은 나와바리(영역)를 창원으로 옮겨서 마실 정도이니 오히려 철부지라고 하는 것이 맞는 말일지도 모르겠다.

여기서 김동구에 대해서 좀 더 언급하련다. 그도 역시 진정한 로맨티스트 중의 한 사람이기 때문이다. 함양군 출신인 그는 옛 마산시청 공무원으로 있다가 뜻한 바 있어 사법고시에 응시하고는 당당히 합격한 입지적인 인물이다. 그도 역시 경남대 출신이다. 경남대 출신으로 행정고시에 합격한 사람은 여럿 있지만, 사법고시에 합격한 사람은 한둘에 불과한데 그중의 한 사람이 바로 그인 것이다. 특히나 그는 현재 창원에서 변호사로 활동하면서도 두주를 불사함은 물론 은근하게 멋을 풍기는 진정한 로맨티스트이기에 언급하는 것이다. 그가 변호사라고 목에 힘을 주거나 잘난 체하지 않고 언제나 겸손한 자세를 보여주고 있기에 하는 말이다. 또한 그는 다방면에 걸쳐서 해박한 지식을 자랑하고 있음은 물론, 도수가 높은 독주를 즐겨 마시는 애주가이자 사단법인 '아름다운 용동마을'이란 단체까지 만들어서 지역사회를 위해 봉사하는 인물이기도 하다.

진정한 로맨티스트로서 둘째가라면 서러워할 사람이 한 사람 더 있다. 바로 교수 출신이자 국문학 박사인 김형춘이다. 진주 출신으로 창원문성고등학교 교장과 창원문성대학 교수를 역임한 그도 역시 경남대 출신이다. 그러고 보니 나와 교분이 깊은 사람들은 모두가 몇 가지 공통점을 가지고 있는데, 그 첫째는 경남대 출신이라는 점이요, 둘째는 담배를 안 피운다는 점이며, 셋째는 말술을 마다하지 않는다는 점, 등등이 그것이다. 김형춘도 마찬가지다. 그도 경남대 출신이자 담배를 안 피우며 둘째가라면 서러워할 로맨티스트의 전형이기 때문이다. 특히나 그는 출가는 안 했지만 웬만한 스님은 저리 가랄 정도의 깊은 내공을 가진 불자이기도 하다.

내가 연극인이기 때문에 그랬을 것이다. 최광주 회장과 나는 특히나 연극인들과 술잔을 주고받은 적이 많았다. 당대를 호령했던 연극배우 장민호·백성희·권성덕·윤문식·최주봉·박웅·박인환·최종원·강태기 등등과 극작가인 차범석·노경식·윤대성, 연출가인 임영웅·송현옥(오세훈 전 서울시장의 아내)과도 술판을 벌인 적이 있기 때문이다. 심지어는 일본과 베트남, 몽골을 비롯한 세계 각국의 연극인들과 술잔을 주고받기도 했다. 물론 홍화를 비롯한 그 인근의 주점에서이다.

지금은 그의 자택뿐 아니라 회사도 창원에 있고, 또한 얼마전까지는 신문사 회장까지 맡고 있었기에 자주 만나지는 못한다. 아니 만나지 못하는 것이 아니라 연락을 자주 안 한다는 표현이 맞을 것이다. 바쁜 그의 일정을 헤아려야 하기 때문이다. 그런데 한 20여 년 넘게 교유해 오는 동안 변하지 않는 사실이 하나 있다. 그것은 다름 아닌 그가 술값을 남에게 미루지 않는다는 사실이 그것이다. 흔히 말해서 "구두끈 매는 시늉"을 안 하는 스타일이라는 말이다. 그리고 술자리 주선도 그가 솔선수범하는 편이다. 한두 번도 아니고 일이 년도 아닌 그 오랜 세월 동안 나는 그가 단 한 번도 술값 때문에 미적거리는 것을 본 적이 없다. 물론 다른 사람이 계산해야만 하는 경우는 제외하고서다. 그런 스타일은 돈만 있다고 되는 것이 아니다. 돈이 있는 사람일수록 술값에 인색하다는 말도 있기 때문이다. 지금도 불시에 연락을 하면 특별한 사정이 없는 한 핑계를 대는 법이 없다. 그만큼 그는 당대의 로맨티스트 중의 한 사람이기에 잠깐 언급해 본 것이다.

이야기는 다시 만날고개로 돌아온다. 만날고개 고갯마루 바로 옆에는 만날생활체육관이란 운동 공간이 하나 있다. 많지는 않지만 각종 헬스기구까지 비치되어 있는 곳이다. 산기슭에 위치해 있기 때문에 주변 풍광도 좋고 공기까지도 좋다. 그런 곳에서 자주 만나는 대여섯 명의 사람들과 농담 반

정목일 수필가의 〈만날고개〉 시비詩碑.

천상병 시인의 〈새〉 시비.

운동 반 하는 즐거움은 논 서지기 하고도 안 바꾼다. 김종신·배종신·박복선·박태원·홍만식 등이 그들인데, 그들 모두는 운동과 사업에 매진하는 마산의 든든한 버팀목이자 둘째가라면 서러워할 주당들이기도 하다. 그들은 때로는 나라 걱정·경제 걱정·마산 걱정 등등을 하면서, 또 때로는 대통령과 집권당이 국정 운영을 잘못하고 있다면서 아침부터 울분을 토하기도 한다.

그런데 최근에 한 가지 큰 변화가 생겼다. 그 멤버들 중에서 가장 운동을 열심히 하는 박태원 감사가 갑자기 운동량을 급격하게 줄였기 때문이다. 그는 겨울철이 되면 마치 광부들처럼 머리에 랜턴까지 쓰고 꼭두새벽부터 산을 오르내리기도 하는 지독한 운동 마니아인데, 최근 어느 날인가부터서는 갑자기 운동량을 줄이고 다른 사람들보다 먼저 체육관을 나가버리기 때문이다. 예전 같으면 상상도 할 수 없는 현상인 것이다. 그런 그의 모습을 보고 일행 중에서 가장 맏형인 김종신 사장은 "박 감사가 이상해졌다. 뒷조사라도 한번 해 봐라."라는 농담 아닌 농담으로 좌중을 웃음바다로 만들기도 한다. 그리고 낙천적인 성격의 소유자인 박복선 사장은 진북면에서 제륭테크라는 회사를 경영하면서도 아침 운동을 즐기는 열혈 운동 마니아이고, 배종신 사장은 만날생활체육관 회장을 맡아서 동분서주하고 있는 인물이며, 홍만식 사장은 마산 맛집 계통에서는 마당발로 통할 만큼 이름난 맛집들을 속속들이 알고 있는 인물이기도 하다. 또한 최근에는 문화동 신동아 빌라 인근에서 아낙네란 식당 겸 주점을 하고 있는 조민재 사장이 합류하여 모닝커피까지 제공해 주니 만날생활체육관이 바로 파라다이스와 진배없는 것이다. 그런 사람들 때문에라도 만날고개를 자주 찾게 되는데, 만날고개 인근에는 정겨운 지명들이 어찌 그리도 많은지 놀랍기 그지없다.

예컨대, "쌀가마니를 짊어지고 고갯다루(재)를 올라가다가 너무 힘들어서 잠시 쉬었다 가는 고개"라는 의미의 쌀재, "거센 바람이 항상 부는 고개"라는 뜻의 바람재, 바람재 중에도 아랫바람재와 윗바람재, "밤(栗)나무가 사방에 지천으로 널려 있는 고갯마루"라는 뜻을 가진 밤밭고개 등등이 그것이다. 제주도에는 오름이란 지명이 많다지만, 신마산에는 고개 즉 재란 지명이 많은 것이 특징이기도 하다. 아마도 옛날에는 그곳 지세가 험악했기에 그런 이름이 붙은 것은 아닌지 모르겠다. 오늘날 보면 험악한 고개가 아니라 야트막한 언덕배기에 불과하지만…….

그런데 만날고개 초입에는 두 개의 시비詩碑가 세워져 있다. 하나는 천상병 시인의 〈새〉란 시비고, 다른 하나는 정목일 수필가의 〈만날고개〉란 시비가 그것이다. 시 〈만날고개〉는 정목일 수필가가 지었는데, 그는 시인이라기보다는 수필가로 명성이 더 높다. 진주 출신인 그는 경남신문 문화부장과 편집국장을 역임하고, 한국수필가협회 이사장을 지낸 바도 있는 한국의 대표적인 수필가이다. 그리고 〈만날고개〉 글씨는 한메 조현판 서예가가 썼는데, 그도 현존하는 서예가로서는 둘째가라면 서러워할 거장이다. 현재는 마산중부경찰서 맞은편에서 한메서실을 직접 운영하면서 후학들을 길러내고 있는데 그는 한문보다는 한글 서예로 명성이 더 높다.

시비 〈새〉의 글씨는 여류 서예가인 금난 곽봉련이 썼는데, 그녀의 필력을 확인해 보고 싶다면 직접 가서 시비를 한번 감상해 보시라. 그리고 이왕 시비 〈새〉 말이 나왔으니 만날고개에 세워져 있는 시비 속의 시詩 〈새〉 전문을 한번 보자.

    외롭게 살다 외롭게 죽을
    내 영혼의 빈터에
    새날이 와 새가 울고 꽃잎 필 때는,

내가 죽는 날
그 다음날.

산다는 것과
아름다운 것과
사랑한다는 것과의 노래가
한창인 때에
나는 도랑과 나뭇가지에 앉은
한 마리 새.

살아서
좋은 일도 있었다고
나쁜 일도 있었다고
그렇게 우는 한 마리 새.

〈새〉는 천상병 시인이 1959년 발표한 시다. 굳이 새처럼 날지 않더라도 만날 고개에서 내려다보면 마산 앞바다가 바로 코앞에 있는 것처럼 가까이 보인다. 어릴 때는 그렇게 커 보이던 마산 앞바다도 지금 보면 손바닥만 하게 작아 보인다. 그런 바다가 이제는 매립된 땅 때문에 더 작게 보인다. 그래서 시비 〈새〉를 보면서 가끔씩 생각에 잠기곤 한다. 혹시 천상병 시인이 새가 되어 만날고개에서 마산 앞바다를 바라보며 날고 있지나 않을는지, 만약 그렇다면 어떤 생각을 할지가 궁금해서이다.

혹시 "야 이 나쁜 놈들아, 바다 꼴이 저기 뭐꼬. 그렇게 아름답던 내 고향 남쪽 바다는 다 오데 갔노 말따. 그래 줄들 처묵고 잘들 살아라. 그래도 내가

천상병과 관련된 삽화들.

다 용서하고 가꺼마."라고 대갈일성大喝一聲을 내지르고는 평소의 모습대로 천진난만하게 웃으면서 만날고개 주변을 훨훨 날아다니고 있지나 않을지 궁금하기 때문이다.

심온深溫이란 호를 가진 천상병. 그는 일본 효고현 히메지시에서 태어나 일본에서 소학교를 마친 후, 중학교 2학년 때 해방을 맞아 가족과 함께 귀국하여 마산에 정착한 인물이다. 그도 역시 귀국선을 타고 돌아온 귀환동포인 것이다. 그는 어릴 때부터 시 창작에 천부적인 재능을 보였는데, 중학교 5학년 때 벌써 유치환의 추천을 받아 〈강물〉이라는 시를 잡지 《문예》에 발표한 것이 그 단적인 증거다. 사실 이 〈강물〉이라는 시는, 그가 중학생 때 국어교사였던 김춘수 시인이 유치환 시인에게 이 시의 추천을 의뢰함으로써 그를 시인의 길로 접어들게 한 시詩인 것이다. 김춘수와 유치환은 둘 다 통영 출신으로 서로 친분이 매우 두터운 사이였기 때문이다.

천상병은 모윤숙 시인의 추천을 받은 자신의 시 〈갈매기〉가 1952년 또다시 《문예》에 게재됨으로써 추천을 완료하고 정식으로 등단한다. 마산고등보통학교(현 마산 중·고)를 졸업하고 서울대 상대를 수료한 천상병. 그는 시인이기도 하지만 정식으로 추천을 받고 등단한 평론가이기도 하다. 1953년 《문예》 신춘호 신세대 사유란에 〈나는 거부하고 저항할 것이다〉와 11월호에 〈사실의 한계 – 허윤석 론〉이 각각 조연현의 추천을 받아 게재됨으로써 평론가로 등단하는 것이 그 증거랄 수 있다.

천상병은 1972년 친구의 여동생인 목순옥과 결혼하여 가정을 꾸린다. 그리고 서울 인사동의 한 골목에서 '귀천'이라는 찻집을 개업하기도 한다. 물론 그의 아내 목순옥이 운영한 찻집이다. 귀천이란 찻집 이름은 천상병의 시 〈귀천〉에서 따 왔다. 그리고 오랜 기간 그 찻집 벽면에는 파안대소하는 천상병 시인의 커다란 얼굴 사진이 붙어

카페 귀천의 모습.

있기도 했다. 세상 물정 모르는 천진난만한 천상병의 보호자였던 목순옥이 그를 부양하기 위해서 궁여지책으로 운영하는 찻집임을 은연중에 암시라도 하듯이……. 그런데 그 공간은 차츰 예인들의 사랑방으로 자리 잡았던 것이다. 그만큼 천상병이 많은 사람들로부터 사랑을 받았다는 말이다.

그렇다면 그의 대표작인 〈귀천〉이란 시를 한 번 보자.

나 하늘로 돌아가리라.
새벽빛 와 닿으면 스러지는
이슬 더불어 손에 손을 잡고,

나 하늘로 돌아가리라.
노을빛 함께 단둘이서
기슭에서 놀다가 구름 손짓하면은,

나 하늘로 돌아가리라.
아름다운 이 세상 소풍 끝내는 날,
가서, 아름다웠더라고 말하리라…….

'인생이란 무엇인가'에 대한 대답이 바로 위의 시 〈귀천〉에 나오는 소풍이라고 말하는 사람도 있다. 그리고 천상병이 시의 소재로 가장 많이 사용했던 단어는 다름 아닌 가난이라고 주장하는 사람도 있다. 그 이유는 아마도 그가 정말 가난했던 탓인지도 모른다. 천상병은 한때 서울시장도 역임한 바 있는 김현옥이 부산시장을 할 때, 한 1~2년간 그의 공보비서를 한 것을 제외하고는 평생 동안 일정한 직업도 없이 떠돌아다녔기에 그는 평생 가난을 피할 수가 없었다. 그래서 그는 어쩌면 가난을 자연스러운 현상으로 받아들였는지도 모른다. 오죽했으면 '가난은 내 직업'이라는 시구(詩句)까지 사용했을까. 실제로 그는 가난에 익숙했기에 가난에 대한 불만이나 원한을 공개적으로 표출하지는 않았다. 오히려 그 반대로 가난을 받아들이고 가난에 순응했다고 할 수 있다.

평생 동안 수많은 일화를 남긴 기인 시인 천상병. 한때 어느 신혼부부의 집에 얹혀살 때는 그 신혼부부의 이부자리에 세계지도를 그리기도 했다는 천상병. 소설가 한무숙의 집에 기거할 때는 그녀의 화장대 위에 놓여 있던 향수병을 양주병으로 잘못 알고 마셨다가 응급실로 실려 가기도 했다는 천상병. 주변의 문인들과 친구들 그리고 친한 출판사 사람들에게 매일같이 1~2천 원씩 세금 걷듯이 걸어 그날그날의 막걸리 값으로 충당했다는 천상병.

그런 천상병이 지병인 간경화로 1993년 그만 타계하고 만다. 그는 자신의 죽음을 미리 예감했는지도 모른다. 그가 생전에 벌써 자신의 유서를 써놓았기에 하는 말이다. 그 유서는 바로 위에서 언급한 시 〈귀천〉이랄 수 있다. 의심스럽다면 다시 한 번 〈귀천〉을 읽어보시라. 요즘 따라 시인다운 시인이 더더욱 그리워지는 것은 무슨 연유일까. 아, 천상 시인 천상병이여!

우리들의 영원한 광대
— 추송웅

빨간 피터로 변신한 추송웅.

세상이 변하니까 연극계도 따라서 변한 것 같다. 아니 많이도 변했다. 그것도 천지개벽에 가까울 정도로까지. 내가 이렇게 호들갑스럽게까지 말을 하는 데는 이유가 좀 있다.

요즘에는 표준말 구사가 잘 안 되는 경상도 출신의 연극배우나 TV 탤런트들이 수두룩하지만, 옛날에는 경상도 사투리를 쓰는 사람은 연극배우나 TV 탤런트가 될 수가 없었다. 표준말이나 서울말을 구사해야만 무대에 설 수 있었기 때문이다. 특히나 주역 배우들은. 물론 감초 역할을 하는 단역 배우들의 경우에는 일부 예외가 있었지만, 그래도 그런 단역들도 오리지널 경상도 말투가 아닌 경상도 말투 비슷한 어법을 구사해야만 통하던 시절이 있었다.

그런 시절에는 경상도 출신이 연극배우나 TV 탤런트가 되는 것은 하늘의 별 따기였기에 경상도 출신의 연극배우나 TV 탤런트들의 숫자는 극히 적었다. 그런데 예외가 있다. 바로 추송웅秋松雄(1941~1985)이란 걸출한 연극배우가 그 장본인이다. 그는 철두철미 경상도 출신이면서도 서울을 비롯한 전국에서 알아준 연극배우였고 영화배우이자 TV 탤런트였다. 그 시절에 경상도 말투를 사용하고도 스타 대접을 받은 사람은 추송웅이 유일무이했을 정도였다.

〈빨간 피터의 고백〉·〈우리들의 광대〉·〈세빌리아의 이발사〉·〈우리 집 식구는 아무도 못 말려〉 등등 한국 연극사에 찬연히 기록된 주옥같은 작품의 주인공을 맡았던 추송웅. 그는 경남 고성에서 태어났으나 마산에서 초등학교를 다녔기에 마산 출신 연극인이라고 해도 지나침이 없을 것이다. 1941년생인 추송웅의 본적은 경남 고성군 고성읍 서외리 167번지이지만 사실 그가 태어난 곳은 고성군 거류면이다. 그 때문에 2017년 10월 고성군 거류면 고성 유치원 입구에 그의 생가 표지석이 세워지기도 했다.

추송웅은 아버지가 초등학교 교장이었던 관계로 여러 초등학교를 전전轉轉

했는데, 마산의 중리·내서·상남초등학교가 그가 다닌 학교였다. 그래서 그를 마산 출신 연극인이라고 해도 지나침이 없다는 말이다. 왜냐하면 아동 문학가이자 〈고향의 봄〉을 쓴 이원수는 양산에서 태어난 후 마산에서 마산공립보통학교(현 성호초등학교)를 2학년부터 다니다가 졸업했으며, 그 후 마산공립상업학교(옛 마산상고)에 입학하고 졸업한 후 함안 금융조합에 취직을 했고, 그 뒤로도 죽 마산에 살면서 주옥같은 명작을 발표한 마산 출신 예인이기 때문이다. 그런데 이원수가 초등학교에도 입학하기 전인 코흘리개 시절에 몇 년 정도 옛 창원에서 살았다고 하여 그를 창원 출신 예인이라고 우기는 웃지 못할 해프닝이 벌어지고 있는 것에 비하면, 추송웅은 정통 마산 출신 연극인이라고 해도 크게 틀림이 없다는 말이다.

추송웅은 중·고등학교를 부산에서 다녔다. 부산 동아중과 부산공고를 졸업한 것이다. 이처럼 그가 마산과 부산의 여러 학교를 다니게 된 배경에는 교육자인 그의 부친의 직업과도 무관하지 않을 것이다. 추송웅은 어릴 때부터 재주가 뛰어나 신동이라 불리었고, 초등학교 시절에는 학예회의 주역을 도맡았다고 한다. 부산공고 재학시절에는 처음으로 연극반을 만들어 활동하기도 했고 졸업 후에는 중앙대 연극영화과에 진학하여 1963년 졸업한다. 박근형·최정훈·맹만재가 그의 대학 입학 동기들이고, 연출가이자 극작가인 김상열, 연극배우 권성덕·윤문식·최주봉·박인환 등등이 그의 대학 동문들이다.

이왕 추송웅을 언급한 김에, 고성 출신 예인을 두 사람 더 소개하려 한다. 두 사람 다 나의 고향인 고성군 구만면 출신이기 때문이다. 한 사람은 나와 같은 부락인, 고성군 구만면 와룡부락 출신의 작곡가 이동훈(본명 이정찬)이다. 그는 최진희의 〈카페에서〉와 조항조의 〈사나이 눈물〉 같은 노래를 작곡한 작곡가로 나보다 네댓 살 위다. 또 한 사람은 한국화가 강동진 화백이다.

그는 구만면 광암부락 출신이고 나의 국민학교 친구의 친형이다. 강동진 화백과 이동훈 작곡가는 서로 비슷한 연배이기도 하다. 그래서 좀 과장해서 말한다면, 손바닥만 한 시골 동네에서 작곡가와 화가 그리고 연극인이 탄생했으니 구만면이 보통 동네가 아니라는 농언까지 나도는 것이다. 오죽했으면 "고성읍 사람 열 명이 구만면 촌놈 한 놈 못 당한다."는 우스갯소리까지 있을까.

억센 경상도 사투리를 구사하는 추송웅이 지방도 아닌 서울에서 두각을 나타내고 또 당대를 풍미한 스타로 등극했던 이유는 무엇일까. 그것은 다름 아닌 연극배우에 대한 그의 투철한 사명감과 경상도 출신도 배우를 할 수 있다는 강한 자긍심 때문일 것이다. 감히 오늘날에도 상상하기 어려운 일인데, 하물며 지금부터 50여 년 전인 1970년대에 추송웅이 경상도 사투리를 구사하면서도 관객들을 휘어잡았다는 사실은, 배우로서의 그의 능력이 출중했음을 말해 주는 반증인 것이다.

1963년 대학을 졸업한 추송웅은 바로 그해에 극단 「민중극장」에 입단하여 달걀이란 작품으로 연극계에 데뷔한 이후, 1965년 극단 「가교」의 창립 동인, 1966년에는 극단 「광장」의 창립 동인으로 활동하다가 1967년 극단 「자유극장」에 입단하고 1979년 극단 「현대극장」에 입단한다. 1980년 4월엔 카페 겸 살롱인 「떼아뜨르 추」를 개관하고 1982년 5월에는 극단 「떼아뜨르 추」까지 창단하며, 1983년 8월에는 떼아뜨르 추 삼일로 극장을 개관하기도 한다. 특히 추송웅은 성격파 배우로서 독특한 희극적 연기 방법을 직접 개발하여 추송웅 특유의 소극풍 스타일을 확립했는데, 그것은 그가 주로 프랑스 희극작품에 출연하면서 창조해 낸 스타일인 것이다.

자기 자신만이 가진 개성 강한 독특한 연기로 추송웅 스타일이라는 용어까지 만들어 냈을 정도로 이름을 날렸던 추송웅은 1977년 프란츠 카프카의

〈빨간 피터의 고백〉 포스터 사진.

단편 〈어느 학술원에 드리는 보고〉를 각색한 모노드라마 〈빨간 피터의 고백〉을 혼자서 기획·제작·연출·출연까지 하면서 일약 스타로 등극한다. 〈빨간 피터의 고백〉은 아프리카의 밀림에서 잡혀와 서커스단의 스타가 된 원숭이 빨간 피터가 학술원 회원 앞에서 자기 스스로 인간화가 되어가는 과정을 보고하는 내용을 그린 연극이다. 당시 추송웅은 원숭이 연기를 실감나게 하기 위해서 직접 창경원 원숭이 우리에 들어가 생활하기도 했을 정도로 연기에 집착한 배우였다. 공연 결과는 대 히트였고, 그 후 8년간 500회가 넘는 공연을 했음은 물론, 일본 공연까지 했던 작품이 바로 〈빨간 피터의 고백〉인 것이다.

그런 추송웅이 드디어 마산 공연을 오게 된다. 아마도 그 자신이 꿈에도 그리던 공연이었을 것이다. 왜냐하면, 그는 초등학교 시절의 추억을 결코 잊지 못했을 것이기 때문이다. 때는 1970년대 후반, 추송웅은 드디어 그 유명한 〈빨간 피터의 고백〉을 가지고 지금은 없어진 신마산의 마산극장에서 공연을 하게 된다. 주지하다시피 〈빨간 피터의 고백〉은 그전에 서울에서 4개월여 만에 6만여 명의 관객을 동원했을 정도로 화제가 된 작품이었으며, "한국 모노드라마의 흥행 가능성을 보여준 작품"이란 평가를 받기도 한 작품이었다.

위에서 언급한 대로 그가 자신의 제2의 고향이랄 수 있는 마산에서 〈빨간 피터의 고백〉을 공연한다는 것은 그로서는 특별한 의미가 있는 것이다. 그래서 그는 그 공연에 혼신의 힘을 쏟았고 객석은 입추의 여지가 없을 정도로 만석이었다. 나도 그 공연을 보러 갔음은 물론이다. 모두가 기다리던 공연은 시작되었고 추송웅은 혼신의 힘을 다해 연기를 펼쳐나가기 시작했다. 특히나 그 공연은 자기 혼자서 하는 모노드라마였던 것이다.

그런데 그만 일어나서는 안 될 불상사가 터지고 말았다. 그 불상사는 다름 아닌 공연을 보던 관객 한 명이 공연 도중에 갑자기 추송웅에게 야유를 보내는 추태를 부린 것이 그것이었다. 그러자 추송웅은 공연을 중단하고 야유를 보낸 사람을 정면으로 응시하며 정중하게 충고를 하는 일이 발생했던 것이다. 추태를 부린 사람은 순간 당황하여 어딘가로 급히 사라지고 말았고, 그 현장을 목격한 나도 미안함과 민망함에 얼굴이 화끈거렸던 기억이 선명한 〈빨간 피터의 고백〉인 것이다.

그 당시에는 나도 연극을 하고 있었기에, 우리 고향 출신의 대 배우에게 공연 도중 야유를 보내는 사상 초유의 황당한 사태가 벌어졌을 때, 추송웅에게는 물론 관객들 보기에도 부끄러워 얼굴을 들 수가 없었다. 그 사태를 일으킨 장본인은 다름 아닌 사이비 연극인인 모 대학 교수였다. 하지만 추송웅은 역시 대인이었다. 그런 사태가 발생했음에도 전혀 당황하지 않고 오히려 그 사람에게 따끔한 충고를 하고서는 계속 공연을 이어가자 관객들이 아낌없는 박수를 보내주었기 때문이다. 같은 고향 출신이라서 그랬는지는 몰라도 그 당시에는 나도 추송웅에게 반해서 그가 출연하는 연극이 마산이나 부산으로 순회공연을 오게 되면 열일 제쳐두고 보러 다녔던 기억이 아직도 뇌

주석을 즐기는 연극인들.
왼쪽부터 연극배우 이문수, 박웅, 저자, 극작가 노경식, 연극배우 권성덕, 연극배우 오현경 외.

〈25회 마산국제연극제〉에 참가한 중국공연단이 공연을 마친 후 (3·15아트센터 소극장).

리에 뚜렷하게 남아 있다.

그런 추송웅에게 반한 사람이 우리 마산에 또 한 사람 있다. 바로 이승기란 인물이다. 그는 영화에 심취한 인물로서 아마도 전국에서 개인적으로 영화 관련 각종 자료를 가장 많이 가지고 있는 사람일 것이다. 그런 그가 추송웅의 열혈 팬이 된 계기가 궁금했다. 그래서 그를 시내 남성동 골목에 있는 통술집 '홍화'에서 만났다. 그리고는 소주잔과 맥주잔을 앞에 두고 인터뷰 아닌 인터뷰를 하게 된다.

"아니 선배님은 연극인도 아닌데 우째서 추송웅 씨의 열혈 팬이 됐능교?"
"한마디로 그의 연기에 반했다고 해야겠제. 무대에만 나오면 펄펄 날아다니는 것 같이 역동적이고 활기찬 연기를 했으니까. 또한 경상도 어투를 절묘하게 사용하는 그가 너무도 좋더라꼬. 특히나 좀 괴상하게 생긴 그의 얼굴과 또 좀 과장된 그의 연기가 절묘하게 어울려서 단연 압권이었다 카이."
"그럼 그가 출연한 연극을 좀 봤겠네예."
"보다마다가. 그 당시에 그가 부산에서 공연했던 작품은 거의 다 봤능기라. 그가 나오는 연극을 보려고 부산까지 안 갔나. 그 당시에 말이다. 〈우리들의 광대〉·〈세빌리아의 이발사〉·〈우리 집 식구는 아무도 못 말려〉 등등의 연극을 전부 다 봤다 카이. 물론 마산극장에서 공연했던 〈빨간 피터의 고백〉도 봤고. 그래서 내가 그의 열혈 팬이라고 안 하나."

사실 추송웅은 마산보다는 부산에서 더 많은 공연을 하기도 했다. 역시 부산도 마산과 마찬가지로 그의 제2의 고향이나 진배없었기 때문이다. 그리고 또 그가 중·고등학교를 부산에서 다닌 옛 추억도 크게 작용했을 것이다. 그는 1976년에는 〈세빌리아의 이발사〉를, 1977년에는 〈동물원 이야기〉를, 1977년과 1980년 그리고 1985년에는 각각 〈빨간 피터의 고백〉을, 1979년과 1981년에는 〈우리 집 식구는 아무도 못 말려〉를, 1980년에는 〈우리들의 광대〉를 각각 공연했는데, 공연 장소는 주로 부산시민회관이었다. 그리고 그가 출연한 연극작품을 좀 더 살펴보면, 〈토끼와 포수〉·〈꿀맛〉·〈흑인 창녀를 위한 고백〉·〈타이피스트〉·〈어디서 무엇이 되어 만나랴〉·〈슬픈 카페의 노래〉 등등이 있다.

하지만 추송웅은 연극에만 전념한 인물은 아니었다. 그는 영화와 드라마에도 출연한 다재다능한 배우였다. 〈마음은 푸른 하늘〉(1973년)·〈병태의 감격시대〉(1975년)·〈7인의 말괄량이〉(1976년)·〈여자를 찾습니다〉(1976년) 등등이 그가 출연했던 영화들이고, SBS의 〈달동네〉(1980년)와 〈당신의 초상〉(1983년) 그리고 〈사랑하는 사람들〉(1984년)이 그가 출연했던 TV 드라마들이다. 이처럼 추송웅은 연극과 영화 그리고 TV 드라마에 이르기까지 장르를 불문하고 넘나들었으나, 그래도 그에게는 당대 최고의 연극배우란 칭호가 가장 잘 어울렸다.

많은 모노드라마의 성공으로 추송웅은 "연극으로 성공한 배우 1호"라는 별칭을 얻기도 했다. 그러나 그런 성공의 이면에는 많은 아픔과 번뇌가 도사리고 있었다. 한 시간이 넘는 모노드라마를 혼자서 한다는 것은 보통 체력으로는 감당해 낼 수 없는 과로 중의 과로였다. 그런 모노드라마를 그는 한두 편도 아니고 여러 편을 했던 것이다. 또한 그는 연극으로 성공하기 전까지는 가난과도 엄청난 사투를 벌여야만 했다. 그런 과정에서 그의 건강에 문제가 생기고 만 것이다. 연극으로 어느 정도 성공 단계에 접어들자 그만 병마가 그를 덮치고 말았다는 말이다. 한국 연극계에 한 획을 선명하게 그은 추송웅은 1985년 44세란 한창 나이에 그만 패혈증과 급성 신부전증으로 갑작스럽게 세상을 떠나고 만 것이다. 고성과 마산 출신의 대 배우인 추송웅은 그렇게 우리 곁을 떠나갔다. 그것도 너무나 빨리 그리고 또 너무도 안타깝게……. 하기야 천재는 요절한다는 말도 있지만 그래도 그의 죽음은 너무도 아쉬운 것이었다.

그가 타계하자 어느 연극평론가는 추송웅을 "억압하는 모든 것에 대한 도전의식과 반항의식을 표출하는 배우의 광기를 온몸으로 발산하며, 가장 극적인 삶을 살다간 우리 시대의 광대"라고 그를 추모하기도 했다. "피는 못 속인다."는 말처럼 그의 딸인 추상미도 TV 탤런트와 연극배우로 활동하고 있는데, 최근에는 영화감독으로도 데뷔하여, 한국전쟁 시기인 1951년에 폴란드로 보내진 1,500여 명의 한국전쟁 고아와 폴란드 선생님들 간의 은밀한 실화를 그린 영화 〈폴란드로 간 아이들〉을 2018년에 발표하기도 했다. 그래서 그 아버지에 그 딸이란 평을 듣기도 했다.

타계한 연극인 중에서 이런 말을 남긴 사람이 있다. "연극은 연기煙氣와 같다."고. 그 말은 정말 맞는 말인 것 같다. 영화는 필름이라도 남고, 미술은 그림이라도 남지만, 연극은 공연이 끝나곤 모든 것이 정말로 연기煙氣처럼 사라져버리기 때문이다. 추송웅의 연기演技도 그렇게 연기煙氣처럼 우리 곁에서 사라져 가고 말았는가.

그의 장례식 날 생전에 그와 함께 공연을 한 적이 있는 연극배우 박정자가 읽은 조사弔辭는 지금도 우리의 가슴을 때린다.

연극이 끝나고 분장실로 찾아갔더니 온통 땀범벅이 된 송웅 씨는 나를 보니 피로가 다 가신 것 같다며 좋아했지. 우린 눈물을 글썽이며 웃었어. 어느 연극에서나 튀기를 주저하지 않는 배우, 튀지 않고는 못 배기는 배우 추송웅. 돈으로도 권력으로도 이룰 수 없는 오직 자기만의 세계를 이룬 그대. 자기 같은 친구를 가졌다는 게 나는 자랑스러워. 송웅 씨, 혹시 함현진, 추송웅, 박정자가 같이했던 작품을 잊지는 않았겠지. 지금은 우리 남편이 된 이 소위의 부탁으로 강원도 군부대에 위문공연을 가서 했던 〈우정〉 말이야. 우리 환갑이 되면 다시 함께 공연하자고, 셋의 우정 영원히 변하지 말자고 다짐했었지. 그런데 어떻게 된 거야. 나만 남았잖아.……나는 송웅 씨가 죽었다고 말하고 싶지 않아. 다만 서로 만날 수 없을 뿐. 같은 서울 하늘 아래 살아도 바빠서 일 년에 한 번도 못 만나는 게 우리잖아. 또 이민 가서 못 만나는 경우도 있어. 우린 그냥 헤어졌을 뿐이야. 잠시 동안.

〈빨간 피터의 고백〉 추송웅은 그렇게 우리 곁을 떠나가 버렸고, 1985년 12월 31일 서울 드라마센터에서는 그의 장례식이 거행되었다. 그곳은 그가 결혼식을 올린 곳이기도 하고 또 많은 공연을 했던 무대이기도 했다. 바로 그 장소에서 많은 연극인들의 애도 속에 그는 그렇게 표표히 저세상으로 가 버렸다. 하지만 비록 그의 육신은 우리 곁을 떠나가 버렸지만 연극배우 추송웅이란 그 찬사만은 영원히 우리의 가슴속에 남아 있을 것이다.

아, 우리들의 영원한 광대, 추송웅이여!

마산 출신 은막銀幕의 스타들
―조미령과 이대엽 그리고 김혜정 외

제2부 불세출의 마산 예인

세월의 흐름 때문일까 아니면 시대풍조의 변화 때문일까. 요즘은 옛날처럼 큰 감동을 주는 명화名畵가 드물고 또한 영화배우들의 인기도 옛날보다는 시들하다는 느낌을 준다. 1960~70년대만 하더라도 영화배우들의 인기는 하늘을 찌를 듯이 높았지만, 요즘은 영화배우보다는 TV 탤런트를 더 알아주는 세상으로 변해 버렸고, 또한 많은 작품이 아니라 한두 작품만 히트해도 단번에 인기 스타로 등극하는 세상으로 변해 버렸기에 하는 말이다.

이런 말을 하는 데는 이유가 좀 있다. 바로 2018년 11월 4일 폐암으로 타계한 영원한 〈맨발의 청춘〉 신성일 때문이다. 신성일이 누구인가. 한국영화사에 수많은 스타들이 명멸해 갔지만, 신성일은 여느 영화배우들과는 달랐고 감히 타의 추종을 불허한 유일무이한 스타였다고 해도 과언이 아니다. 그래서 그의 타계 소식은 나에게도 큰 충격으로 다가왔던 것이다.

신성일을 스타덤에 올려놓은 영화가 〈맨발의 청춘〉임은 익히 알려진 사실. 밤거리의 뒷골목을 누비고 다니는 건달 청년(신성일)과 외교관의 딸인 여대생(엄앵란)이 자신들의 신분의 벽 때문에 비극적인 선택을 함으로써 끝내 사랑을 지켜낸다는 스토리를 가진 영화 〈맨발의 청춘〉. 당대의 미남 배우 신성일과 학사 출신 미녀 배우 엄앵란이 새로운 청춘의 표상으로 떠오르면서 크게 흥행했던 영화다. 그래서 신성일은 그 작품을 자신의 대표작 중의 하나로 꼽았던 것이다.

생자필멸은 정녕 피할 수 없는 진리란 말인가. 〈맨발의 청춘〉을 통해서 한 시대를 풍미했던 주역들이 하나둘씩 이 세상과 이별했기 때문에 하는 말이다. 한 시기 현란한 춤 솜씨를 자랑했고, 그 때문에 트위스트 김이란 예명까지 얻은 김한섭이 2010년 가장 먼저 세상을 떠난 뒤, 그 영화를 감독한 김기덕은 2017년에, 이봉조가 작곡했던 〈맨발의 청춘〉 주제가를 부른 최희준은

2018년 8월에, 그리고 이제는 그 영화의 가장 중심인물이었던 신성일 마저 타계하고 말았기에 하는 말이다.

  내가 연극계에 발을 담그게 된 원인 중의 하나도 바로 신성일 때문인지도 모른다. 왜냐하면, 나는 어릴 때부터 영화 보는 것을 밥 먹는 것보다 더 좋아했고, 영화배우가 동경의 대상이었기 때문이다. 그리고 영화배우는 아무도 범접할 수 없는 저 높은 밤하늘의 별이라고 생각했기 때문이다. 그래서 극장에 가기 훨씬 전부터 벌써 가슴이 벌렁거리기 시작했고 양 손바닥도 땀으로 축축해지기 시작했던 것이다. 특히나 영화 프로그램 선전을 해 대는 확성기 소리만 들어도 밤이 되면 영화 보러갈 수 있겠다는 기대감에 부풀어 흥분했던 적이 한두 번이 아니었다.

  그렇다고 나는 도시 출신도 아니다. 다른 지면에서도 언급한 바가 있지만, 내 고향은 고성군 구만면九萬面이다. 그래서 내 고향은, 면 단위지역으로는 우리나라에서 가장 큰, 면이 구만九萬 개나 되는 큰 동네라고 실없는 농담을 자주 하곤 하지만, 사실은 아주 작은 시골에 불과하다. 지금은 전체 인구가 900여 명에 불과하다고 한다. 그런 곳이니 변변한 극장이 있을 리가 없고 또한 그런 오지이니 별다른 문화시설이 있을 리가 만무했다. 그러함에도 그런 시골 출신이 영화를 좋아한다고 하니 다들 거짓말로 치부할지도 모른다. 하지만, "그런 곳에도 분명히 극장은 있었고 또한 영화도 상영되었다."라고 하면 쉽게 수긍할 수 있겠는가. 하지만 이 말은 사실이다.

  촌놈 출신인 내가 중학생이던 시절, 방학이 되면 그 당시의 신마산 두월동에 있던 나의 삼촌 집에 머물 때가 자주 있었다. 그때 드나들었던 신마산의 제일극장이나 마산극장, 그리고 구마산의 시민극장·중앙극장·강남극장과는 비교도 할 수 없지만 내 고향 구만면에도 분명 극장은 있었다. 하지만 그

극장은 다름 아닌 바로 그 이름도 거룩한 가설극장이다. 시골의 면面 소재지 동네의 5일장 시장 터에 임시로 설치된 가설극장이 바로 그것이다. 그 가설극장은 일 년에 몇 번 부정기적으로 설치되었고, 그런 곳에서도 영화가 상영되었기에 농투성이 출신인 내가 어릴 때부터 운 좋게도 영화를 접할 수가 있었던 것이다. 그래서 그 이름도 거룩한 가설극장이라고 하는 것이다.

그러나 그 가설극장은 지붕은 전혀 없었고, 누런 광목천으로 사방을 빙 둘러싼 공간이었기에 지붕 없는 천막극장이라고 하는 것이 더 적절한 표현일지도 모르겠다. 그리고 비라도 오는 날이면 영화 상영은 중단되었고, 영화 필름은 또 얼마나 낡았던지 영화가 상영되는 중간 중간에 빗줄기와 별 모양 같은 그림자가 시도 때도 없이 스크린에 등장하곤 하던 그런 극장이었다. 또한 주머니에 돈이 없는 관계로 매번 돈을 주고 가설극장에 들어갈 수는 없었기에 은밀히 기회를 노리다가 도둑고양이처럼 잽싸게 천막 밑으로 기어들어가려는 순간, 그런 사람을 잡기 위해 잠복해 있던 한쪽 손이 쇠갈고리로 되어 있던 영화사 직원에게 붙잡혀 혼쭐이 난 적도 여러 번 있는 그런 가설극장이었다.

그런 내가 대학에 들어간 후부터 본격적으로 영화관 출입을 시작하게 되었는데 그때 본 영화 중에서 〈별들의 고향〉이나 〈겨울 여자〉·〈만추〉 등등은 아직도 나의 뇌리에 선명하게 남아 있다. 그 당시의 마산 연극계는 거의 불모지나 다름없었고 그런 환경 때문에 나는 연극보다는 영화에 더 심취하게 되었는지도 모른다. 그 당시에는 대학생들도 괜찮은 영화는 단체 관람이 되던 시절이었다. 더구나 시골의 가설극장과는 비교도 할 수 없는 최신식 극장에서 영화를 감상할 수가 있었으니 그 짜릿한 희열은 더 말해서 무엇하랴.

그 당시의 신성일은 만인의 우상이었기에 내가 신성일 때문에 연극에 발

영화배우 신성일(1937~2018).　　　영화〈맨발의 청춘〉포스터.　　　영화〈별들의 고향〉포스터.

　을 담그게 되었다고 하는 것이다. 특히나 그 시절의 마산에는 영화배우라고는 아무도 없었기에, 영화판을 기웃거린다는 것은 더더욱 기대할 수도 없는 그런 환경이었다. 서울과는 달리 영화판 자체가 아예 없었기 때문이다. 그래서 궁여지책으로 내가 영화 대신 연극에 발을 담근 게 아니었나 하는 생각도 해 보는 것이다.

　유년 시절의 그런 체험 때문일까. 마산에서 대학생활을 시작하면서부터 나는 난생처음 연극을 접하게 되었고 그때부터 지금까지 근 50여 년간을 거의 숙명적으로 돈 안 되는 연극에의 길을 걷고 있다. 신마산의 제일극장부터 마산극장 사이의 그 짧은 거리가 한 시기 마산의 문화와 예술 그리고 낭만의 메카였다는 사실을 어렴풋이 알게 된 것도 그 무렵부터였다.

　"불멸의 스타 신성일은 그 자체가 한국영화이고, 또한 한국영화 자체가 신성일"이라는 말도 있었다. 특히나 1960~70년대가 그랬다. 그 당시의 한국

영화는 신성일이 출연한 영화와 그가 출연하지 않은 영화, 그 두 종류만 있었다고 해도 지나친 말이 아니었다. 대구의 명문학교인 경북중·고를 다녔고, 중·고교 시절 판검사를 꿈꿨다는 신성일. 그런 그의 인생항로는 고2 때 흔들리고 말았단다. 장사를 하던 그의 어머니의 계가 깨어지면서 집안이 빚더미에 앉았기 때문이란다. 그래서 그는 방황을 하다 상경하게 되고 대학입시에 잇따라 실패한 후 돈을 벌기 위해 청계천에서 석 달여 동안 호떡장사도 했을 만큼 힘든 생활도 했단다.

그런 신성일에게 엉뚱한 곳으로부터 삶의 반전이 시작된다. 그의 자서전 《청춘은 맨발이다》에서 고백한 대로, 어느 날 그가 충무로를 거닐다가 우연히 고교 동창인 가수 손시향과 마주친 후 자존심을 크게 상하게 되자 영화배우가 될 각오를 하게 되는 것이 그 계기란다. 그래서 그는 충동적으로 연기학원에 등록을 하게 되고, 1959년 당시 신상옥 감독이 운영하던 신필름의 신인 배우 오디션을 통해서 충무로에 발을 내딛게 되었다고 한다. 그때의 오디션 경쟁률은 지금까지도 전무후무한 5,098대 1이라고 한다. 한국 영화계를 뒤흔든 그 이름 신성일은 그때부터 널리 회자되기 시작했고, 영화배우 최은희의 남편인 신상옥 감독이 뉴 스타 넘버원이란 뜻으로 그에게 신성일申星一이란 예명을 직접 지어주었다고 한다.

그 신성일은 항상 로맨스 영화의 주인공이었다. 한국영화진흥공사가 집계한 자료에 따르면, 그가 주연으로 출연했던 영화는 507편이고, 118명의 여주인공과 멜로 연기를 했으며, 그중에서도 윤정희와는 커플 연기를 무려 99번이나 했다고 한다. 또한 1964년 당대의 톱스타였던 엄앵란과 서울 워커힐 호텔에서 결혼식을 올렸는데, 엄앵란은 한 살 연상이었고 〈로맨스 빠빠〉·〈아낌없이 주련다〉 등에서 함께 출연했던 선·후배 사이였다. 두 사람은 〈배신〉이란 영화를 찍으면서 연인관계로 발전했고, 1964년 11월 올린 두 톱스타의 결혼식에는 무려 4,000여 명의 하객과 팬들이 몰려들었다는 일화도 있다.

신성일은 결혼한 후인 1970년대에도 〈별들의 고향〉(감독 이장호)과 〈겨울여자〉(감독 김호선) 같은 영화에서 남자 주인공으로 그 위상을 자랑했다. 특히나 최인호의 소설 〈별들의 고향〉이 원작인 같은 이름의 영화에서 "경아, 오랜만에 같이 누워보는군"이란 그의 대사는 그 당시에 선풍적인 인기를 끌기도 했다. 어떤 영화평론가는 "신성일은 작품 편수나 연기 경력에서나 세계 영화사에서 보기 드문 배우이며 흔히 두 살 위의 프랑스 영화배우 알랭 드롱과 비교가 되는데, 신성일이 대중들로부터 받은 호응은 절대적이었기에, 그가 한국 영화를 이끈 중심축이라는 평가를 받는다."고 평하기도 했다. 신성일은 1960년대 한국 영화의 걸작으로 평가되는 작품에서도 그만이 가진 독특한 캐릭터를 잘 보여주고 있는데 그 대표적인 작품은, 정진우 감독의 〈초우〉(1966), 이만희 감독의 〈만추〉(1966), 김수용 감독의 〈안개〉(1967), 이성구 감독의 〈장군의 수염〉(1968)이라고 할 수 있다.

또한 〈별들의 고향〉이란 영화로 그 이름을 알리게 된 이장호 감독은, "신성일이 자신의 출연작 500여 편 가운데서 가장 중요한 작품으로는 김기덕 감독의 〈맨발의 청춘〉(1964)과 이만희 감독의 〈만추〉(1966) 그리고 자신이 감독한 〈별들의 고향〉을 꼽았다."고 밝힌 바도 있다. 당시만 해도 애송이 감독에 불과했던 이장호는 신성일이 타계하자, 그가 한국영화사에 한 획을 뚜렷하게 긋게 된 것은 〈별들의 고향〉이 없었다면 불가능했을지도 모른다고 회고하기도 했다.

〈별들의 고향〉 하니까 생각나는 사람이 둘 있다. 한 시기 마산에서 자타가 인정한 로맨티스트 박건환과 최평재가 그들이다. 창녕 남지 출신인 박건환은 마산국군통합병원에서 군대생활을 마치고, 마산수출자유지역의 어느 회사에 다니다가 결혼을 한 후, 오동동에서 '질투'와 '밀회'를, 창동에서 '휘가로'란 카페 겸 레스토랑을 운영했던 사람이다. 그래서 돈도 제법 벌었고 그 때문에 멋도 제법 부렸다는 인물이다.

또 한 사람은 옛 창원 출신의 이평재다. 한 시절 그는 변변한 직장도 없이 룸펜 생활을 전전한 적도 있었지만, 그런 힘든 시기에도 그는 늘 친구들의 술값을 주저 않고 먼저 내었기에 당산대형이라 불리기도 했던 인물이란다. 또한 〈별들의 고향〉이란 영화에 나오는 문호라는 인물이 만인의 우상이던 시절에는 그의 친구들이 그를 문호라 부르기도 했단다. 그만큼 그가 친구들로부터 인기를 얻었다는 말이기도 하다. 전성기 시절의 그는 마산수출자유지역에서 신흥화학이란 회사를 경영하기도 했지만, 사실 그는 음악·미술·문학 등 예술 장르는 물론이요 술에도 둘째가라면 서러워할 로맨티스트였다고 한다. 그런 그가 최근에 암으로 타계했다는 전언도 있다.

신성일의 타계를 계기로 한 시기 은막의 스타로서 그 이름을 날린 마산 출신 영화배우들을 조명해 보는 것도 의미가 있을 것 같다. 왜냐하면 우리 마산에도 당대를 풍미한 스타들이 좀 있기 때문이다.

우선 청순가련형 여배우의 원조인 조미령과 액션 스타로 이름을 날린 이대엽, 그리고 육체파 여배우의 대명사인 김혜정을 꼽을 수가 있다. 그리고 범위를 좀 더 넓혀보면, 인근 고성군 출신의 영화배우도 있는데, 고성군 회화면 당항포가 고향인 김추련과 앞 지면에서 언급한 바가 있는 고성에서 태어나고 마산에서 초등학교를 다닌 연극배우 겸 영화배우 추송웅도 있다. 이왕 이름을 언급한 김에 그들의 프로필도 잠깐 살펴보자.

먼저 조미령趙美鈴(1929~)이다. 한 시기 한국의 리즈 테일러라 불리기도 한 그녀는 처음엔 연극배우로 활동했다. 그녀는 일제강점기에 벌써 서울의 동양극장에서 연극배우로 활동하다 해방이 된 후부터는 동랑東朗 유치진柳致眞(1905~1974)이 주도한 극예술협의회의 회원으로 활동한다. 그러다가 영화에 본격적으로 진출하게 되는데 바로 1948년 제작된 〈갈매기〉란 영화가 그것이다. 이 〈갈매기〉가 그녀의 영화 데뷔작이고 그때 그녀의 나이는 19세였다. 그 이후부터 조미령은 〈춘향전〉·〈시집가는 날〉·〈십대의 반항〉·〈마부〉 등등의 작품에 출연함으로써 은막의 스타로 우뚝 서게 되는 것이다. 이 조미령도 《창동야화》 1권에서 언급한 바가 있어서 더 이상의 설명을 생략한다.

조미령의 남편인 이철혁도 있다. 마산 출신인 그는 일제강점기인 1934년에 당시의 동경 유학생들이 조직한 '동경학생예술좌'의 멤버로도 활동한 인물이며, 나중에 〈갈매기〉와 〈춘향전〉 같은 영화를 제작함으로써 이름을 날리게 되는 인물이다. 이철혁에 대해서도 《창동야화》 1권에서 다룬 바가 있다.

마산 출신으로 초창기 한국 무용계의 대부였던 김해랑에게 발탁되어 무용계에 입문한 후 훗날 한국 무용계의 거목이 된 최현(본명 최윤찬)도 한때는 영화배우로 활동했던 인물이다. 그는 마산상고 재학 시절, 영화 〈삼천만의 꽃다발〉(1951)에 출연하는 것을 시작으로 〈시집가는 날〉(1956)·〈자유결혼〉(1958)·〈어느 여대생의 고백〉(1958) 등등의 영화에 출연함으로써 그 이름을 날렸으며, 특히 〈시집가는 날〉은 조미령과 그가 주연을 맡은 영화이기도 하다. 또한 영화 〈삼천만의 꽃다발〉은 마산에서 촬영된 영화로서, 시나리오와 감독 그리고 출연자 대부분이 마산 출신 예인들로 이루어진 점이 이채롭기도 하다. 무용가 김해랑이 시나리오를 쓰고 최현을 비롯한 정진업·김수돈 등등이 배우로 출연했다는 영화다.

이번에는 이대엽李大燁(1935~2015)을 보자. 익히 알려진 대로 그는 국회의

영화 〈돌아오지 않는 해병〉 포스터. 영화 〈두만강아 잘있거라〉 포스터.

원 3선, 성남시장 재선 등을 역임한 유명 정치인이기도 하지만, 사실 한때는 영화배우로 더 잘 알려진 인물이다. 그는 1962년 임권택 감독의 데뷔작인 〈두만강아 잘 있거라〉에서 당대의 스타들인 황해·문정숙·엄앵란·김석훈·장동휘·허장강·박노식·김혜정·황정순·최남현·김동원·정애란 등등과 함께 출연한 마산 출신 배우이다. 이 영화에 역시 마산 출신인 김혜정이 같이 출연했다는 사실이 흥미롭기도 하지만, 이대엽은 1963년 이만희 감독이 메가폰을 잡은 〈돌아오지 않는 해병〉에서도 장동휘·최무룡·구봉서·독고성·김운하 등등과 함께 출연하기도 했다.

  마산대(현 경남대) 출신인 영화배우 이대엽. 그 때문일까. 그는 한 시기 경남대 총동창회 회장을 맡기도 했는데, 그때의 사무총장은 천하장사 김성율이었다. 언젠가는 상남동 육호광장 부근에 있던 로얄호텔에서 동창회 행사를 마치고 오동동 모 주점으로 자리를 옮겨 뒤풀이 주석酒席을 가진 적이 있었는데, 그 주석에서 두주를 불사하는 이대엽과 김성율이 무림의 고수처럼 술로써 서로 자웅을 겨룬 적이 있었고, 나도 그 현장에 동석한 적이 있었다. 그 당시의 김성율 장사는 그의 거대한 체구만큼이나 감히 대작할 상대가 없는 두주불사의 전형이었고, 이대엽의 주량 또한 대단했었기에 "과연 두 사람 중에서 누가 더 주량이 셀까"가 초미

김혜정 주연의 〈육체의 문〉 포스터.

의 관심사였는데, 결국에는 무승부로 끝난 적이 있는 것이다.

다음은 김혜정金惠貞(1941~2015)이다. 마산 제일여고 출신으로 더 잘 알려진 김혜정. 육체파 배우로서 한 시대를 풍미했던 김혜정. 그녀는 1958년 〈봄은 다시 오려나〉로 데뷔한 이후 위에서 언급한 〈두만강아 잘 있거라〉를 비롯해서 〈팔도강산〉·〈내시〉·〈육체의 문〉·〈죽은 자와 산 자〉 등등 200여 편의 영화에 출연했던 스타이다. 하지만 그렇게 잘나갔던 그녀는 1969년 돌연 영화계를 은퇴한 후 2015년 11월 교통사고로 사망하고 만다. 안타깝게도 향년 74세란 나이로.

이번엔 김추련金秋練(1946~2011)을 보자. 국민 탤런트로 잘 알려진 최불암이 한양대 연극영화과 출신인 것처럼, 김추련도 같은 한양대 연극영화과 출신이다. 영화배우로서 체계적인 공부를 했다는 말이다. 그는 1974년 영화 〈빵간에 산다〉로 데뷔한 이후, 〈비녀〉·〈빗속의 연인들〉·〈야시〉·〈난쟁이가

김추련 주연의 〈겨울여자〉 포스터.

쏘아올린 작은 공〉 등등 약 50여 편의 영화에 출연했지만, 역시 그의 대표작은 신성일·장미희와 함께 출연한 1977년도 작품인 〈겨울 여자〉랄 수 있다. 〈겨울 여자〉는 그 당시에 60만 명 이상의 관객을 동원한 대히트작으로서 그 시대 여대생들의 변화된 성 모럴을 제시한 문제작이라는 평가를 받은 영화다. 그는 영화계를 은퇴한 후 한때는 마산 오동동의 옛 동보극장 인근 건물 2층에서 노래방을 운영하기도 했지만 거처를 김해로 옮기고 난 후 그만 타계해 버린 불운의 스타이기도 하다.

1970년대 말부터 1980년대 중반에 걸쳐 한국영화가 극심한 침체의 늪에 빠졌을 때에도 김추련은 〈꽃순이를 아시나요〉(1978)·〈밤의 찬가〉(1979)·〈매일 죽는 남자〉(1980)·〈열애〉 같은 영화에서 주연을 맡으며 충무로의 스타로 군림했었다. 특히 영화 〈열애〉는 윤시내의 노래 〈열애〉를 작사한 당시 부산의 유명 DJ였던 배경모를 모델로 한 영화이기도 하다.

이처럼 당대를 풍미한 영화배우들이 우리 마산에도 많았다는 사실은 놀랍고도 자랑스럽다. 이 글 모두冒頭에서 언급한 것처럼, 경상도 출신의 배우들은 사투리 때문에 스타 반열에 오르기가 쉽지 않았을 것임에도 불세출의 은막의 스타 명단에 당당히 그 이름을 올린 마산 출신 배우들에게 뜨거운 박수를 보내고 싶다.

영원한 로맨티스트의 표상表象

─운정雲亭 정자봉

사진 오른쪽 두 번째가 정자봉, 왼쪽 첫 번째가 한기환, 한사람 건너 세 번째가 한기환의 대학 은사이자 마산예총 회장을 역임한 연극인 배덕환.

흔히들 멋이 있어 보이거나 멋을 부릴 줄 아는 사람을 보면 로맨티스트 같다고 한다. 국어사전에 보면 로맨티스트를 "성격이나 분위기가 현실적이기보다는 신비롭고 달콤하여 환상적인 데가 있는 사람"으로 설명해 놓고 있다. 로맨티스트라, 참으로 멋지고도 정겨운 단어다. 그 단어 속엔 뭔가 모를 환상이 담겨 있는 것 같다. 마치 김승옥의 소설 《무진기행》 속의 무진霧津처럼……. 내가 왜 로맨티스트란 말을 들먹이느냐 하면, 한 시기 우리 마산에는 내로라하던 당대의 로맨티스트들이 제법 많았기 때문이다.

 로맨티스트 하면 우선 멋있는 사람이 퍼뜩 연상되기에 모두들 로맨티스트란 말을 듣고 싶어 하지만, 로맨티스트는 아무나 되는 것도 아니요 그렇다고 또 아무나 될 수도 없다. 돈이 많다고 되는 것도 아니요, 명품으로 온몸을 치장한다고 되는 것도 아니다. 진정한 로맨티스트가 되기까지에는 노블레스 오블리주처럼 그에 상응하는 수련과정도 거쳐야 되고 또 그에 상응하는 대가도 치러야 한다. 그만큼 진정한 로맨티스트가 되기는 어렵다는 말이다.

 익히 알려진 대로 우리 마산에는 내로라하던 로맨티스트들이 많았다. 세칭 모던 보이들처럼 멋쟁이들이 많았다는 말이다. 그런 로맨티스트들 중에서 몇몇을 살펴보자. 우선 타계한 인물들이다.

 제일 먼저 신마산 두월동에서는 외교구락부를, 그리고 구마산 오동동 초입에서는 컨티넨탈다방을 운영한 상하이 박(본명 박치덕)을 들 수 있다. 그는 한때 협객으로도 이름을 날린 인물로 유명하다. 그 다음으로는 옛 마산일보 사장을 역임한 김형윤이 있다. 그는 목발目拔이란 특이한 아호를 사용한 인물이기도 하다. 또 그 다음으로는 불후의 가곡 〈선구자〉를 비롯한 주옥같은 가곡을 많이 작곡한 조두남도 있다. 그는 또한 오랜 기간 마산예총 회장

사진 오른쪽부터. 정자봉 교수와 친분이 두터웠던 김대환 화백, 문자은 여사, 이광석 시인, 이영자 시인, 저자.

을 역임하기도 한 인물이다. 그 밖에 조두남과 친분이 두터웠던 언론인 출신의 이진순도 있고, 사업가였던 학초鶴初 최재형도 빼놓을 수가 없다. 영문학자이자 연극인이었던 배덕환도 있다. 시인이자 연극인이었던 정진업과 김수돈도 있고, 화가였던 최운과 변상봉 그리고 동서화랑을 운영했던 송인식도 그 이름을 빠뜨릴 수가 없다. 이제는 그들 모두가 다 고인이 되고 말았지만, 그들은 다들 둘째가라면 서러워할 당대의 로맨티스트들이었다.

그렇다면 생존하고 있는 로맨티스트들은 없을쏜가. 마산이 예향으로 소문난 곳이기에 하는 말이고, 그런 곳에는 틀림없이 로맨티스트들이 있을 것이기에 하는 말이다. 그런 사람들을 살펴보자. 우선 한국화가 김대환을 꼽을 수가 있다. 현재 구순九旬이 넘은 그는 노래에도 일가견이 있는 멋과 흥이 철철 흘러넘치는 인물로 정평이 나 있다. 남도일보와 경남도민일보 사장을 역

운정雲후 정자봉.

임한 이순항도 있고, 언론인 출신이자 시인인 이광석도 있다. 영화자료 수집가인 이승기도 빼놓을 수 없는 로맨티스트다. 홍일점의 로맨티스트로는 옛 고모령의 여주인 문자은을 빠뜨릴 수가 없다. 그들 모두는 생존하는 마산의 대표적인 로맨티스트랄 수 있다.

그런데 마산에서 당대를 풍미한 진정한 로맨티스트를 한 사람만 꼽으라고 하면 나는 주저 않고 꼽을 사람이 있다. 바로 경남대 교수를 역임한 영문학자 정자봉이다. 아호가 운정인 정자봉. 선입견인지는 몰라도 어째 그의 아호까지도 좀 로맨틱한 것 같다. 경남대 영문학과와 영어교육학과 교수·경남대 학보사 주간·경남대 사범대학장·경남대 교육대학원장 등등을 역임하고 정년으로 퇴직한 정자봉. 그런 그가 한 시대를 풍미한 로맨티스트라 불리는 데는 그만한 이유가 있다.

한 시기 마산에는 '고모령'이란 전설적인 선술집이 있었고, 그 선술집 주인은 그 이름도 유명한 문자은이었다. 하지만 그곳을 출입했던 사람들은 그녀를 통칭 문 여사라 불렀다. 그리고 "문 여사를 모르면 마산 예인이 아니다"는 말이 통하던 시기도 있었다. 그런 문 여사의 사람 보는 눈썰미가 보통이 아니었다. 그녀가 괜찮은 사람이라고 하면 정말 괜찮은 사람이었다. 그녀는 예인은 아니었으나 예인 뺨치는 센스를 가진 사람이었고, 웬만한 예인은 그녀

앞에서 맥도 못 추었다. 한때는 상당한 주량의 소유자이기도 했다. 유머와 위트가 철철 흘러넘쳤음은 물론, 지갑이 얇은 노老 예인들을 알뜰살뜰 챙겼던 사람이기도 하다. 언젠가 그녀에게 물은 적이 있다. 물론 술잔을 앞에 두고서다.

"누님, 마산에서 당대를 주름잡은 로맨티스트를 한 사람만 꼽는다면 누굴 꼽을 수 있을까요?"
"무슨 뚱딴지같은 소리고. 뜬금없이 로맨티스트라니."
"아, 멋있고, 술 잘 마시고, 노래 잘하고, 점잖고, 인간성 좋고, 아는 것도 많은 그런 사람 말이지요. 좌우지간 그런 멋있는 사람을 딱 한 사람만 꼽아 보이소."
"(잠시 뜸을 들이다가) 딱 한 사람만 꼽으라고 하면, 내 바로 말할 수 있다. 바로 정 교수다 정 교수, 정자봉 교수란 말이다."

그녀는 흰소리를 할 줄 모르는 사람이다. 그리고 속에 없는 말을 체면치레로 하는 스타일도 아니다. 순식간에 그녀의 생각과 나의 생각이 일치하고 만 것이다. 당대의 로맨티스트로 운정을 같이 꼽은 점이 바로 그것이다. 운정은 나의 대학과 대학원 은사이다. 그리고 2009년 그가 타계하기 전까지 시내 주점에서 자주 만났던 사람이다. 스승이 술을 좋아하니 제자가 안 따라다닐 수가 없어서 주점이나 노래방에도 자주 동행한 전력도 있다. 대충 잡아도 근 40여 년간이다. 그래서 로맨티스트로서의 그의 면모를 누구보다도 더 잘 안다고 자부한다.

운정과 문 여사와의 인연은 30여 년 전으로 거슬러 올라간단다. 왜냐하면, 신마산 통술집·부림시장 통술집·부림시장 입구의 수성동 고모령·서성동 고모령 등등에 이르기까지 운정은 '고모령'의 단골이었기 때문이란다. 말이 30년이지 강산이 세 번이나 바뀌는 그런 오랜 기간 동안 작은 트러블 하나 없이 서로 교분을 나누어왔다는 사실은 보통 사람으로서는 결코 쉽게 할 수 있는 일이 아니다. 그런 면으로 보면, 운정과 문 여사 둘 중 한 사람은 더욱 보통 사람이 아니라는 생각이 든다.

하지만 '고모령' 출입을 좀 해 본 사람이라면 두 사람 다의 인품이 보통이 아님을 금세 깨닫게 된다. 두 사람이 서로 연인 사이가 아님에도, 과연 "인연은 무엇인가", "정이란 무엇인가"라는 질문에 대해서, 바로 "이런 것이다"라고 행동으로 그 모범 답안을 보여주었기 때문이다. 문 여사는 주점 서성동 고모령을 완전히 접기 전 어느 자리에서 "고모령 출입을 제일 먼저 했고 또 지금까지도 하고 있는 단 한 사람을 꼽으라면 바로 정 교수다."라고 스스럼없이 밝힌 적도 있기 때문이다.

나는 운정으로부터 학문뿐만 아니라 인생까지도 배웠다. 요즘 세대와는 달리 나는 대학 1학년 때인 1971년부터 운정과 술자리를 같이했다. 내가 다니던 학과가 영문도 모르고 들어간 과인 영문과여서 그랬는지는 몰라도 입학 당시부터 스승들은 우리에게 술 마시는 법부터 가르쳤다. 그래서 강의시간이 끝나면 그 당시 경남대 완월동 캠퍼스 주변에 있던 막걸리 집 전봇대 살롱이나 허름한 선술집을 전전해 가면서 통금시간이 다 될 때까지 함께 어울려 통음을 하기도 했던 것이다.

그 당시에 다른 과 학생들은 교수들과 술자리를 가지는 우리가 부러웠던지 우리의 주석에 같이 어울리고 싶어 안달을 하기도 했다. 그 때문인지는 몰라도 나는 주석에서의 예법만은 야무지게 배웠다고 자부한다. 아마도 은사들이 주법을 가르치기 위해서 의도적으로 우리들을 주점으로 자주 데려가지 않았나 하는 생각도 들기 때문이다. 자기 과 교수와 함께 1차는 물론이고 2~3차까지 통음하면서, 또 나중에는 노래까지도 같이 불렀다는 사실은, 그 당시의 다른 과 학생들에게는 꿈같은 일이기도 했다. 어쨌든 운정은 허름한 주점에서부터 우리에게 주법과 인생을 가르쳤지만, 우리는 그의 깊은 뜻도 모른 채 천방지축 날뛰기만 했던 기억이 새롭다.

술좌석에서는 절대로 남을 험담하지 못하게 하는 점, 술자리가 계속되면 반드시 노래를 부르게 하는 점, 유머와 능담을 섞어가며 주석을 즐겁게 만드는 점, 등등은 운정이 우리에게 가르쳐 준 인생철학이다. 제자들이 술에 취해 어떤 망나니짓을 해도 그 술주정을 모두 다 받아주는 이유는, 옛날에 자기는 술주정을 훨씬 더 심하게 했기 때문이라고 스스럼없이 말하던 운정. 젊은 시절 술주정을 얼마나 심하게 했던지 급기야는 서울의 모 파출소에 연행돼 가서 두 손에 수갑을 채일 정도로까지 혈기 방장했던 시절이 있었음을 고백하기도 한 운정.

그는 팔방미인이었다. 영국 소설가 서머싯 몸에 관련해서는 독보적인 학자로 소문났으며, 학문 외에 운동에도 천부적인 소질을 타고난 사람이었다. 그의 테니스 실력은 자타가 인정할 정도로 뛰어났으며, 농구와 배구, 씨름 등등 못하는 운동이 거의 없었다. 한창때 그는 천하장사 김성율과 경남대 운동장에서 씨름을 한 적이 있는데, 천하의 김성율도 그의 씨름 실력에 놀라 혀를 내둘렀다고 하니 말 다한 것이다. 또한 그의 서예 실력도 널리 소문이 났다. 세필이 아니라 굵은 글씨로 거침없이 써 내려간 일필휘지의 서체는 유명하다. 화이부동和而不同·학도즉무착學道則無着·진광불휘眞光不輝 등등이 그가 즐겨 쓴 글귀들이고 그런 글귀들을 아직도 소장하고 있는 사람들이 많을 것이다. 그리고 지금도 경남대 도서관 부근에는 그의 친필 휘호인 진광불휘眞光不輝가 새겨진 거석巨石이 놓여 있을 것이다.

또한 그는 가수 뺨칠 정도로 노래도 잘 불렀다. 언젠가 그가 대학 제자들의 졸업여행에 동행하여 제주도에 간 적이 있었단다. 그때 학생들과 함께 제주도의 한 호텔 나이트클럽에 가서 호텔 밴드에 맞춰 노래를 부른 적이 있었는데, 그때 그가 앙코르까지 받았다고 하니 말 다한 것이다. 특히나 호텔의 밴드는 아무에게나 반주를 해주지 않는데 그에게 반주를 해 주었다는 사실은 그만큼 그의 노래 실력이 탁월했음을 의미하는 것이기도 하다. 또한 그는 한국 노래만 잘 부른 것이 아니라 일본 노래도 잘 불렀다. 일본 노래도 1절만 부르는 것이 아니라 4절까지 다 불러 젖혔으니 모두들 탄복을 했던 것이다.

지금 마산에서 일본 노래 잘 부르는 사람을 한 사람만 꼽는다면 김대환 화백을 빠뜨릴 수가 없다. 물론 그는 선천적으로 노래 실력을 타고났지만 일본에서 태어나고 자란 탓에 일본말을 우리말보다 훨씬 더 잘하고 그래서 그런지 일본 노래도 잘 부른다. 어쩌다가 주석에서 흥이 오르면 〈목포의 눈물〉을 일본 말로 불러 젖히기도 한다. 또한 그는 일본 노래만 잘 부른 것이 아니라 중국 노래도 잘 불렀다. 특히나 중국 노래 〈야래향(夜來香)〉은 그의 십팔번이었고, 흥이 나면 그 노래를 중국어·한국어·일본어 등 3개국 버전으로 불러 젖히기도 했다. 그는 남다른 노래 실력으로 한 시기 마산 예술계를 휘어잡았던 인물이다.

그런 그가 운정의 노래 특히 일본 노래를 듣고는 탄복을 금치 못했던 것이다. 자기와는 달리 운정은 일본에서 태어나거나 일본 유학을 한 적도 없는데 어떻게 일본 노래를 1절부터 4절까지 그렇게 맛깔스럽게 잘 부르는지 도저히 이해가 가지 않는다고 놀라움을 털어놓은 적이 여러 번 있는 것이다.

하느님은 공평하다는 말이 있지만 그런 말이 안 통하는 데도 있는 것 같다. 한 사람에게 한 가지 재주는 준다고 들었지만, 많은 재주를 한 사람에게다 준다는 소리는 잘 듣지 못했다. 그러나 운정은 여러 가지 재주를 가졌음이니 하느님이 공평하지 않은 것일까, 아니면 잠깐 실수라도 한 것일까. 내가 운정을 은사로 모셨다는 사실은 대단한 행운이 아닐 수가 없다. 세상에서 제일가는 복이 두 가지 있는데, 하나는 부모님을 모시는 복이요, 다른 하나는 은사를 모시는 복이라고 한다. 그런데 난 그 두 복을 모두 가졌음이니 정말 복 받은 사람이랄 수 있다.

"사랑은 말로써 꼭 표현해라. 특히나 부모님에 대한 사랑은 억지로라도 표현해라."
"가까이 있는 사람부터 도우고 그래도 힘이 남으면 멀리 있는 사람을 도와줘라."

위의 말은 그가 주석에서 종종 언급하는 내용이다. 아마도 이 말 속에는 그의 삶의 철학이 담겨 있는지도 모른다. 어떤 사람은 자기가 술을 사준다고 해도 외면당하는 사람이 있는 반면, 운정은 자기가 술을 사달라고 해도 사람들이 계속 곁에 모여드니, 과연 사람을 끄는 그런 매력은 어디서 나오는 것일까. 아마도 그것은 그가 상대방을 편하게 해 주기 때문이리라. 운정은 자주 농반진반弄半眞半으로 이렇게 말하곤 했다.

이 세상에 나보다 못생긴 사람이 어딨노. 내가 제일 못생겼다. 자기보다 못생긴 사람하고 있으면 마음이 편한 기라. 그래서 못생긴 나와 같이 있는 사람은 마음이 편하다 캐도.

얼마나 정곡을 찌르는 말인가. 촌철살인이란 말은 바로 이런 것이리라. 그러나 사실 그는 잘생긴 미남형에다 남성다운 매력을 듬뿍 가진 인물이었다. 외모뿐만 아니라 모든 것에 자신 있으니까 그런 농담도 할 수 있는 것은 아닐까 싶다. 우리가 살아가면서 남을 즐겁게 해 주는 유머를 적재적소에 사용하기는 정말 어렵다. 타이밍을 놓쳐도 김이 새고, 적절한 유머가 아니면 더더욱 김이 샌다. 운정과의 술자리가 즐겁고 운치가 있는 것은 바로 유감없이 발휘되는 그의 유머 감각 때문이었다. 그와 함께하는 주석에서는 언제나 웃음꽃이 만발했다. 춘삼월의 목련꽃 자태가 탐스럽다고는 하나 운정과 함께하는 주석 분위기만 할까.

앞에서도 언급한 바가 있지만, 아호가 운정인 정자봉. 그는 구름 위의 정자인가, 아니면 정자 위의 구름인가, 그것도 아니면 구름이 떠도는 골에서 고고한 자태를 뽐내는 정자인가는 잘 몰라도 정말 그의 아호와 절묘한 조화를 이루는 것이 그의 인생이라고 할 수 있다. 특히 그의 아내의 이름이 정 자(亭), 자 자(子), 즉 정자인 것은 우연의 일치일까. 비록 의미는 다르지만 운정과 정자가 부부의 연을 맺었으니 이보다 더 절묘한 조화가 또 어디 있으랴.

문 여사의 말이 걸작이다.

정 교수님 수첩에는 수많은 사람들의 이름이 깨알같이 적혀 있능기라. 그 중에서도 80% 이상은 여자들 이름이라꼬. 그런데 참 묘하다 카이. 그 수첩을 사모님도 보셨을 낀데, 왜 오늘날까지 들통이 나지 않았을까가 항상 궁금했는데, 알고 보니 사모님이 알아보지 못하도록 난해한 초서체로 써놨기 때문이라 하더라꼬. 호호호.

정말로 운정의 수첩에는 많은 사람들의 연락처가 빽빽하게 적혀 있었고,

정자봉 교수와 친분이 두터웠던 옛 고모령의 문자은 여사. (사진 오른쪽 선 사람).

또 우리가 봐도 잘 알 수 없는 글씨들이었다. 마치 간첩의 난수표 같다고나 할까. 한 시대의 대표적인 로맨티스트였던 운정 정자봉. 그의 곁에는 수많은 여성들이 모여들었다. 그만큼 여성들에게 인기가 많았다는 말이다. 그는 언제나 여성들부터 먼저 챙기는 스타일이었다. 그렇다고 그가 여성들로부터 인기를 얻기 위해서 술수를 쓰는 것을 한 번도 본 적이 없다. 우람한 체구와는 달리 그는 내심으로는 한없이 정이 많은 사람이었다. 그래서 남녀노소를 불문하고 다들 그를 좋아했다. 특히나 그가 타계할 때까지 여성과 관련된 그 흔한 스캔들 하나 남기지 않은 것을 보면 그는 과연 범인凡人인가 초인超人인가.

내가 매년 개최한 마산국제연극제 기간 중에 일본 연극인들이 마산에 온 적이 자주 있었고, 그때 운정도 그들과 회식자리를 함께한 적이 있었다. 언젠가는 회식자리의 분위기가 서서히 달아오르자 2차로 자리를 노래방으로 옮겨 여흥을 즐긴 적이 있었다. 그런데 그때 일본 사람들이 운정의 노래를 듣고는 깜짝 놀라던 장면을 지금까지도 잊을 수가 없다. 그가 부르는 일본 노래를 듣고 일본 사람들이 더 탄복했다는 말이다. 그만큼 그는 일본 노래에도 일가견을 가진 인물이었다.

하지만 평소에 운동선수 뺨칠 정도로 체력관리를 잘해 왔던 그가 한순간에 무너질 줄은 아무도 몰랐다. 그가 갑자기 입원하는 사태가 발생했기 때문이다. 그래서 느닷없는 입원 소식을 접한 그의 지인들은 극심한 당혹감을 느꼈던 것이다. 여기서 그의 건강이 악화되기 전까지 그와 자주 어울려 다닌 지인들의 회고담을 잠깐 들어보자. 그 회고담 속에는 로맨티스트로서의 운정의 면모가 생생하게 담겨 있기 때문이다.

정 원장(운정이 교육대학원 원장을 역임했기 때문임)은 아무리 작은 식당에라도 두 번째 갈 때부터는 빈손으로 가는 법이 결코 없다꼬. 작은 떡 봉지 하나라도 반드시 가지고 가는 성미인기라. 그리고는 주인은 물론이고 심지어 주방 아줌마까지 불러내 칭찬을 해 주고 술대접을 하니 어느 누가 정 원장을 좋아하지 않겠노.

(김재윤 전 경남대 사범대학장의 회고)

점심때부터 시작하는 술(주로 맥주) 자리가 나중엔 반드시 노래방으로까지 이어진다꼬. 그건 불문율이라꼬. 벌건 대낮이라서 문을 여는 노래방도 잘 없는데 정 원장은 어떻게 알아냈는지 노래방을 찾아내서 밤 12시가 넘을 때까지 여러 집을 순회해 가면서 노래실력을 뽐내니 동행한 일행은 탄복을 금치 못했다꼬. 그리고 언제 배웠는지 최신곡까지도 거침없이 불러 제끼기도 했다꼬. 뒤에 들은 얘긴데 정 원장은 집에서도 노래연습을 끊임없이 했다는구마.

(그의 동서同壻 이상훈의 회고)

정 원장 수첩에는 깨알 같은 작은 글씨로 많은 사람들의 전화번호가 적혀 있는데 중요한 것은 그 전화번호가 거의 전부 여성들의 전화번호란 사실이라꼬. 이제 그 양반이 돌아갔으니 그 수첩을 좀 물려받았으면 좋겠는데 우짜몬 될꼬? 방법이 없겠나, 이 회장.

(교당 김대환 화백의 회고)

선생님은 우리들의 연애 선생님이었다꼬. 우리 모임의 이름이 '모작회'인데 '모작회'가 모이는 날은 연애기술을 전수받는 날이라 캐도.

(제자 정수병의 회고)

굳이 위의 회고담에 기대지 않더라도 나는 운정을 이 시대 최고의 로맨티스트 중의 한 사람으로 꼽는다. 특히나 지금은 없어진 고모령을 비롯한 자산동의 키 맥주홀과 장군동의 석정 같은 주점들, 그리고 그가 타계하기 전까지 자주 찾았던 양지식당·홍화집·성미·보금자리를 유머와 웃음이 넘실대는 공간으로 만든 사람이었기 때문이다. 또한 그는 여성들에게는 한없이 다정다감한 페미니스트이기도 했다. 그리고 여성들도 그의 그런 가식 없고 진솔한 면모에 다들 감동받기도 했다.

어떤 여성이든지간에 단 몇 분 동안만 합석하게 되면, 그의 옆자리에 앉은 여성의 손은 자기의 손이 아니라 운정의 손이 되고 만다. 그러나 더 놀라운 사실은 손을 잡힌 그 여성까지도 자신의 손이 운정의 손에 잡혀 있다는 사실조차도 모른다는 점이다. 그만큼 그는 사람을 편안하게 해 주는 인물이었고,

제자들도 남학생보다는 여학생들이 그를 더 흠모했다는 점에서 그의 페미니스트적인 면모가 여실히 드러난다.

우리 시대의 영원한 로맨티스트 운정은 2009년 5월 16일 타계했다. 그 다음 날 이른 아침, 갑자기 집 전화기가 울어댔다. 느닷없는 전화벨 소리에 순간 불길한 예감이 스치고 지나갔다. 나는 평상시에는 집으로 걸려오는 전화는 잘 받지 않는다. 그 이유는 나를 찾는 전화는 주로 핸드폰으로 오기 때문이다. 머뭇거리다 전화를 받으니 운정의 둘째 딸이었다.

"아버님이 돌아가셨습니다."
"뭐라꼬? 언제?"
"어제(5월 16일) 밤 11시 50분경에요."
"그래……. 빈소는?"
"마산의료원 신관 1호실입니다."

마치 망치로 머리를 한 대 얻어맞은 기분이었다. 그래서 한참 동안 멍하니 생각에 잠겨 있었다. 참으로 묘한 인연이란 생각이 들었다. 1971년 3월 초, 대학에 입학하면서 스승과 제자로서 그와 처음 조우하게 되었고, 그 후 대학 4년간, 대학원 석사과정 2년간, 조교 2년간, 강사와 겸임교수 십오륙 년간, 그리고 2009년까지 죽 마산에 살면서 대략 40여 년간 그와 인연을 맺었다. 그리고 그와의 관계는 때로는 사제지간으로, 또 때로는 인생 선·후배로, 그리고 또 때로는 술친구로 지속되었고, 사는 곳도 내가 월영마을 현대아파트 501동이요, 그는 502동으로 바로 이웃해 살기도 했던 것이다.

그런저런 여건 때문에 그의 많은 제자들 중에서도 본의 아니게 그를 가장 가까이서 지켜본 제자가 되고 말았다. 2008년까지만 해도 술자리를 자주 했을 뿐 아니라 아파트 부근에서도 종종 만나곤 했는데 이렇게 빨리 가실 줄이야……. 인생무상이란 말이 새삼 가슴에 와닿는다. 특히나 그는 운동에 천부적인 재능을 가졌고 또 평소에도 건강관리를 잘해 왔기 때문에 이렇게 허망하게 빨리 가실 줄은 정말 몰랐던 것이다.

로맨티스트로서의 명성에 걸맞게 수많은 사람들이 조문을 왔다. 조문 온 순서대로 대충 추려서 적어본다. 김정규·김재윤 양兩 교수·이종상 전 부총장·허청륭 화백, 운정의 지인 김준형·김효부, 김대환 화백·고모령의 문자은 여사, 대학 제자 정수병·노치웅·변승기·강을수, 영어교육과 제자 박춘기·장효영·정윤범·김종광·김주영·조성래·김순관·최현숙·강원숙·변수석·박홍기·한미옥·김정확·강호환·정권규·김태욱·강관우·김옥인·주미숙·원경희·강건희·장세욱·김광진·정윤영·고영진 전 교육감, 동료교수였던 한기환·국어과 김영태 교수 부부·박재규 총장·이순복 전 총장·김형춘 교수·김정대 교수·전 경남도민일보 이순항 사장·월포 테니스회 회원 등등…….

장지는 경기도 이천 국립묘원이었다. 6·25전쟁 참전용사였기에 그곳에 묻힌다고 했다. 장지에 와서 보니 묘원이 참 아름답다는 생각이 들기도 했다. 매장지가 아니라 납골당 형식의 최신식 묘원이었다. 마침 묘원 주변의 공기도 깨끗했고 풍광도 좋았다. 아호인 운정에 걸맞는 장소처럼 보였다. 아침에는 아스라이 안개도 낄 것 같았고, 온종일 산새들과 산짐승들이 뛰놀 것 같기도 했다. 무릉도원은 아닐지라도 평화롭고 아늑한 보금자리 같았다. 그곳이 바로 운정의 마지막 안식처였다. 그때 갑자기 만해 한용운의 시구가 생각났다.

님은 갔습니다. 아아 사랑하는 나의 님은 갔습니다./ (…중략…)/ 아아, 님은 갔지마는 나는 님을 보내지 아니하였습니다.

그렇다. 우리 시대의 영원한 로맨티스트 운정은 그렇게 우리 곁을 떠나갔다. 하지만 우리는 그를 결코 보내지 아니하였다. 비록 육신은 우리 곁을 떠나갔지만 로맨티스트로서의 그의 풍모는 영원히 우리의 뇌리 속에 각인되어 있기 때문이다.

아, 운정이여, 우리의 영원한 로맨티스트여.

제 3 부

불후의 명소들

창동 터줏대감
― 학문당學文堂

옛 학문당 전경.

그리 오래전의 일도 아니다. 외국에 나갔을 때 흔히 느낄 수 있던 사실 중의 일부다. 선진국일수록 그 나라 사람들이 책을 많이 읽고 있다는 사실과, 책을 손에 들고 다니는 사람들을 쉽게 볼 수 있다는 사실이 그것이다. 지하철에서든 대중교통에서든 카페에서든 어디서든지 간에 혼자 있을 때는 대부분 책을 읽고 있다는 사실과, 하다못해 작은 문고판 책이라도 하나씩은 반드시 손에 들고 있다는 사실이 그것이다. 그 때문은 아니겠지만 현존하는 한국의 대표적인 석학 김형석 박사도 어느 신문과의 인터뷰에서 아래와 같은 말을 했는데 나도 그의 말에 전적으로 동감하는 편이다.

> 전 세계 문화권을 만든 나라는 영국, 프랑스, 독일, 미국, 일본 등인데 공통점은 국민의 절대다수가 100년 이상 책을 읽은 나라라는 점이다. 이탈리아, 스페인 등은 영국보다 먼저 발전했지만 독서를 안 해서 처졌다.　　　　　　　　　　　　　　　　　　　　　　(조선일보, 2020. 1. 2.)

그렇다면 우리의 사정은 어떨까. 중년층 이상은 좀 다르겠지만, 비교적 젊은 세대들은 어느 누구랄 것도 없이 거의 전부 휴대폰에다 눈을 대고 있지 않은가. 손에 책을 든 사람은 눈을 씻고 찾아봐도 찾을 수가 없으니 서점이 우리 곁에서 사라지지 않는다면 그게 오히려 이상한 일일 것이다.

　물론 인터넷과 휴대폰 같은 기기들이 가지고 있는 장점은 엄청나다. 누구나 빠른 시간 안에 편리한 방법으로 다양한 정보를 얻을 수가 있으니 얼마나 유익한가 말이다. 하지만 책을 통해서는 그런 정보기기들로부터 얻는 것보다도 더 소중한 것들을 얻을 수가 있으니 책의 소중함은 아무리 강조해도 지나치지 않는 것이다. 사정이 이러함에도 책을 읽는 사람의 숫자가 급격하게 감소되고 서점이 우리 곁에서 빠른 속도로 사라지고 있으니 큰일도 예사 큰

일이 아니다. 하기야 신문도 이제는 종이신문보다는 인터넷 신문으로 바뀌는 추세라고 하니 책은 더 이상 말해서 뭣하랴.

다른 시기를 들먹일 필요도 없다. 마산이 창원시로 통합되기 전인 1980년대만 살펴보자. 그 당시만 하더라도 마산에는 대략 육칠십 개의 서점이 성업 중에 있었다. 그만큼 책이 많이 팔렸다는 말과도 같다. 창동도 마찬가지다. 그때까지만 해도 창동은 전성기였다. 그 당시의 창동에는 그래도 학문당과 학원사 그리고 문혜사란 서점이 건재하고 있었다. 그리고 많은 사람들이 시내로 나오면 책을 사든 안 사든 책방에 한 번쯤 들르는 것이 불문율이었다. 책방이 만남의 장소가 되기도 했고, 데이트 장소가 되기도 했던 것이다. 물론 그 당시에 시내로 나온다는 말은 주로 창동이나 오동동으로 나온다는 것을 뜻했다.

그런데 참으로 놀라운 사실이 하나 있다. 그것은 다름 아닌 벌써 1955년부터 창동에서 문을 연 서점이 있다는 사실이다. 그 서점은 바로 그 이름도 위대한 학문당學文堂이다. 학문당이 위대하다는 말은 창업 때부터 지금까지 바로 현재의 위치에서 영업을 계속해 오고 있다는 사실 때문이기도 하다. 그리고 또 놀랍다고 하는 이유는, 벌써 그만둬도 몇 번은 그만뒀을 서점을 60여 년이 넘는 기간 동안 금전적인 손해를 감수하면서까지 운영하고 있기 때문이다. 장사는 돈을 벌기 위해서 한다고들 하는데, 손해를 보면서까지 서점을 운영한다고 하니 더욱 놀랍다는 말이다.

옥호를 창업자의 아호에서 따왔다는 학문당. 창업자의 아호가 문당文堂이었단다. 그래서 서점 이름을 학문당이라 작명했단다. 옥호 학문당의 의미가 글을 배우는 집이니, 그 옥호에는 단순히 책만 파는 가게가 아니라 학문을 하는 공간이라는 좀 심오한 철학이 담겨 있는 것 같다. 또한 학문당이란

창동 옛 학문당 전경. 화환이 많이 놓여 있는 것으로 보아 개업하는 날이 아닌가 싶다.

옥호에는 창업주의 경영철학이 담겨 있는 것 같기도 하다. 그냥 단순히 돈을 벌기 위한 서점이 아니라는 점을 학문당이란 옥호가 암시해 주기 때문이다.

우리 마산이 보통 도시가 아님은 비단 불의에 항거해서 일어난 3·15의거나 부마민주항쟁의 발상지여서가 아니라, 학문당 창업주 같은 드러나지 않은 선각자들이 떡하니 버티고 있는 곳이기 때문이다. 물론 이러한 생각도 세월이 한참 지난 후에야 든 것이니 나의 무지無知와 몽매蒙昧가 부끄러울 따름이지만.

내가 그런 학문당을 난생처음 접하게 된 것은 국민학교 친구 때문이다. 그 친구는 나의 죽마고우로 같은 동네에서 태어나 같은 동네에서 자라고 국민학교도 같이 다닌 이덕찬이란 친구인데, 그는 가정환경이 어려워서 국민학교를 마치고는 곧장 마산으로 와서 취직을 했던 친구이다. 그러다가 세월이 흘러 내가 1970년대 초 마산에서 대학에 입학하게 되자, 그 친구가 자기가 일하는 직장으로 나를 초대함으로써 내가 학문당과의 운명적인 해후邂逅를 하게 된 것이다. 당시에 그는 마산 시민극장 앞에 있는 명신당에서 일을 한다고 했는데, 막상 가서 보니 명신당은 명찰을 만들고 운동기구 같은 것을

마산연극관 개관 (2012년).

마산연극관에 발생한
화재를 보도한 신문기사.

마산연극 100년사 '잿더미'

마산연극관을 방문한 유민영 박사 (사진 오른쪽).

파는 작은 가게였다.

　그 친구가 일하는 가게에 오래 있을 수가 없어서 우리는 밖으로 나와 바로 그 옆에 있던 학문당이란 서점으로 들어갔는데, 그때가 난생처음으로 학문당에 들어가 본 때였다. 촌놈 출신인 나는 그전에는 그렇게 큰 서점에 들어가 본 적도 없었고, 또 그렇게 많은 책들이 진열되어 있는 것을 본 적도 없었다. 또한 책방에 사람들이 그렇게 많이 있는 모습을 본 적도 없었다. 그래서 학문당 하면 우선 그 친구부터 생각이 난다. 불행히도 그 친구는 오래전에 타계하고 말았지만, 지금도 학문당 앞을 지나게 되면 불현듯 그 친구의 얼굴이 떠오를 때가 있다. 그만큼 학문당이란 소중한 공간을 소개해 준 그 친구가 고맙기 때문이다.

　그 명신당 바로 옆에 학문당이 있었고, 그때부터 나와 학문당과의 만남이 시작된 것이다. 그렇다고 학문당 주인과의 특별한 만남이 시작되었다는 말이 아니라 그때부터 지금까지 내가 학문당을 한 번씩 찾고 있다는 것을 의미한다. 평생 연극만 해 온 나는 1971년부터 올해까지 대략 50여 년간을 마산에서 살았고, 2012년에는 학문당 아래쪽에 있는 창동 네거리 부근의 어느 건물 4층에 극단 사무실도 가지고 있었다. 그러다가 2017년 9월 발생한 화재 때문에 극단 사무실을 폐쇄해 버리기까지, 한 오륙 년간을 창동에서 지냈기에 더더욱 학문당을 자주 찾곤 했던 것이다. 또한 나의 졸저 《창동야화》 1권을 학문당에서 판매해 준 인연도 있다. 그리고 학문당 아래쪽에 최명연이란 사람이 운영한 백영당이란 책방이 있었다는 사실을 최근에 듣기도 했다. 그만큼 창동에는 오래전부터 서점이 있었던 것이다.

　1970년대 초반만 해도 창동은 한창 전성기를 구가하고 있었다. 그 당시의 창동 거리는 오가는 사람들로 북새통을 이루어 쉽게 지나다닐 수조차도 없었다. 특히나 학문당과 시민극장 앞 도로는 더더욱 그랬다. 지금 보면 좁디

좁은 도로지만, 그 당시에는 일방통행이긴 하지만 시내버스가 다니기도 한 도로였다. 그리고 서울에서 명화라고 입소문이 난 영화 선전간판이 시민극장 외벽에 떡하니 내걸리기라도 하는 날이면 극장 부근은 사람들로 인산인해를 이루었다. 영화 보러 온 관객들이 영화를 본 후 학문당에 들러 책을 사기도 했고, 학문당에 들러서 책을 산 뒤 영화를 보기도 하던 시절이었다. 당시에는 책을 사면 좀 지식인처럼 보이기도 했고, 또 책을 겨드랑이에 끼고 다니면서 지식인인 체 폼을 좀 잡은 청춘들도 있었다.

창동의 터줏대감이랄 수 있는 학문당과 시민극장은 서로 불가분의 관계가 있었다. 시민극장의 위치를 잘 모르는 사람에게는 학문당 바로 앞에 있는 시민극장이라고 설명을 해줬고, 학문당의 위치를 잘 모르는 사람에게는 시민극장 바로 앞에 있는 학문당이라고 설명을 해줬기 때문이다. 그리고 영화 볼 시간이 어중간하면, 학문당에 들러서 책을 구경하거나 사기도 하면서 시간을 보내기도 했고, 영화가 끝나면 학문당에 들러서 역시 책을 사거나 구경하기도 했던 것이다. 그런저런 연유로 학문당과 시민극장은 서로 불가분의 관계였다고 하는 것이다.

시민극장이란 말이 나왔으니 언급하지 않을 수 없는 야화가 한두 가지 더 있다. 다른 지면에서도 잠깐 언급한 적이 있지만, 조각가 문신이 일본으로 유학 가기 전인 십대 중반의 나이에 바로 이 시민극장의 전신인 공락관에서 영화 선전간판을 그려준 적이 있다는 사실과 또한 문신이 직접 영화 필름을 사와 공락관에서 영화를 상영한 적도 있다는 사실이 그것이다. 그 영화의 제목은 〈무도회의 수첩〉이라고 하며 그때 문신은 돈을 벌기는커녕 손해만 잔뜩 보았다고 한다.

또한 그 시절, 창동 네거리를 중심으로 상가 청년들이 친목단체를 만들었는데, 그 단체의 이름은 칠성청년친목회였고, 문신의 삼촌도 회원이었다고 한다. 그런데 그 모임의 후신後身이 오늘날의 창동상가상인회나 창동통합상가상인회가 아닌가 하는 생각도 들지만 그 사실 여부는 잘 모르겠다.

다시 학문당 이야기로 돌아온다. 오늘날에도 학문당은 경남뿐만 아니라 전국에서도 가장 역사가 오래된 서점 중의 하나라고 한다. 그러니 학문당이 우리 마산의 자랑이자 자존심이라 하지 않을 수가 없는 것이다. 일부의 타 지역 독설가들은 우리 마산을 "생선 배나 따서 먹고 사는 동네"라고 악담에 가까운 막말을 퍼붓기도 하지만, 그런 독설가들에게 보기 좋게 한방 먹일 수 있는 실체가 바로 학문당인 것이다. "당신들이 사는 곳에는 1955년부터 시작한 서점이 한 군데라도 있느냐"고 하면 모두들 할 말을 잃고 말문을 달아버리기 때문이다.

1955년이면 지금부터 대략 65년 전이다. 그리고 1955년 하면 그 당시의 우리나라는 6·25전쟁 때문에 어느 지역 할 것 없이 쑥대밭이 되어버린 시기였다. 무엇보다도 우선 먹고살기가 다급했던 시절이었다. 그런 시기에 다른 장사도 아닌 당장 먹고사는 것과는 거리가 한참 먼 서점을 차렸다니 그 서점의 창업주는 필시 보통 사람이 아니었을 것이다. 그가 선지자가 아니면 선각자가 분명했을 것이기 때문이다. 요즘에도 서점은 장사가 잘 안된다고 야단들인데 하물며 65년 전인 그 당시에 서점을 하겠다고 나섰으니 더 말해 무엇 하랴. 그가 월남月南 이상재나 단재丹齋 신채호로부터 감화를 받은 것은 아닌지 모르겠다. 곰곰이 생각해 보니 그의 심사원려가 더더욱 돋보이기에 하는 말이다.

또한 그는 필시 독서상우讀書尙友를 삶의 철학으로 삼았을 것이다. 그리고 독서가 먹는 것보다 더 중요하다고 생각했을 것이다. 그랬었기에 서점을 차렸을 것이다. 그리고 서점을 통해서 시민들에게 정신적인 자양분을 제공해 주고 싶었을 것이다. 당장 눈앞에 보이는 돈보다는 먼 장래를 생각했을 것이다. 마치 일제강점기에 우리의 선각자들이 만난萬難을 무릅쓰고 우리 국민들을 계몽했던 것처럼……. 그렇지 않고서야 입에 풀칠조차도 하기 버거운 그 시절에 어떻게 감히 책방을 차릴 생각을 했겠는가 말이다.

   학문당을 언급하자니 한 시절 창동에 있던 또 다른 서점 학원사를 언급하지 않을 수가 없다. 비록 학원사의 연륜은 학문당과는 비교할 수 없을 정도로 짧지만, 그래도 한 시기 창동에서 잘나갔던 서점이기 때문이다.
   학원사는 진주 출신의 추상민 사장이 운영했던 서점이다. 그는 특이하게도 사할린에서 태어난 후 진주에서 성장하다가 현 경남대학의 전신인 해인대학이 진주에 있었을 때 그 해인대학에 다녔는데, 해인대학이 마산으로 캠퍼스를 옮겨오자 그도 따라서 생활 근거지를 마산으로 옮겼다는 인물이다. 그가 학원사라는 옥호를 내걸고 창동에 진출한 시기는 대략 1978년경이며 그때부터 1996년까지 창동에서 학원사를 운영했다고 하니 근 18년간 창동을 지킨 셈이다. 그 학원사는 창동에 입성하기 전 한때는 신마산 장군동 올라가는 동네 초입에 있기도 했고 경남대 구내서점으로도 오래 있었다고 한다. 학원사를 그만둔 그는 현재 창동에서 편의점 세븐 일레븐을 운영하고 있다.

   학문당을 언급하면서 빼놓을 수 없는 서점이 또 하나 있다. 바로 문화문고가 그것이다. 위치는 창동이 아니라 어시장 맞은편에 있었다. 문화문고는 마산에서 20여 년간 영업을 해 오다가 2007년 3월 1일자로 폐업을 한 서점이다. 폐업을 한 이유는 보나마나 경영 악화 즉 장사가 잘 안됐기 때문이리라. 문화문고의 대표는 권철모였는데 그는 사업도 사업이지만, 마산 시민들의 정신적인 버팀목 역할을 하기 위해서 문화문고를 시작했다고 고백할 정도로 마산을 사랑했던 인물이다.

그런 문화문고를 접게 되었을 때 그의 심정은 어땠을까. 그런 심정은 그가 남긴 폐업의 변에 고스란히 담겨 있고, 그래서 그 폐업의 변은 많은 사람들의 가슴을 후벼 팠다. "날로 악화되는 지방 서점의 환경 때문에 부득이 폐업을 결정하게 됐다. 2003년도의 태풍 매미로 인해 많은 피해를 입었을 때 아낌없이 도와주셨던 시민들의 깊은 배려에 보답하지 못하고 여기서 멈추게 되어 정말 죄송하다."는 것이 폐업의 변 일부다. 나도 한 번씩 문화문고에 들렀던 적이 있었음은 물론이고, 그 문화문고는 한때 이선관 시인이 생전에 거의 매일 출근하다시피 했던 서점이기도 하다.

이왕 서점 이야기가 나왔으니 헌책방 영록서점도 언급하지 않을 수가 없다. 2017년 11월, 갑자기 타계한 박희찬 대표가 자신의 모든 것을 바쳐서 일궈낸 서점이 바로 영록서점이다. 무려 120여만 권의 헌책이 소장되어 있었다는 영록서점. 헌책방 규모로는 전국 최대일 것이라는 영록서점. 그 옥호의 탄생 야화가 이채롭다.

옛날에 한 식당에서 박희찬을 만난 노승이 그에게 영록影綠이란 이름을 하나 지어주었단다. 나중에 장사를 하게 되면 상호로 쓰라고. 그래서 그는 헌책방 가게를 열면서 무심코 영록이란 상호를 쓰게 되었다고 한다. 그러나 상호 이름에 그림자 영자가 들어간 의미를 알게 된 것은 한참 뒤였다고 한다. "헌책 더미 속에서 책 구경이나 하면서 좀 쉬었다 가라."는 심오한 뜻이 담겼다는 사실을 나중에야 알았다는 말이다.

누군들 아픔이 없으랴마는 그가 헌책방을 하게 된 사연은 더더욱 눈물겹다. 마산도 아닌 부산에서 흔히 말하는 리어카에 책을 싣고 팔러 다니면서부

영록서점 내부 모습.

터 시작된 그의 서점 인생이 너무나 파란만장했기 때문이다. 부산에서 살던 그가 마산으로 터전을 옮긴 시기는 대략 1987년 2월경이란다. 아버지의 고향이 마산이긴 했지만 아마도 본인의 의지와는 상관없이 운명적으로 삶의 터전을 마산으로 옮기지 않았을까 싶기도 하다.

그는 타계하는 마지막 순간까지 창동예술촌 아고라광장 옆에서 자신의 분신과도 같은 영록서점을 지키고 있었는데, 그곳으로 오기까지의 과정도 순탄치 않았단다. 팔용동 교육단지를 시작으로 신세계백화점 부근·양덕동 삼각지 부근·석전시장 등등을 거쳐 창동예술촌에 이르기까지 무려 네다섯 번이나 이사를 다녔기 때문이란다.

거의 매일 술시 무렵이면 항상 막걸리를 즐겨 마시던 박희찬. 퀴퀴한 헌책 냄새를 특히 좋아했다는 박희찬. 평생 독신으로 살면서 헌책에 집착했다는 박희찬. 이제 그는 가고 영록서점의 잔해만 을씨년스럽게 남아 있다. 창동예술촌 골목의 한 귀퉁이에.

또한 창동 거리에는 문혜사란 서점도 있었다. 창업주가 권효관인 문혜사는 창동 학원사 부근에서 1985년경 서점을 폐업할 때까지 창동을 지켜온 서점이다. 문혜사는 특이하게도 마산교도소에 책 납품을 오랫동안 했던 서점이고 기술서적과 전문서적을 주로 판매했던 서점이다. 그리고 옛 시민극장 위의 철길 부근에는 헌책방인 국제서점도 있었다.

다시 학문당으로 돌아온다. 학문당의 창업주는 이미 타계했고 이제는 2대인 권화현 대표가 서점을 운영하고 있다. 그는 스물두 살 때부터 가업을 물려받았다는데 그가 가업을 물려받은 사연이 흥미롭다. 그는 "공부를 못해서 가업을 물려받았다."고 너스레를 떨 정도로 유머가 풍부한 사람이다. 마산에서 초·중·고를 다닌 탓으로 많은 친구를 가진 권화현 대표. 하지만 그는 서점 일이 바빠서 그 많은 친구들과는 잘 놀지도 못했다고 한다. 하지만 일 년에 딱 두 번, 크리스마스이브와 1월 1일에는 놀았다고 한다. 그만큼 그는 창업주의 말에 순종한 아들이었고, 그 때문에 학문당이란 보고寶庫를 오늘날까지 굳건하게 지키고 있는지도 모를 일이다.

그의 농담반 진담반의 푸념을 들어보자.

한 시절 세상에서 가장 잘 팔렸던 책은 성경이다. 그런데 요즘 서점에서는 성경이 한 권도 채 안 팔린다. 또 한때는 피아노 교본이 날개 돋친 듯 잘 팔린 적도 있었다. 하지만 이제는 그런 피아노 교본도 서점에서는 단 한 권도 안 팔린다. 성경은 일반 서점이 아니라 전부 교회 관련 서점에서만 팔고 있고, 피아노 교본은 피아노 학원을 상대로 하는 업체로 넘어갔기 때문이다. 그러니 서점이 도저히 살아남을 수 없는 구조다.

창동 학문당의 현재 모습.

위의 토로 속에는 서점계의 아픈 현실이 고스란히 담겨 있다. 그런 학문당에 문재인 대통령이 찾아왔다. 2018년 12월 13일 오후였다. 아마도 전·현직을 통틀어서 학문당을 찾아온 대통령은 문재인 대통령이 사상 처음일 것이다. 신선하고도 놀라운 일이다. 쌍수를 들고 환영할 일이다. 지역 경제를 살리고 지역 상인들을 격려하기 위해서일 것이다. 그래서 지역 경제가 살아나면 또 얼마나 좋으랴. 하지만 대통령 아니라 대통령보다 더한 사람이 찾아온다고 해도 현재와 같은 시스템하에서는 학문당과 같은 지역의 서점들이 살아남기가 어렵다고 한다. 서점의 판매 및 유통과 관련된 구조적인 문제점 때문이란다.

서점을 예로 들면 이제는 인터넷 시장이 대세란다. 인터넷 시장에서는 책값을 할인해 주지만, 서점은 책값을 할인해 줄 수 없는 정찰제란다. 이 정찰제를 어기면 처벌을 받는단다. 그러니 서점이 잘될 수 없는 구조란다. 그리고 또 인터넷 시장에서는 책값을 할인해 주는 것은 물론이요 집이나 직장까지 배송도 해 주니 누구나 편리한 인터넷 시장으로 몰릴 수밖에 없는 구조란다. 그렇다면 하루빨리 법을 개정하든지 아니면 새로운 법을 만들든지 해야 되지 않겠는가.

권화현 학문당 대표가 문재인 대통령에게 《이선관 시 전집》 한 권과 허수경 시인의 《그대는 할 말을 어디에 두고 왔는가》라는 산문집 한 권을 각각 팔았다는데, 이참에 대통령의 기를 듬뿍 받아 학문당이 영원토록 승승장구했으면 하는 바람 간절하다.

창동 터줏대감 학문당이여, 영원토록 번창하라.

창동의 두 파수꾼
―황금당과 금강미술관

　마산 창동 네거리에서 코아양과 쪽으로 가는 길을 지금은 상상길이라 명명해 놓고 있다. 그리고 그 상상길 바닥에는 2만 3천여 명이나 되는 세계 각국 사람들의 이름이 새겨진 오색블록들이 깔려 있어 이색적인 느낌을 주기도 한다. 창동이 전성기를 구가하던 시절의 이 도로는 오가는 사람들에 서로 부대껴 걸어 다니기조차 힘들 정도로 혼잡했었는데, 그 후 창동이 침체의 늪에 빠져 허우적거리게 되자 창동 지역을 부활시키기 위한 방법 중의 하나로 이 도로를 새롭게 단장한 후 상상길이라 이름을 붙인 것이다. 창원시와 한국관광공사의 주관으로 2015년 조성되었다고 한다.
　창동이 한창 잘나가던 시절의 이 도로 좌우에는 그 이름만 들어도 옛 추억들이 새록새록 되살아나는 전설적인 가게들이 많았다. 그 면면들을 스크린해 보자. 편의상 창동 네거리에서부터 코아양과 방향으로의 명소들을 더듬어 본다.
　제일 먼저 창동의 요충지랄 수 있는 창동 네거리 한 코너, 얼마 전까지 있던 빵집 파리바게뜨 자리에는 세계과자할인점이 들어서 있는데 바로 그 장소에 반도패션이 있었고 그 맞은편은 한때 경남에서 땅값이 가장 비싼 지역으로 소문난 곳인데, 바로 그곳에 고려당약국이 있었다. 현재 화장품 가게 더 페이스샵이 자리하고 있는 곳이다. 그 2층에는 강신도양복점도 있었다.

옛 반도패션에서 걸음을 조금 옮기면, 한성백화점과 한성예식장·한성다방·한성당 건재약방 등이 한 시기를 풍미했었고, 그 맞은편에는 조흥은행이 있었다. 몇 걸음 더 옮기면, 1층에 빵집 고려당과 이층에 고려다방이, 그 한 집 건너에 그 이름도 유명한 황금당이, 그 옆으로는 태평양양행을 비롯한 모드양장점·미도백화점·서점 학원사·영창양행·상업은행 등등이 각각 포진해 있었다. 그 맞은편 쪽으로는 이정양복점과 노정의상실도 있었고 그 옆 골목 쪽으로는 극동여관과 권투선수 김기수가 묵고 갔다는 반도여관도 있었다. 그런데 반도여관이 들어서기 전 그곳은 그 이름도 유명한 요정 한양관이 자리 잡고 있었다.

또한 상업은행 건너편에는 이승만 전 대통령이 묵고 갔다는 파초여관도 있었다. 그 파초여관의 주인은 1·4 후퇴 무렵 신마산에 있던 마산국군통합병원의 정신과 의사였다는 소문도 있는데, 그 여관 입구에 큰 파초나무가 있어서 그 때문에 파초여관으로 더 잘 알려지게 되었다는 설도 있다. 또한 상상길 중간쯤에는 고려양화점과 구찌양화점도 있었고 조금 더 내려오면 금은방 천보당과 한성당금방도 있었다. 상업은행에서 조금 더 내려오면 2층에 희다방과 3층에 희예식장도 각각 있었고, 그 맞은편에는 시대샤스와 삼성약국이, 상업은행 바로 맞은편에는 화신건재도 있었다. 그 모두가 다 한 시절을 풍미했던 명소들이고, 또한 마산을 대표했던 점포들이다.

그런데 그런 명소들 중에서 황금당과 고려당을 제외하고는 이제 거의 다 사라지고 없는 창동의 상상길 중간쯤에 미술관이 하나 떡하니 버티고 서 있으니 놀라는 사람들이 많다. 전성기 시절과 비교하면 마치 폐허를 방불케 하는 거리에 3층짜리 미술관이 들어서 있기 때문이고, 더구나 그 미술관을 개인이 설립했다는 사실이 놀랍기 때문이다. 서울도 아닌 지방에서 미술관과 같은 예술 관련 사업으로는 수익 창출이 안 된다는 것은 익히 알려진 사실이기에 더더욱 신선한 충격까지 주는 것이다. 좀 호들갑스럽게 말한다면 "사막에서 오아시스를 만나는 느낌"에 견줄 수가 있다. 그 미술관은 다름 아닌 바로 금강미술관이다.

그런데 그런 명소들 중에서, 황금당은 오랜 세월 동안 풍찬노숙을 해 오면서 창동을 지켜온 알려진 파수꾼이고, 금강미술관은 최근에 그 고고의 성을 울린 신참이랄 수 있다. 황금당은 더 이상의 설명이 필요 없는 자타가 인정하는 창동의 지킴이이고, 금강미술관은 이제부터 창동을 지켜나갈 파수꾼인 것이다. 그래서 황금당과 금강미술관을 가리켜 창동을 지키는 두 파수꾼이라 하는 것이다. 두 곳 다 창동을 대표하는 신구의 상징이자 최후의 보루이기 때문이다.

먼저 그 이름도 찬란한 '황금당'부터 조망해 보자.

한 시기 우리나라에는 3대 귀금속 메카가 있었다. 서울의 종로와 부산의 범일동 그리고 대구의 교동이 그것이었다. 그런데 이 세 곳과 비교해서 조금도 손색이 없는 귀금속 메카가 우리 마산에도 있었으니 바로 창동이 그곳이다. 마산이 한창 전성기를 구가할 당시 창동에는 황금당을 비롯한 영광당, 백금당, 천보당, 조일당 등등 많은 귀금속 가게들이 성업 중에 있었다.

그런데 그런 가게들 중에서도 단연 첫손가락에 꼽히던 곳은 바로 황금당이었다. 황금당을 모르면 마산 사람이 아니라는 농언이 있을 정도로 한 시기를 풍미했던 황금당. 또한 황금당에서 결혼 예물을 맞춘다고 해야만 품을 좀 잡을 수가 있던 그런 시기도 있었다.

창동 황금당 앞에 선 박춘 사장.

비록 지금은 늙은 짐승처럼 웅크리고 있는 형국이지만, 한때는 마산에서 엄청 잘나갔던 황금당. 우선 옥호 자체가 귀금속 가게임을 암시해 주는 황금당은, 일제강점기인 1938년 현 위치에서 개업을 한 후 2020년인 오늘날까지 그 자리를 지키고 있는 창동의 최고참 지킴이다. 다른 말로 하면 황금당의 역사가 장장 82년이나 된다는 사실이다. 말이 쉬워서 82년이지 한 가게를 80여 년 넘게, 그것도 같은 장소에서, 그리고 또 대를 이어서 운영해 온다는 것은 아무나 할 수 있는 일도 아니요 또 아무나 하고 싶다고 되는 일도 아니다. 굳이 운명론에 기대지 않더라도 자신의 의지와는 별개로 운명과 숙명이 개입되지 않으면 결코 이루어질 수 없는 일이기에 하는 말이다. 그래서 그 이름도 찬란한 황금당이라고 하는 것이다.

이왕 황금당을 언급하기 시작했으니 황금당의 설립 배경을 좀 더 살펴보자. 때는 바야흐로 일제강점기인 1938년이었다. 그 당시는 너 나 할 것 없이 모두가 입에 풀칠조차 하기 어려울 정도로 엄청나게 가난했던 시절이었다. 요즘은 각종 질병을 들먹이면서, 그리고 또 만병의 원인이 된다는 이유 때문에, 많은 사람들이 먹기를 기피하는 쌀밥이지만, 그 당시에 쌀밥은 언감생심, 심지어는 하루 세끼 끼니조차 얻어먹기 힘든 시절이었다. 쌀밥만 배불리 먹을 수만 있다면 원도 한도 없던 그런 시절이었다. 흔히 말하는 초근목피로 하루하루를 겨우 연명해 가던 시절이었다.

그런 암울했던 시기에 창동에서 금은방 가게를 하겠다고 나선 사람이 있었다니 그는 어떤 인물이었을까. 그의 이름은 박태용이요, 그가 바로 황금당의 창업자다. 안태본安胎本이 마산인 박태용 사장. 그가 황금당이란 금은방을 하게 된 연유가 궁금했다. 그래서 염치불구하고 그의 차남인 현 황금당 박춘 사장에게 물었더니, 조금도 망설이지 않고 "생계를 유지하기 위해서였다."고 한다. 무슨 거창한 철학이나 사명감 때문이 아니란 의미다. 인간의 가장 원초적인 화두話頭인 먹고 살기 위해서였다고 한다.

그 당시에는 황금당 창업자 집안도 예외 없이 가난했던 모양이다. 아니 그 당시에는 황금당 뿐만이 아니고 거의 모든 사람들이 가난과 처절한 사투를 벌이던 시절이었다. 황금당의 1대 사장 박태용은 열 일고여덟 살 때부터 금세공 기술을 배우기 시작했다고 한다. 그리고는 절차탁마를 거듭한 끝에 드디어 창동에다 대망의 황금당을 차렸단다. 그 후부터 황금당은 한 시도 창동을 떠나지 않고 그 자리를 줄곧 지켜왔음이니 이제는 살아있는 전설로 회자되는 것이다. 그만큼 황금당이 중요한 가치를 지닌다는 말이다.

황금당은 타의 추종을 불허하는 독보적인 업적을 자랑하고 있다. 창업 때부터 지금까지 현재의 위치에서 영업을 하고 있다는 사실이 그 중의 하나요, 현재 창동에서 가장 오랜 역사를 가진 가게라는 사실이 그 두 번째이다. 아마도 창업 때부터 지금까지 한 장소에서 영업을 하고 있는 금은방은 마산의 황금당이 전국에서 유일할 것이다. 그만큼 황금당이 오랜 역사를 가진 보물 같은 존재라는 말이다.

황금당의 2대 사장인 박춘은 전 마산MBC 이사 출신이자, 그 이름도 유명한 옛 희다방 건물의 소유주인 박권주 사장과는 고등학교 동기로 막역한 사이다. 내가 박권주 사장과 호형호제 하는 사이라서 자연스럽게 박춘 사장과도 호형호제하는 사이가 되었다. 그래서 어느 날 황금당에 들러 전성기 시절의 황금당 에피소드를 몇 가지 물었더니 흥미로운 대답이 돌아 왔다.

한창 장사가 잘 될 때는 식사할 시간이 거의 없었어요. 손님들이 많았기 때문이지. 밖으로 밥 먹으러 나갈 시간이 없어서 자장면을 시켜 놓으면, 그것도 먹을 시간이 없어서 나중에 보면 자장면이 퉁퉁 불어있기가 일수였다니까요. 일 년 내내 쉬는 날이 없었을 정도로 바쁠 때도 많았지요. 이젠 모두가 다 지난 간 과거사에 불과하지만 말이오.

황금당을 후손에게 물려줄 것이냐고 묻자, 그는 손사래부터 쳤다. "물려줄 생각도 전혀 없지만, 자식들이 안 물려받으려고 한다."고 했다. 그 당시엔 금을 비롯한 각종 패물 자체도 귀했지만, 황금당과 같은 귀금속 가게를 찾기는 더더욱 쉽지 않았다고 한다. 먹고사는 게 최우선이었고 패물 같은 사치품은 그 순위가 맨 마지막쯤 되었기 때문이란다. 그러니 귀금속 가게의 숫자도 적을 수밖에 없었단다. 그 후 해방이 되고 또 세월도 흘러서 먹고사는 문제가 어느 정도 해결이 되고 사람들이 재산을 모으기 시작하면서부터 패물과 귀금속에 대한 관심이 차츰 높아지기 시작했다고 한다. 귀금속이 혼수품과 부의 상징으로 인식되기 시작했음을 의미하는 것이다.

1980년대까지만 해도 결혼을 하게 되면 신랑 신부의 패물만은 반드시 맞춰야 하던 그런 시절이 있었다. 패물이 혼수품 1호였기 때문이다. 그리고 그 당시에는 결혼을 하려는 청춘 남녀들의 숫자도 엄청나게 많았다. 그러니 황금당과 같은 귀금속 가게는 호황을 누릴 수밖에 없었을 것이다. 특히나 한때는 마산은 물론이요 인근 시골에서까지 결혼 패물을 맞추기 위해서 수많은 선남선녀들과 양가 친지들이 합동으로 황금당을 찾았기에, 오늘날까지도 황금당이 사람들의 입에 오르내리고 있을 것이라고 한다.

"창동 하면 황금당, 황금당 하면 창동"이란 말이 그런 연유 때문에 생겼을지도 모를 일이다. 한창때는 패물을 맞추기 위해서 온 사람들이 가게 문을 채 열기도 전에 벌써 줄을 서서 기다리는 진풍경을 예사로 볼 수 있었단다. 특히나 혼수품으로 패물을 맞출 때에는 신랑 신부 양가의 대표단이 입회하는 바람에 더더욱 황금당은 문전성시를 이루었다고 한다. 또한 황금당이 전성기를 구가하던 시절에는 그 주변에 금은방 가게가 많았다고 한다. 백금당과 평화당 같은 가게들이 그것이란다.

박춘 사장은 한창때의 황금당을 이렇게 회고한다.

> 장사가 한창 잘될 때는 우리가 손님을 기다린 것이 아니라 손님들이 오히려 우리를 기다릴 정도였어요. 아침에 가게 문을 열기 전부터 손님들이 길게 장사진을 친 적이 많았거든요. 그리고 또 가게 문을 열자마자 순식간에 20~30명의 사람들이 한꺼번에 몰려든 적도 있었는데, 그중에서 절반은 양가 친척들로 구성된 이른바 참관단이었지요. 왜냐하면 귀금속을 맞추는 데는 많은 돈이 들었기 때문에 혹시라도 잘못 주문하여 낭패를 보지 않을까 걱정하는 양가 집안의 우려 때문이었지요. 그때는 장사가 정말 잘됐습니다. 지금은 황금당이란 간판만 둘러메고 있는 형국이지만……

위의 회고담에는 깊은 회한과 아쉬움이 묻어 있는 것 같다. 왜 아니랴. 한 곳에서 80여 년 넘게 장사를 해 왔으니 수많은 사람들과의 인연도 있을 것이기 때문이다. 그래서 조심스럽게 현재의 소회를 묻자, "이제는 별 재미도 없습니다. 불경기인데다가 창동도 이젠 옛날 같지도 않고……."라면서 말끝을 흐리고 만다. 만감이 교차하기 때문이리라.

황금당의 창업자 박태용의 장남은 박욱인데 그는 박정희 대통령 시절부터 청와대 경호실에서 근무한 인물이며, 현 황금당의 사장인 박춘은 창업자의 차남으로 그는 자기 형이 청와대에 근무했던 관계로 형 대신 엉겁결에 가업을 물려받아 오늘날까지 황금당의 역사를 이어오고 있다고 한다. 또한 그의

창동의 원로들. 오른쪽부터 옛 학원사 추상민 사장, 옛 태창라사 허창도 사장, 현 황금당 박춘 사장. (창동 금강미술관 앞에서)

동생은 박진인데 그는 홍익대 미대를 나온 화가로서 1970년대 초반 내가 연극을 할 때 무대 디자인과 무대장치를 해 준 그런 인연도 있는 인물이다.

현재 창동에는 옛 태창라사의 허창도 사장, 옛 학원사의 추상민 사장, 옛 희다방의 건물주 박권주 사장, 그리고 황금당의 박춘 사장 정도가 창동의 일거수일투족을 지켜보고 있는 원로들이란다. "노병은 죽지 않고 사라질 뿐"이라는 말도 있지만, 여전히 노익장을 과시하는 그들에게 은총과 축복이 있을진저.

이번에는 '금강미술관'을 보자.

82년이란 장구한 역사를 가진 황금당과는 달리 금강미술관은 그 역사가 일천하다. 아니 사실 역사라고 할 수도 없을 정도로 짧은 기간이다. 2016년 4월 29일 개관됐기 때문이다. 개관된 지 올해로 5년 정도밖에 되지 않았으니 그 역사가 일천하다는 말이다. 하지만 역사는 일천하나 금강미술관의 중요성은 아무리 강조해도 지나침이 없을 정도다. 첫째로는 침체된 도심 속의 전문 미술관으로서 그 규모가 꽤 크기 때문이요, 둘째로는 금강미술관이 마산의 종가랄 수 있는 창동의 자존심을 세워주기 때문이며, 셋째로는 금강미술관에는 엄청난 명작들이 소장되어 있기 때문이다. 국내·외의 유명 작품은 물론이요 중국의 진귀한 도자기에 이르기까지 불세출의 걸작들이 소장되어 있기 때문이다. 모르긴 몰라도 금강미술관에 소장되어 있는 작품의 가치를 돈으로 환산하면 엄청난 규모가 될 것이다.

전성기 때의 창동은 마산의 중심부 역할을 톡톡히 했었지만, 이제는 상권도 침체되고 활력도 사라진 지역으로 전락된 지 오래다. 그런데 그런 창동에 느닷없이 금강미술관이 건립됨으로 해서 창동은 마산 예술의 메카로 재조명을 받게 된 것이다. 미술관과 같은 예술 공간의 역할이 그만큼 크다는 말이다. 원래는 금강제화 건물이었는데 마산 출신의 기업가가 매입을 해서 금강미술관으로 만든 것이다. 그런데 그 기업가는 어떤 철학을 가진 인물이기에 다른 좋은 곳 다 놔두고 죽어가는 도시의 한복판에다 돈 안 되는 미술관을 만든 것일까. 자고로 기업가는 철두철미 수익창출을 먼저 따지는 사람인 줄로 알기에 하는 말이다. 그 기업가는 다름 아닌 바로 한국 야나세(주)의 우영준 회장이다.

사실 그가 미술관을 만든다는 소문이 나돌 무렵부터 시중에는 벌써 그 설립 배경에 대한 여러 가지 추측들이 난무했었다. 보통 사람들의 머리로는 도저히 이해가 되지 않는 부분이 많았기 때문이다. 하지만 그가 왜 금강미술관을 개관하게 되었는가는 오래되지 않아서 밝혀진다. 바로 미술관 개관식 날 아래와 같은 그의 인사말을 통해서이다.

한 20여 년간 작품을 수집했습니다. 수집한 작품을 저 혼자 보지 않고 미술관을 개관해서 시민들과 함께 보고자 생각하고 있었습니다. 저는 오늘 그 꿈을 이뤘습니다. 큰 보람을 느낍니다. 좋은 그림을 감상하시면서 힘과 용기를 얻으시길 바랍니다.

이 말 속에는 금강미술관을 만든 그의 의도가 고스란히 담겨 있음을 알 수가 있다.

고백하건대, 나는 처음에 창동에 미술관이 들어선다는 소문을 듣고는 의아하게 생각한 적이 있었다. 아무리 돈이 많다고는 하지만, 거의 폐허로 변해 버린 동네에다 미술관을 세우다니 그 장본인이 과연 정상적인 사람인가 하는 생각도 들었고, 또 좀 있다가 다른 용도로 활용하거나 팔아서 차익이나 좀 챙기겠지 하는 생각도 들었기 때문이다. 기업가가 돈벌이도 안 되는 미술관을 구태여 침체된 지역에다 세울 리가 만무했기 때문이다. 그래서 언젠가는 그 장본인을 한 번 만나봐야겠다는 생각을 하고 있었다. 그런데 마침내 그날이 왔다. 어느 날 초저녁 무렵 그로부터 전화가 왔기 때문이다.

"회장님의 단골집에 와 있는데 안 보이네요. 퍼뜩 나오이소."
"아이구, 우 회장님. 우짠 일로, 느닷없이."
"퍼뜩 나오이소, 고마. 여기 윤형근 마산예총 회장님도 같이 있습니더."

엉겁결에 전화를 받고 택시를 탔지만 내심 걱정도 되었다. 그의 주량이 엄청나다는 소문을 진작부터 듣고 있었기 때문이다. 잘못 걸리는 날엔 인사불성이 될 각오를 해야 된다는 소문이 자자했기 때문이다. 그리고 그는 내가

금강미술관 개관 축하 테이프 커팅 모습.

제3부 불후의 명소들

금강미술관 소장 작품을 소개하는 우영준 회장.

좋아하는 맥주보다는 양주나 고량주 같은 독주를 즐긴다는 소문도 무성했기 때문이다. 그와의 단독 술자리가 처음이었기에 나는 신경이 좀 쓰였다. 대개의 남자들은 서먹서먹한 사이일 경우에는 술로써 그 분위기를 전환시킬 때가 종종 있다. 술을 좀 한다는 사람은 상대방의 술잔을 사양하지 않기 때문이요, 또 술을 좀 마셔야 서로에게 흉금을 털어놓기가 용이하기 때문이다.

씩씩거리며 홍화에 들어서니 한쪽 테이블에 그와 화가 몇몇이 이미 자리를 잡고 있었고, 바로 그 뒤 테이블에는 우연하게도 나의 주붕酒朋인 경남신문 최광주 회장이 인제대 모 교수와 술자리를 하고 있었다. 나는 우선 최 회장 자리로 가서 몇 잔을 들이컨 후 우영준 회장의 자리로 돌아왔다. 술로써는 한강 이남에서 당할 자가 없다는 소문의 당사자인 우영준과의 대작이 드디어 시작된 것이다. 비록 건곤일척의 일합을 겨루는 강호의 두 고수는 아니었지만 어쨌든 우리의 주석은 그렇게 시작되었던 것이다.

평소에 지역 화가들의 작품을 많이 사준다는 소문의 당사자. 그와 대작을 하는 날엔 초주검을 각오해야 된다는 풍문의 당사자. 술이 세다고 알려진 중국의 사업 파트너를 중국술 마오타이로 제압을 해 버렸다는 장본인. "원수는 외나무다리에서 만난다."는 말처럼 그 장본인을 드디어 통술집 홍화에서 만난 것이다. 하지만 그와 나는 원수지간이 아니라 영원히 술친구가 될 운명이었다. 술을 마시다 보니 그렇게 되었다는 말이다.

그렇게 된 전말은 이렇다.

그와 내가 술자리를 자주하는 주붕 사이는 아니었지만, 그래도 주석이니 술잔이 몇 순배 오고 갔음은 불문가지. 술을 마시면서 이런저런 이야기를 나누던 중에 우연히 나의 고향인 고성군 구만면 이야기가 나왔는데, 그때 그가 갑자기 그의 선대 본향本鄕이 구만면 소대 부락이라고 하는 것이 아닌가. 소대 부락은 구만면에 있는 동네 이름인데, 정식 명칭은 효대孝大 부락이다. 그런데 구만면 순수 토박이들은 무슨 연유에서인지는 몰라도 효대를 소대라고 했던 것이다. 그래서 타관 사람들이 소대라고 하면 일단 그 사람은 구만면 출신과 똑같은 대접을 해 주었던 것이다. 그만큼 고향 사람 같은 친밀감을 느낀다는 말이다. 그런데 구만면 출신도 아닌 그가 느닷없이 소대라는 동네를 들먹였으니 구만면 출신인 내가 놀라지 않을 수가 있겠는가. 즉석에서 동향인 같은 연대의식을 느낄 수밖에 없었다. 그와 내가 이심전심으로 친밀감을 느꼈다는 말이고, 그 때문에 그날의 주석 분위기가 화기애애했다는 말이다.

고성군 구만면에서는 인물도 많이 났다. 전 경상남도 지사 최일홍과 현 마산합포구 출신의 최형두 국회의원이 구만면 출신이다. 최일홍 전 지사는 구만면 화촌 부락 출신이고, 최형두 국회의원은 구만면 당산 부락 출신이다. 구만면에서 담티고개라는 고개 하나를 넘어가면 바로 개천면인데 김경수 현 경남도지사가 바로 그 개천면 출신이기도 하다. 그리고 구만면 효대 부락 출신으로는 창원 시장을 역임한 곽만섭과 현 포스코 회장인 최정우가 있다.

그런 그가 소대라는 동네를 언급하는 순간 그가 고향 후배 같다는 느낌이 들어서 화들짝 놀라기도 했다. 그런데 더욱 놀라운 일이 또 벌어졌다. 이런저런 이야기 끝에 그의 외삼촌이 나의 중학교 동기인 이문수라고 하는 것이 아닌가. 그의 선대 본향이 구만면 소대 부락이란 소리만 듣고도 놀랐는데, 그의 외삼촌이 나의 중학교 동기인 이문수라니! 세상이 이렇게 좁을 수가 있을까 싶었다. 이문수는 중학교 시절 운동에 천부적인 재능을 보인 친구였고 기율부장까지 했던 친구다. 술을 한 잔 마시더니 그가 이문수에게 전화를 걸었고 또 나를 바꿔 주기에 참 묘한 인연이라면서 서로 한바탕 크게 웃기도 했다. 그런저런 인연 때문에 그날 밤의 술자리는 무척 푸근했고 그와의 인연 또한 계속될 수밖에 없었다. 이런저런 사연 모두가 술자리 때문에 빚어진 에피소드인 것이다.

그런데 "큰 기업을 경영하는 사람이 어떤 이유로 미술에 관심을 가지게 되었으며, 또 어떤 이유로 금강미술관까지 개관하게 되었으며, 그리고 또 어떤 연유로 사업에 투신하게 되었을까." 하는 의문은 항상 나의 뇌리를 맴돌고 있었다. 기업가이면서도 예술가는 저리 가랄 정도로 예술 분야에 해박한 지식을 자랑하는 인물이고, 특히 미술 분야에 있어서는 타의 추종을 불허할 정도의 전문가로 알려진 그이기에 하는 말이다.

인근 진동면에서 1남 2녀의 첫째로 태어난 그는 할아버지가 진동에서 어장을 했기 때문에 어릴 때에는 고생을 모르고 자랐다고 한다. 그런데 그가 여덟 살 되던 무렵에 그만 아버지가 타계하고 말았단다. 그때의 충격은 엄청났을 것이고, 또한 어린 그가 충격을 받지 않았다면 거짓말일 것이다. 그는 경남도민일보와의 인터뷰에서 그때 받은 충격을 이렇게 밝히기도 했다.

> 아버지께서 한국전쟁에 참전했답니다. 제대하고는 후유증에 시달리다 건강악화로 돌아가셨어요. 당시에는 충격이었죠. 그런데 증조할머니, 할아버지, 할머니와 삼촌, 고모들과 함께 살아서 아버지가 없는 빈자리에서 나오는 외로움이나 허전함은 모르고 자랐어요. 아버지 형제, 자매가 10여 명이라 북적거렸죠. 그러니 뭐 그런 어려움은 없었고요.
>
> (2016. 6. 10.)

그렇다면 미술에 관심이 많았던 그가 기업가로 변신하게 된 이유는 무엇일까. 그는 스물아홉 살 때 일본에 살고 있던 숙부의 권유로 일본 야나세란 조선회사에 취직했단다. 그리고는 설계도 배우고 현장에서 용접과 조립작업까지도 직접 배우기 시작했단다. 낮에는 회사에서, 그리고 퇴근해서는 집에서 일본어까지 공부해 가면서 미친 듯이 일에 매진했다고 한다. 그런 모습을 보고 회사에서 인정을 한 것 같았다고 한다. 대단히 이례적으로 3년 만에 그가 공장장까지 승진한 것이 그 단적인 증거랄 수 있다.

그러던 중 갑자기 운명처럼 기회가 찾아왔다고 한다. 당시 일본 야나세는 태국 진출을 추진하다가 여러 가지 조건이 맞지 않자 철수를 하려던 순간이었단다. 그때 그가 나서서 일본 야나세의 한국 진출을 제안했는데 그것이 오늘날의 한국 야나세로 발전하게 되었다고 한다. 그때는 일본 조선업이 최고의 호황을 누릴 때였다고 한다. 태국에 있던 회사를 한국으로 돌리면 되겠다는 생각에서 회사에 제안을 했는데 그만 덜컥 승인을 하더란다. 그때가 서울 올림픽이 열리던 해인 1988년이라고 했다. 그 뒤로 1990년까지 한 2년간 일본과 한국을 오가면서 국내 조선시장을 조사하고 또 많은 준비를 한 후에 한국 야나세를 설립하게 되었다고 한다. 그 이름도 거룩한 한국 야나세는 그렇게 탄생한 것이다.

한국 야나세는 1991년 진전면 율티리에 그 똬리를 튼다. 지금은 일본 야나세 지분이 10%밖에 안 되지만 그 당시에는 일본 지분 80%, 그의 지분 20%로 출발했단다. 그의 나이 서른세 살쯤 되던 해였고 초창기에는 그도 직원들과 함께 현장에서 직접 작업을 했다고 한다. 용접 불똥이 튀어 화상을 수없이 입었고 그 상처는 지금까지도 검버섯처럼 선명하게 남아 있다고 한다. 그의 회고를 좀 더 들어보자.

> 아침 6시에 출근해서 밤 10시까지 직접 용접하고 쇠 깎고 온갖 궂은 일을 다 했지요. 퇴근해서는 무역 서류를 직접 작성하기도 했고요. 그

당시에 그런 일을 전문기관에 맡기면 건당 20만 원씩 한 달에 200~300만 원 정도의 비용이 더 들어갔습니다. 그 돈이면 직원 열 명 월급도 더 줄 수 있는 큰돈인데 어쩌겠습니까. 제가 직접 했지요. 그 때문에 하루에 4시간 정도밖에 못 자기도 했습니다. 말도 못합니다, 그 당시의 고생은요. 얼마나 고생을 했는지, 생각조차 하기 싫습니다. 정말 죽기 살기로 했습니다. 그 때문에 결혼도 서른여덟 살에 했습니다. 하지만 그 덕분에 회사가 이렇게 성장했습니다. 조상이 돌봤는지도 모르지요.

그러나 호사다마라는 말처럼, 그의 회사가 한창 잘나가던 시기에 그만 IMF 외환위기라는 거대한 태풍이 몰아쳤단다. 그도 큰 타격을 받았음은 불문가지. 하지만 힘겹게 IMF 외환위기를 극복하고 나니 또다시 기회가 찾아왔다고 한다. 한국 야나세란 회사가 잘되기 시작했다는 말이다. 경기가 불황임에도 현재는 진동의 한국 야나세를 비롯한 통영조선소, S&P, 그리고 하동에서도 공장을 가동하면서 대략 800여 명의 직원을 고용하고 있다고 한다. 그의 회사 사훈은 정인正人·정도正道·정품正品이라고 한다. 이 사훈 속에는 그의 경영철학이 고스란히 배어 있음을 알 수가 있다. 매사에 원칙을 중시하는 합리적인 사고가 그의 경영철학이자 인생철학이기 때문이다. 알려진 대로 지금은 조선업 전체가 큰 어려움을 겪고 있기에 덩달아 그의 회사도 힘들다고 한다. 그래도 잘 버텨내고 있는 중이라고 한다. 조만간 조선경기가 분명히 살아날 것이기에 그 이후를 준비하고 있다고 한다.

또한 그는 2014년 11월 경남사회복지공동모금회에 1억 원 기부를 약정하고 도내 40번째 아너 소사이어티 회원이 되기도 한 인물이다. 그런 그가 창동 한복판에 금강미술관까지 개관했기에 더더욱 세인의 주목을 받고 있는 것이다. 그런 그를 경남신문은 아래와 같이 보도해 놓고 있다.

> 우영준 회장은 전국 7대 도시의 명성을 구가하다 쇠락한 마산지역 도심공동화 현상을 극복하고, 옛 명성을 되찾는데 금강미술관이 기여하겠다고 밝혔다. 우 회장은 마산지역의 특수성과 역사성을 복원하는 데 금강미술관이 기여하면 쇠락한 도시재생의 활력소가 될 뿐만 아니라 마산 문화예술도 예전처럼 부흥할 것으로 내다봤다.……미술관을 찾는 사람들이 많아지면 자연히 지역상권 활성화에도 기여할 수 있기 때문이다. 우 회장은 '금강미술관은 기업에서 설립한 미술관이지만 지역민과 창동을 찾는 방문객, 미술문화를 사랑하는 모든 사람들의 삶을 윤택하게 하는 곳'이라며 '시민 누구나 자주 방문해 미술문화를 즐기고 창동 활성화에 동참해 주시기 바란다.'고 당부했다.
> (2016. 5. 2.)

위의 인용에는 금강미술관을 개관한 그의 의도가 고스란히 드러나 있음을 알 수 있다. 고등학생 시절, 그림을 그리고 싶어서 미대에 가려고 미술 공부를 했지만, 가정 사정 때문에 포기해 버렸다는 우영준. 고등학생 때의 전공이 배 설계였기에 자연히 그림에도 관심을 가지게 되었다는 우영준. 대학을 졸업한 후에도 그림을 그리고 싶어서 방황을 많이 했다는 우영준. 이제 그는 자신의 간절했던 소망을 간접적으로 성취한 인물이 되고 말았다. 그가 그토록 되고 싶어 했던 화가 대신에 금강미술관을 보란 듯이 개관해 놓았기 때문이다.

현재 금강미술관에는 1천 8백여 점의 국내·외 명작들이 소장되어 있고, 그 지하실에는 중국의 유명 도예 작품들이 엄청나게 소장되어 있단다. 그리고 금강미술관을 유지해 나가는 데는 최소 월 2천여만 원의 경비가 소요된다고 하니 보통 사람의 간으로는 감히 엄두도 못 낼 일을 그가 해내고 있는 것이다. 그가 철두철미 이윤을 추구하는 사업가임에도 불구하고 속된 표현으로 돈 안 되는 금강미술관을 굳이 창동 거리에다 만든 이유는, 바로 창동을 부활시키고자 하는 그의 간절한 소망 때문일 것이다. 마산 출신인 그가 한때는 마산의 심장부였으나 지금은 퇴락해 버린 창동을 금강미술관을 통해서 옛날처럼 또다시 부흥시키고 싶었기 때문이리라. 금강미술관의 개관을 계기로 창동에 르네상스의 물결이 다시 한 번 넘실대기를 바라는 마음 간절하다.

하지만 금강미술관은 위의 글을 쓴 후인 2020년 8월 중순경 인근 진동으로 이전하고, 현재는 VLC 테크놀로지의 김동숙 대표가 그 건물을 인수하여 2020년 9월 1일 '상상갤러리'란 새로운 이름의 갤러리를 출범시켰다. "예술의 가치가 빛나기 위해서는 예술가, 작품, 관람객이 하나가 되어야 합니다. 이제 상상갤러리는 이 모든 요소를 담아내는 지역의 문화예술 공간으로서 새로운 발걸음을 시작합니다."라고 하는 상상갤러리 김동숙 대표의 개관 기념 전시회 인사말은 그래서 더더욱 우리의 주목을 받는다.

불후不朽의 두 식당
―불로식당과 함흥집

구마산과 신마산에는 묘하게도 서로 쌍벽을 이룬 명소들이 꽤 많이 있었다. 예컨대, 다방으로는 구마산의 희다방과 신마산의 외교구락부가, 요정으로는 구마산의 산해관과 신마산의 망월관이, 여관으로는 구마산의 반도여관과 신마산의 항등여관이, 공연장으로는 구마산의 고토부키자(수좌壽座)와 신마산의 마루니시자(환서좌丸西座) 등등이 그 단적인 예랄 수 있다. 그런데 이들 외에도 서로 쌍벽을 이룬 식당도 있으니 바로 구마산의 '불로식당'과 신마산의 '함흥집'이 그것이다.

익히 알려진 대로 불로식당은 전형적인 한정식 전문식당으로, 그리고 함흥집은 불고기와 냉면 등의 한식전문 식당으로, 각각 오랜 세월 동안 마산을 대표해 오고 있는 명소들이다. 좀 과장해서 말한다면 두 식당 모두 식당계의 신화 같은 존재랄 수 있다. 그 이유는 두 식당 공히 오랜 세월 동안 구마산과 신마산을 지켜왔고 또한 지금까지도 지키고 있기 때문이다. 특히나 놀라운 것은 묘하게도 두 식당은 같은 시기에 문을 열었다는 사실이다. 두 식당 모두 6·25전쟁 발발 그 이듬해인 1951년 구마산과 신마산에서 각각 식당 문을

구마산 불로식당 전경.

열었다고 하니 우연치고는 놀라운 우연이 아닐 수가 없는 것이다. 이처럼 우리 마산에는 각 분야를 대표하는 당대의 명소들이 많았고 또한 지금까지도 있다는 사실은 큰 자랑이 아닐 수 없는 것이다.

어느 누가 말했던가. 흘러간 과거에 너무 집착하지 말라고. 또한 흘러간 과거는 두 번 다시 되돌아오지 않는다고. 특히나 고향의 옛 모습은 더더욱 그러하다고. 맞는 말이다. 백번 맞는 말이다. 우리가 뛰놀았던 고향의 옛 풍경은 현대화란 미명하에 대부분 그 원형을 잃어버린 지 오래됐다. 그 때문에 옛날의 고향 정취를 오늘날에도 기대한다는 건 애시당초부터 언감생심이다. 그러니 과거에 너무 집착하지 말라는 말일 것이다.

오늘날의 경남은행 창동 지점 건물은 옛날에는 경남은행 본점 건물이었다. 그래서 그 주변 골목에는 많은 식당들이 포진해 있었고, 그런 식당들은 한 시절 문전성시를 이루기도 했었다. 그리고 그 은행 건물 옆 골목부터 시작해서 학문당 후문 위쪽까지 연결되는 골목길 주변은 참으로 활기차고 운치도 있었다. 전체 길이가 대략 3~4백 미터에 불과한 그 골목에는 한 시대를 풍미했던 명소들이 곳곳에 자리 잡고 있었던 것이다.

그리고 한때 마산의 금융가로 알려진 창동·남성동·동성동 일대에는 경남은행 본점을 비롯한 상업은행·한일은행·제일은행·조흥은행·국민은행·주택은행·기업은행 등등의 각 지점들이 요소요소에 자리 잡고 있었다. 그런 여건 때문에 그 인근에는 유명한 식당들이 곳곳에 똬리를 틀고 있었던 것이다. 흔히 말하는 넥타이 부대들이 많았기 때문이고, 입·출금을 비롯한 여러 가지 업무를 보기 위해서 은행을 찾은 고객들이 많았기 때문이다. 어디 그들뿐이랴. 수많은 선남선녀들과 필부필부들이 창동 일대를 찾기도 했기 때문이다.

그 시절에 위용을 뽐내던 식당들을 잠깐 살펴보자. 먼저 경양식 식당으로는 슈바빙과 아비뇽·청탑그릴·한성경양식·말뚝이 등등이 있었는데, 청탑그릴은 진주 이반성 출신의 강기윤이 운영했다고 한다. 그리고 수정집과 소문난집·이학초밥도 있었고, 지금까지도 그 자리를 지키고 있는 복희집도 있다. 복희집은 옛날부터 지금까지 라면과 우동을 비롯한 각종 분식 메뉴를 주로 파는 식당이기도 하다. 복희집 이층에는 창동분식이 있었고, 복희집 앞 일층에는 미니 튀김집이, 이층에는 레스토랑 나드리예가 있었으나, 그 나드리예 자리에는 지금 커피숍 밀이 자리 잡고 있다. 또한 복희집 옆에는 강살롱이라는 의상실도 있었다. 복희집 옆 건물 2층에 있던 카페 휘가로도 한때는 유명했고, 현 한국투자증권 맞은편 골목에 있던 생선국 전문집 골목식당도 한 시절 그 이름을 날렸지만 지금은 거의 모두가 사라지고 말았다.

하지만 그런 식당들 중에서 아직까지도 그 자리를 굳건히 지키고 있는 식당이 하나 있으니 바로 한정식 전문의 '불로식당'이 그것이다. 그 이름도 거룩한 불로식당. 지금도 구마산의 중심부를 떡하니 지키고 있는 불로식당. 나는 처음에 불로식당의 불로가 "그 식당에 가서 음식을 먹으면 늙지 않는다."는 의미의 불로不老인 줄로 알았다. 하지만 알고 보니 불로식당이란 옥호와 관련된 일화가 흥미로웠다. 현 불로식당은 1951년 개업한 프로식당이 그 전신이란다. 프로가 어느 순간 불로로 바뀌고, 그 프로식당이 불로식당으로 바뀌었다는 후문이다. 1951년이면 6·25전쟁이 한창이던 시기이다. 그런 시기에 식당을 개업했다니, 그리고 또 그 식당 이름에 프로가 들어갔다니……

현 불로식당의 전신인 프로식당은 옛 남성동 파출소 부근에서 그 고고의 성을 울렸다는데, 가만히 생각해 보니 식당 이름이 참으로도 묘하고 또한 그 이름에는 필시 무슨 곡절이 있을 것도 같았다. 아마추어 식당과 구별하기 위해서 프로식당이란 간판을 내걸지나 않았을까 하는 생각도 퍼뜩 들었기 때문이다. 그래서 몇몇 사람에게 자문을 구했더니 영 엉뚱한 대답이 돌아왔다. 프로식당의 프로는 프로페셔널이 아니라 프롤레타리아가 그 모태라고 했다. 프롤레타리아식당을 줄여서 프로식당이라고 했다는 것이다.

주지하다시피 프롤레타리아는 "자본주의 사회에서 생산 수단을 가지지 못하고 자기의 노동력을 팔아 생활하는 임금 노동자"를 지칭하는데, 공산주의자들은 "프롤레타리아가 공산혁명의 주체가 되어 자본주의를 타파해야 한다."고 선동해 왔던 것이다. 그렇다면 6·25전쟁 기간 중에 출발한 식당이니 혹시 공산주의자들이 차린 식당은 아닐까 하는 의문이 들어서 사방으로 수소문을 해봤으나 확인할 방법이 없었다.

어쨌거나 불로식당의 모태는 프로식당이랄 수 있는데, 그 이유는 현 불로식당 조재현 사장의 부친과 그의 큰어머니인 백점순 여사가 옛 프로식당에서 장사를 같이한 인연으로 그 프로식당을 인수받아서 1951년부터 영업을 시작했기 때문이다. 그리고 그 프로식당은 6·25전쟁이 일어난 1950년까지는 프롤레타리아들이나 가난한 사람들에게 식사를 거의 무료로 제공했었다는 후문도 있기 때문이다. 따라서 그런저런 과정을 잘 살펴보면 오늘날의 불로식당은 그 역사가 1951년부터 시작되었다는 사실을 알 수 있다.

1951년 옛 남성동 파출소 인근에 있던 프로식당을 물려받아서 첫출발을 한 불로식당이 현재의 장소로 옮겨온 시기는 1982년경이라고 한다. 그리고 2대인 조재현 사장 부부가 현재의 불로식당을 부모님으로부터 물려받은 시기는 1991년이라고 한다. 그래서 프로식당을 처음 인수받아서 영업을 시작한 이후부터 불로식당이란 옥호를 달고 영업을 하고 있는 현재까지의 그 역사를 계산해 보니 2020년으로 대충 69년이란 역사를 가진다는 말이다.

식당 역사가 69년이라니! 말이 쉬워서 69년이지, 이처럼 오랜 기간 동안 식당을 운영해 오기란 사실상 불가능에 가까운 일이다. 특히나 큰 도시도 아닌 마산에서는. 그 때문에 불로식당이 한편으론 우러러 보이기까지 하는 것이고, 불로식당이란 간판까지도 성스럽게 보이는 것은 물론이다.

　지금의 불로식당은 2대인 조재현 사장 부부가 운영하고 있는데, 두 사람은 엄청난 운동 마니아로도 잘 알려져 있다. 아니 운동선수 뺨치는 운동 마니아랄 수 있다. 내가 두 사람을 알게 된 지는 십수 년도 훨씬 전인 옛 마산종합운동장(현 마산 NC파크야구장)에서였다. 당시에 두 사람은 그들의 운동 멤버들과 함께 매일 아침 마산종합운동장 트랙을 달리는 것을 시작으로 실내 수영장에서 수영까지를 두루 하는 지독한 운동 마니아였는데 지금도 그런 사실은 변함없을 것이다. 특히나 조재현 사장은 마라톤 공식 코스를 수십 차례나 완주한 경력이 있음은 물론, 심지어는 외국에서 열리는 마라톤 대회에도 여러 번 참가했다고 하니 그의 운동 사랑은 말 다한 것이다.

　마산종합운동장 얘기가 나왔으니 당시에 그곳에서 운동을 하던 또 다른 사람들이 불현듯이 생각난다. 신마산 합포구청 인근에 있던 은광상사의 최태영 사장을 비롯한 임경우·안희원·구해진 등등이 그들인데, 그들은 칠운회라는 이름을 가진 모임을 만들고는 매일같이 새벽 공기를 가르며 운동을 하던 열렬한 운동 마니아들이었다.

　몇 년 전 농림수산부와 한식재단에서 한국인이 사랑하는 오래된 한식당 100선에도 선정된 적이 있는 불로식당. 한 시절 마산 사는 사람치고 불로식당에 가보지 않은 사람은 마산 사람이 아니라는 우스갯소리가 있을 정도로 입소문이 났던 불로식당. 전국의 내로라하는 명사들이 마산을 찾았을 때, 반드시 가봐야 할 식당의 첫손가락에 꼽혔던 불로식당. 창동의 전통 명가 9개소에 진작 뽑힌 불로식당.

그런 불로식당에 우리 마산의 원로 예인들을 모신 적이 있다. 내가 2004년부터 3년간 마산예총 회장을 하고 있을 때였다. 지금은 고인이 된 강신율·송병익 사진작가, 신상철 수필가, 이필이 무용가, 한하균 연출가, 변상봉·허청륭 양兩 화백, 동서화랑의 송인식 관장 등등과 현재도 활동하고 있는 이광석 시인, 김대환·박춘성·황원철 화백, 장기홍 지휘자, 그리고 경남도민일보 이순항 전 사장 등등이 그 면면들이었고, 특히나 그날의 분위기를 휘어잡은 사람은 단연 교당 김대환 화백이었다. 세월이 제법 흐른 지금까지도 한 번씩 그때 참석한 원로 예인들의 얼굴이 파노라마처럼 뇌리를 스쳐 지나가게 만드는 불로식당인 것이다.

앞에서 언급한 대로 대략 70여 년의 역사를 가진 불로식당에 수많은 손님들이 왔다 갔을 것임은 분명한 사실. 그래서 조재현 사장에게 몇 마디 물어본다.

"오랜 세월 동안 식당을 운영해 오면서 가장 기억에 남는 사람을 꼽는다면 누굴 꼽을 수 있을까요?"

"밤하늘의 은하수처럼 정말 수많은 손님들이 우리 집을 찾아주셨는데, 그중에서도 마산 출신의 박종규 전 청와대 경호실장님의 부친상 때, 문상 오신 수많은 중앙의 거물급 인사들이 가장 먼저 생각납니다. 그들 모두가 우리 집에서 와서 식사를 했기 때문입니다."

"혹시 자녀들에게 이 식당을 물려주실 계획은 없습니까?"

"왜 없겠습니까마는 아들놈이 자기 어머니가 고생하는 모습을 보고는 얼마나 진절머리가 나는지, 절대로 식당을 물려받지 않겠다고 하네요. 허허허."

그의 헛헛한 웃음소리엔 어쩔 도리가 없다는 심정이 내포되어 있을 것이다. 왜 아니랴. 선대부터 운영해 온 유서 깊은 식당을 후손이 대를 이어 운영해 나간다면 얼마나 좋을까. 하지만 젊은 세대들도 자기들 나름대로의 생각이 있을 터이니 그걸 또 어찌 나무랄 수 있으랴.

이제 불로식당은 낙락장송은 아닐지라도 독야청청 마산을 지키고 있는 형국이다. 마치 독립투사처럼 옛 구마산 중심부를 굳건히 지키고 있다는 말이다. 아니 한정식 식당의 원조元祖로서 그 위상을 여전히 자랑하고 있다는 말이다.

오랜 세월 동안 식당을 운영해 오고 있는 조재현 사장에게 현재의 소회를 묻자 다음과 같은 대답이 돌아왔다.

오늘날의 불로식당이 있기까지에는 수많은 마산 시민들의 뜨거운 성원과 사랑이 있었습니다. 참으로 고마울 따름이지요. 그래서 항상 고맙고 또 고맙게 생각하고 있습니다.

이제 마산에는 마산을 찾아온 손님들에게 자신 있게 소개해 줄 한정식 전문식당이 불로식당 말고는 거의 없다. 인근 창원에는 여러 집이 성업 중에 있다지만 우리 마산에는 없다는 말이다. 그 때문일까. 장구한 역사를 가진 불로식당이 영원토록 마산을 지켜주기 바라는 마음 더더욱 간절할 뿐이다. 불로식당이여 번창하고 또 창대하라.

이번에는 신마산의 '함흥집'을 보자.

신마산 연세병원 건너편의 제일여중·고 올라가는 초입, 그리고 구마산의 창동에 버금가는 신마산 두월동의 거리 한 모퉁이에 떡하니 자리 잡고 있는

신마산 함흥집 전경.

함흥집. 그 자태가 마치 로마의 검투사 같다. 아니 마치 두월동 일대를 지키는 수호신 같다. 그리고 그 기간도 일이십 년이 아닌 칠십여 년 동안이다. 그 때문에 함흥집이 오늘날까지 신마산을 대표하는 식당으로 꼽히는지도 모르겠다.

아마도 이북 함흥 출신이 차린 식당이라서 함흥집이란 옥호가 붙었을 것이다. 함흥집 하면 퍼뜩 이북 출신이 하는 식당일 것이라고 연상되기 때문이다. 그런데 알고 보니 함흥집의 창업주는 실제로 6·25전쟁 때 이북에서 피난 내려와 1951년 신마산에다 둥지를 틀었다고 한다. 둥지를 틀었다는 말은 식당을 차렸다는 말이다. 그 이름도 찬란한 함흥집이 1951년부터 그 고고의 성을 울렸다는 말이다. 그래서 2020년으로 함흥집의 역사가 69년이나 된다는 사실이다. 물론 그 당시의 함흥집은 오늘날과 같은 거창한 함흥집이 아니라 전쟁 직후의 초라한 모습의 식당이었을 것임은 불문가지. 하지만 어쨌든 그 식당이 오늘날의 함흥집의 모태가 된 것만은 분명한 사실일 것이다.

현 임석빈 사장의 선친이 두월동에서 첫 영업을 시작했다는 함흥집. 삼성그룹의 창업자 이병철이 삼성그룹을 창립하기 전, 한 시기 신마산에서 정미소를 운영했던 것처럼, 함흥집도 신마산에서 장사를 처음 시작했다는 점이 이채롭다. 하지만 처음부터 지금처럼 현대식 건물의 식당으로 출발한 것은 아니었다. 함흥집도 처음에는 초라할 정도의 작은 공간에서 장사를 하다가, 일본식 분위기가 물씬 풍기던 목조건물의 현 위치로 옮기면서부터 점차 그 이름이 알려지기 시작했단다. 그러다가 갑작스런 화재로 목조건물이던 함흥집이 전소되는 바람에 현대식 건물인 오늘날의 함흥집으로 재탄생하게 되었다고 한다. 느닷없는 화재라는 불행한 사태를 당했지만 역설적이게도 그 때문에 최신식 건물이 탄생하게 된 것은 어찌 보면 손님들에게는 잘 된 일인지도 모른다. 분위기 좋고 시설 좋은 공간에서 식사를 할 수 있게 되었기 때문이다.

　지금은 퇴락한 거리로 변하고 말았지만, 일제강점기의 신마산 두월동 거리는 쿄마치(京町)라 불릴 정도로 번창했단다. 그 때문인지는 모르나 한 시기 신마산 두월동 일대에는 구마산의 창동 못지않게 수많은 명소들이 포진해 있었다. 그 대표적인 예를 몇 가지 들면, 옛 제일극장에서부터 마산극장까지의 도로 주변에는, 요정으로는 망월관과 탄월·이예옥·동운이, 커피숍으로는 외교구락부와 아시아다방이, 카바레로는 락희카바레가, 음악감상실로는 미화당과 신신이, 그리고 식당으로는 함흥집을 비롯한 중국집 갑자원과 일식집 귀거래 같은 당대의 명소들이 곳곳에 둥지를 틀고 있었던 것이다.
　나는 함흥집과는 개인적인 인연이 좀 있다. 우선 함흥집의 임석빈 사장은 나의 대학 같은 과 후배다. 그도 경남대 영어교육과 출신이기 때문이다. 그 때문인지는 몰라도 그는 한때 창신중·고등학교에서 영어교사를 한 적도 있는 교육자 출신이다. 그리고 그와 나는 불시에 신마산이나 구마산의 통술집에서 한 번씩 조우하기도 한다. 물론 사전 약속을 전혀 하지 않고서다. 통술집에서 우연히 만난다는 것은 아마도 주석을 즐기는 우리 두 사람의 취향이 비슷한 탓인지도 모르겠다. 어떤 때는 신마산의 럭키통술에서, 또 어떤 때는 구마산의 홍화집에서 우리는 종종 만나기도 했다. 그만큼 그도 둘째가라면 서러워할 정도로 주석을 분위기를 즐기는 인물인 것이다.

　함흥집과 관련된 일화가 하나 더 있다.
　아마도 1990년대 중반쯤 될 것이다. 그 당시에 나는 그해의 마산국제연극제를 주최하고 있었는데, 그 연극제에 부산극단 「전위무대」를 초청했던 것이다. 극단 「전위무대」는 6·25 때 이북에서 부산으로 피난 내려온 사람들이 만든 극단인데, 그 극단의 대표가 전승환으로 평소에 나와는 호형호제하는 사이였다. 그런 그가 느닷없이 이런 말을 하는 것이 아닌가.

"이 회장, 마산에 어디 냉면 잘하는 집 없나?"
"냉면요?"
"그래, 냉면."
"아니, 형, 마산 왔으면 싱싱한 생선회나 마산 아구찜을 먹어야지 느닷없이 냉면이라니요?"
"내가 이북 출신 아이가. 갑자기 냉면이 먹고 싶어서 그런다. 그리고 회는 부산 자갈치 시장에도 많이 있다."

불시에 그런 말을 듣고 나니 함흥집 생각이 퍼뜩 났다. 다행하게도 그 당시에 나는 함흥집을 잘 알고 있었다. 전술한 대로 함흥집 사장이 후배이기도 하지만, 나의 대학 은사인 정자봉·한기환 양兩 교수와 함께 함흥집에서 냉면을 먹은 적이 많았기 때문이다. 지금도 그렇지만 그 당시의 함흥집은 불고기와 냉면으로 이름을 날릴 때였다. 그래서 전승환 대표를 함흥집으로 안내했던 것이다. 소문난 식도락가들의 냉면 먹는 방법이 보통 사람들과는 좀 다르다는 사실을 그때야 비로소 알게 되었지만, 사실 그 이전까지는 냉면 먹는 방법도 잘 몰랐다. 그저 국수 먹듯이 그렇게 먹으면 되는 줄로만 알았다. 그런데 그가 이렇게 말하는 것이 아닌가.

"이 회장, 냉면은 면을 가위로 잘라서 먹는 법이 아니다. 면을 자르지 않고 바로 삼켜야 한다. 그래야 냉면의 참맛을 느낄 수가 있는 거다. 남쪽 사람들은 이해 못하겠지만, 우리 이북 사람들은 면을 자르지 않

제20회 마산국제연극제 개막식에 참석한 마산 예인들.
사진 왼쪽부터 옛 '동서화랑의 송인식 관장, 김대환 화백, 오하룡 시인 (사보이 호텔에서).

마산 공연을 마친 외국 연극인들의 모습.

제3부 불후의 명소들

고 바로 삼킨다 이 말이다."
"아니, 그 긴 냉면 사리가 목에 걸리면 우짤라고요?"
"에이, 바보 같은 소리 하지 마라. 면을 자르지 않고 바로 삼켜서, 면이 식도를 거쳐 위胃에까지 바로 내려가게 그렇게 먹어야 냉면을 제대로 먹는다고 할 수 있다. 우리 이북 사람들은 그렇게 먹는다. 그렇게 먹어도 여태껏 죽은 사람은 없다. 그러니까 동생이 촌사람이지. 여태 먹는 방법도 모르면서 냉면을 먹었으니 말이다."

나는 그때 처음 알았다. 냉면의 면을 자르지 않고 그리고 또 씹지도 않고 바로 삼킨다는 사실을. 물론 좀 생뚱맞다는 생각도 들었지만 어쨌든 이북 사람들은 냉면을 그렇게 먹는다고 했고 그래야 냉면 맛을 제대로 음미할 수 있다고 했던 것이다.

"그라모, 이 집 냉면 맛은 어떻습니까?"
"좋네, 아니 최고 그룹에 속한다고 할 수 있겠다. 내 여러 지역에서 냉면을 먹어봤지만 이 집만큼 잘하는 곳은 본 적이 별로 없는 것 같다. 한강 이남에서 몇 손가락 안에 들 것 같다."

그때부터 나는 함흥집 냉면 맛이 보통이 아니라는 사실을 알게 되었다. 그래서 다른 지역에서 온 손님들이 냉면 잘하는 식당을 찾으면 무조건 함흥집을 추천해 줬던 것이다. 심지어는 외국 연극인들을 함흥집으로 안내했던 적도 많다. 그리고 그런 식당이 우리 마산에 있다는 사실이 자랑스럽기도 했다.

옛 마산시의 식당 영업허가증 3호라는 함흥집. 한 시기 신마산의 명소였던 귀거래와 갑자원은 역사의 뒤안길로 사라져버렸지만, 그래도 함흥집만은 아직도 그 자태를 고고히 뽐내고 있으니 마산의 자랑이라 하지 않을 수가 없다. 굳이 독일 철학자 니체의 영원회귀론에 기대지 않더라도 함흥집이 신마산을 영원토록 지켜주기를 바라는 마음 간절하다. 신마산의 자랑인 함흥집이여, 영원토록 번창하라.

일식집의 양대兩大 봉우리
―삼대초밥과 신라초밥

"음식은 고향이요, 어머님의 품이다."는 말이 있다. 그만큼 음식은 우리 원초적인 정서와도 불가분의 관계가 있다는 말일 것이다. 그래서일까, 누구나 고향의 음식 맛은 평생 잊을 수가 없다고 한다. 더구나 어릴 때 어머님이 해주시던 음식 맛은 더더욱 잊지를 못한다고 한다. 그리고 어머님의 품도 또한 마찬가지라고 한다. 음식 맛과 어머님의 품이 우리의 원초적인 본능과도 직결되어 있기 때문일 것이다.

창원시로 통합되기 전만 해도 마산에는 음식 맛 좋기로 소문난 식당들이 많았다. 하지만 요즘에는 그런 식당들을 찾으려고 애를 써도 찾기가 어렵다. 마산이 창원시로 통합된 이후에 생긴 비극적인 현상이다. 그런데 마산이 망하는 지름길인 줄도 모른 채, 마산·진해·창원이 통합되는 것을 가만히 보고만 있다가, 뒤늦게야 속았다는 사실을 깨닫고는 땅을 치며 후회하는 사람들이 기하급수적으로 늘고 있으니 이를 어쩌랴.

하지만 다 "버스 지나가고 난 뒤 손 흔드는 격"이다. 마산이 창원시에 흡수됨으로써, 오랜 역사와 전통을 자랑하던 마산이 소리 소문도 없이 사라졌음은 물론, 시내 곳곳이 폐허를 방불케 할 정도로 변하고 말았으니 이를 또한 어쩌랴. 이 말을 못 믿겠다는 사람은 창동을 비롯한 시내 아무 곳에나 한번 나가 보시라. 나가서 직접 현장을 보고 상인들과 시민들의 말을 한번 들어보시라.

통합되기 전의 마산은 그래도 전국에서 알아주는 예향이었고 낭만적인 도시였다. 값싸고 음식 맛 좋은 식당들도 많았고 오랜 역사를 자랑하는 명소들도 많았다. 그런 사실이 마산의 장점 중의 하나이기도 했다. 그리고 음식은 그냥 단순히 먹는 그 대상을 넘어 그 속에 혼이 담겨 있다고들 한다. 그래서 우리 고유의 음식 속엔 우리 한국인의 얼이 담겨 있다고 하는 것이다. 우리 마산도 마찬가지다. 마산을 대표하는 음식 속엔 마산의 정신이 담겨 있는 것이다. 아니 마산의 혼이 담겨 있다고 할 수 있다. 그만큼 음식은 그 지역의 정체성과도 불가분의 관계가 있다는 말이다.

익히 알려진 대로 1930년부터 1937년까지 구 러시아의 극동지역에 살던 20여만 명의 우리 고려인들이 중앙아시아의 척박한 불모지로 강제 이주되었는데, 그 과정에서 그리고 또 그런 곳에서 정착하는 과정에서, 수많은 우리 동포들이 타국에서 생을 마감했지만, 우리 고유의 음식만은 오늘날까지도 계속 이어지고 있다고 한다. 또한 큰돈을 벌 수 있다는 희망에 부풀어 1905년 저 먼 멕시코 땅으로 건너간 1033명의 한국인들도 멕시코의 선인장 농장인 애니깽에서 노예 같은 삶을 살면서도 후손들에게 한국 고유의 음식만은 필사적으로 물려주었다고 한다. 이처럼 한국의 음식 속엔 한국인의 혼이 담겨 있는 것이다.

하지만 떼강도들에게 강탈당하듯 마산이 느닷없이 창원시로 통합되는 바람에 마산의 이름난 음식점들도 하나둘씩 빠르게 문을 닫고 말았다. 그 이유는 말할 필요도 없이 장사가 잘 안 됐기 때문일 것이다. 하지만 그런 와중에도 마산의 양대 일식집인 삼대초밥과 신라초밥만은 그 명성을 지금까지도 계속 이어오고 있으니 얼마나 고마운 일인가. 만약 삼대초밥과 신라초밥마저 마산을 떠나가 버렸다면 어찌 되었겠는가. 그런 연유 때문에 두 식당을 여기에서 언급하려는 것이다. 특히나 두 식당은 흡사 일제강점기의 독립투사처럼 어려운 여건 속에서도 악전고투를 거듭하며 오늘날까지 마산을 지키고 있기 때문이다.

먼저 '삼대초밥'부터 보자.

한때는 마산의 대표적인 상징이자 명소였던 분수 로터리가 서성동에 있었다. 마산 시외버스 주차장도 역시 그 부근에 있기도 했다. 그 당시에 다른 지역에서 마산으로 들어오는 사람들은 반드시 한 번쯤은 가 봐야 하는 장소가 바로 서성동의 분수 로터리였다. 물론 그곳에서 하늘로 솟구치는 분수를 배경으로 기념사진 한 컷 찍는 것은 불문율이었고.

그 분수 로터리 부근의 어느 좁은 골목에서 첫 영업을 시작했다는 삼대초밥. 물론 처음부터 삼대초밥이란 간판을 내걸지는 않았단다. 손바닥만 한 작은 가게였기 때문이란다. 그때가 해방 직후인 1947년경이라고 한다. 마치 이름 없는 무명용사처럼 변변한 옥호도 없던 그 식당이 온갖 난관과 시련을 극복하고 오늘날의 삼대초밥으로 좌정하기까지는 오랜 기간이 걸렸단다. 대략 73년이란 기간이란다. 그토록 오랜 기간 동안 마산을 지켜왔으니, 삼대초밥이 마산의 정체성과도 연결된다고 할 수 있다. "음식이 우리의 정체성"이란 말을 삼대초밥이 입증해 주고 있기 때문이다.

내가 예술계의 말석에라도 발을 걸치고 있기 때문일까. 삼대 하면 퍼뜩 연

삼대초밥 3대 사장 전봉준.

횡보橫步 염상섭.

상되는 소설이 하나 있다. 바로 소설가 염상섭이 쓴 〈삼대〉라는 소설이 그것이다. 학창시절 국어시간에 얼마나 달달 외웠던지 지금까지도 거침없이 기억나는 내용 중의 하나이다.

횡보橫步 염상섭廉想涉(1897~1963). 우선 그의 아호부터가 걸작이다. 아호가 횡보라니……. 항상 "게처럼 옆으로 삐딱하게 걷는 사람"이라고 해서 횡보라는 아호가 붙은 것은 아닐까 하는 생각을 하고 있었는데, 아니나 다를까, 알고 보니 그는 정말로 "항상 술에 취해서 걸음을 삐딱하게 걷는 사람"이었고, 그래서 횡보라는 호를 가지게 되었다고 한다. 그만큼 그는 술을 좋아한 로맨티스트였단다. 아마도 술을 마시지 않고서는 그처럼 암울했던 일제강점기를 헤쳐 나올 수가 없었을 것이다. 그가 끔찍했던 일제강점기를 직접 체험한 당사자였기에 하는 말이다.

내가 왜 〈삼대〉라는 소설을 언급하느냐 하면, 바로 일식집 삼대초밥의 옥호 때문이다. 삼대초밥이 삼대三代에 걸쳐서 운영되고 있다기에, 그리고 식당 이름에 삼대가 들어가 있기에 염상섭의 〈삼대〉가 저절로 연상된 것이다. 그리고 나는 또 삼대초밥과 개인적인 인연도 좀 있는 편인데 그런저런 내용은 후술하고자 한다.

이왕 〈삼대〉라는 소설 이야기가 나왔으니, 그 소설을 쓴 작가 이야기를 조금 더 해 본다. 횡보 염상섭처럼 옛날의 예인들은 운치 있는 아호를 많이 사용했다. 그 때문은 아니겠지만, 그들 대부분은 불후의 명작을 많이 남기기도 했다. 하지만 오늘날에는 운치 있는 호는 물론이요, 불후의 명작은 아니더라도 인구에 회자되는 범작조차 찾아보기 힘든 형국이니, 이젠 예술계도 낭만은 물론이요 멋과 운치까지도 사라지고 말았다는 볼멘소리까지 들려오기도 하는 것이다.

염상섭처럼 로맨틱한 아호를 가진 예인을 몇 사람 더 살펴보자. 우선 시인 오상순吳相淳을 꼽을 수 있겠다. 하루에 20갑 이상의 담배를 피운 지독한 골초였기에 꽁초가 아닌 공초空超라는 로맨틱한 아호를 가지게 되었다는 오상순 시인. 그는 한 시기 마산의 낭만 주먹 상하이 박의 초청으로 마산에 와서 한동안을 지낸 예인이기도 하다. 하지만 〈삼대〉를 쓴 염상섭은 술은 물론이요 담배로도 오상순을 제압했다고 하니, 과연 염상섭은 불세출의 예인이었던 것 같다.

아호가 수주樹州인 변영로卞榮魯도 있다. 골초로 소문난 예인이 공초 오상순이라면 술로는 수주 변영로가 당대 최고였다고 한다. 우리에게 〈논개〉라는 시로 더 잘 알려진 시인이 바로 수주다. 특히 그의 시 〈논개〉는 인근 진주의 남강 물에 몸을 던진 논개를 모티브로 한 시이기에 더더욱 우리에게 친밀감을 주며, 그 때문에 〈논개〉는 불멸의 시로 우리의 기억 속에 남아 있는 것이다.

거룩한 분노는
종교보다도 깊고
불붙은 정열情熱은
사랑보다도 강하다.
아! 강낭콩보다도 더 푸른
그 물결 위에
양귀비꽃보다도 더 붉은
그 마음 흘러라. (하략)

수주樹州 변영로.

특히 수주는 그가 동아일보에 재직할 때, 베를린 올림픽의 마라톤 금메달리스트인 손기정 선수의 가슴에 달린 일장기를 지운 사진을 동아일보에 내보낸 장본인인데, 그 때문에 동아일보가 무기한 정간 처분을 받았을 정도로 그는 애국심이 강했다고 한다. 그는 일제와의 타협은 일체 거절했지만, 술이라면 때와 장소를 가리지 않은 해동 제일의 주당이었다고 한다. 우리 마산에도 그런 인물이 없을까 하여 계속 수소문 중이지만 아직까지는 결과물이 없다. 혹시 독자 제현께서 정보를 주시면 다른 지면에서 언급하고자 한다.

이왕 예인들의 아호를 거론했으니, 〈삼대〉의 작가 염상섭처럼 일제강점기에 활동했던 작가들과 그들의 아호를 살펴본다. 그들은 한국 문학의 텃밭을 일군 불후의 전설들이기 때문이다.

〈무정〉과 〈흙〉을 쓴 춘원春園 이광수, 〈젊은 그들〉과 〈운현궁의 봄〉을 쓴 금동琴童 김동인, 〈무영탑〉을 쓴 빙허憑虛 현진건, 〈복덕방〉을 쓴 상허尙虛 이태준, 〈메밀꽃 필 무렵〉을 쓴 가산可山 이효석, 〈날개〉를 쓴 본명이 김해경金海卿인 이상, 〈백치 아다다〉를 쓴 우서雨西 계용묵, 〈태평천하〉를 쓴 백릉白菱 채만식, 〈고향〉을 쓴 민촌民村 이기영, 〈천변풍경〉을 쓴 구보仇甫 박태원 등등 실로 기라성 같은 인물들이 바로 그 주인공들이다.

그들이 있었기에, 그리고 또 그들이 불후의 명작을 남겼기에, 오늘날의 한국문학이 존재하는 것인지도 모른다. 주지하다시피 염상섭의 대표작인 〈삼대〉는 개화기 세대와 3·1운동 세대 그리고 식민지 세대 간의 대립과 갈등을,

할아버지인 조의관, 아버지인 조상훈, 아들인 조덕기 간의 대립과 갈등으로 대비시킨 한국 근대문학의 백미白眉 중의 하나로 꼽힌다.

일식집 삼대초밥도 1대인 할아버지 전선도, 2대인 아버지 전원작, 그리고 3대인 아들 전봉준 등 3대가 그 역사를 이어가고 있으니, 염상섭의 소설 〈삼대〉가 자연스럽게 연상된 것이다. 삼대초밥이라니, 그 이름도 낭만적이지 않은가. 일본에서는 가업을 후손들에게 대를 이어 물려주는 것이 일종의 불문율이라고 하는데, 우리나라에서는 어찌된 영문인지 가업을 후손에게 물려주지 않으려고 하니 그게 두 나라 간의 차이라고 할 수 있다.

전술한 바와 같이, 삼대초밥은 해방 직후인 1947년 서성동의 어느 골목 한 쪽에서 변변한 간판도 내걸지 않은 채, 오뎅과 초밥 같은 음식을 팔기 시작했고, 식당 이름도 그냥 골목에 있는 식당이란 의미로 '골목 식당'으로 통했단다. 그 당시는 너 나 할 것 없이 모두가 다 가랑이가 찢어질 정도로 빈궁했던 시절이었다. 아니 온 나라 전체가 빈민촌 그 자체였다고 해도 과언이 아닌 시절이었다. 당시의 그런 상황은 조선일보 양상훈 주필의 〈58년 전 오늘이 없었어도 지금의 우리가 있을까〉라는 제목의 칼럼에도 생생하게 묘사되어 있다.

> 기적의 리더십이 흙집 국가였던 1875년부터 일제강점기이던 1936년까지 연이어 태동했다. 이승만 1875년, 구인회 1907년, 이병철 1910년, 정주영 1915년, 박정희 1917년, 최종현 1929년, 김우중이 1936년에 태어났다. 한 세기에 한 명 나올까 말까 한 인물들이 50~60년 동안에 한꺼번에 태어나 무에서 유를 창조했다. 이승만의 자유민주 건국과 농지개혁, 국민교육제도 확립, 한미동맹 쟁취의 바탕 위에서 박정희가

외자 도입, 수출 입국, 전자·중화학 육성, 농촌 혁명 전략을 밀어붙였다. 수천년 농업 노예(노비) 국가를 근대 공업 국가로 탈바꿈시키는 기치였다. 박정희는 독일 방문 때 우리 광부들에게 '나라가 못살아 이 국 땅 지하 수천 미터에서 일하는 것을 보니 가슴에서 피눈물이 납니다. 우리는 못살아도 후손에게는 잘사는 나라를 물려줍시다. 나도 열심히…'라고 말하다 울음을 터뜨렸다. 광부들도 다 울었다. 그 현장 목격자 중엔 이 통곡 현장이 한국 기적의 시작이라고 생각하는 분이 여럿 있다. (2019. 5. 16.)

　삼대초밥의 1대 사장인 전선도도 마찬가지다. 입에 풀칠조차 하기 어려웠던 그 시절에 그는 어린 나이임에도 불구하고 용감하게 식당에서 허드렛일부터 배우기 시작한다. 그가 불굴의 도전정신을 가지지 않았다면 불가능했을 일이다. 그리고 오랜 기간 남의 식당에서 훈련과 실습을 거친 후에 드디어 자기 명의의 식당을 차리게 된다. 앞서 언급한 바가 있는 서성동의 좁다란 어느 골목의 한구석에서다. 그렇게 첫출발을 한 삼대초밥은 많은 시행착오를 거듭한 끝에 차츰 사람들의 입에 오르내리기 시작한다. 입에서 입으로……. 그 후로도 음식 맛이 좋다는 소문이 계속 퍼지면서 단골들이 하나둘씩 생기기 시작한다.

　일제강점기에 일본인이 운영하던 마산의 한 요정에서 잔심부름을 하다가 주방 일을 배우게 되었다는 1대 사장 전선도. 꼬맹이에 불과한 그가 성실하고도 악착같이 일하는 모습을 보고 탄복한 일본인 사장이 그를 오사카로 데려가 본격적으로 일식 요리를 배우게 함으로써 오늘날의 삼대초밥이 탄생하게 되었다는 후문이다. 그리고 그 당시에 그가 일본에서 배워 온 오사카식 초밥 간장이 현재 삼대초밥의 1급 비밀병기가 되었다고 한다. 그래서일까.

오늘날 삼대초밥의 대표적인 자랑거리도 바로 그 초밥 간장이라고 한다. 의심스럽다면 직접 한번 맛보시기를…….

2대인 전원작 사장이 54세에 타계한 탓으로 지금은 3대인 전봉준 사장이 삼대초밥을 운영하고 있다. 삼대초밥이란 옥호도 1998년경 3대인 전봉준 사장이 직접 정했다고 한다. 자기가 3대였기 때문이란다. 그는 군을 제대한 후 요리학원에 다니면서도 틈나는 대로 할아버지로부터 요리를 배우고 있었는데, 1997년 아버지가 갑자기 돌아가시자 스물세 살의 나이에 엉겁결에 식당을 물려받았다고 한다. 하지만 식당 운영을 전적으로 책임졌던 아버지가 타계하고 나자 모든 것이 막막했단다. 그래도 조상이 돌본 탓인지 부친이 타계하기 약 4개월 전부터 부친으로부터 본격적으로 요리를 배운 것이 큰 힘이 되었다고 한다. 특히나 전봉준 사장이 보통이 아닌 것은, 젊은 나이에도 불구하고 입맛 까다로운 손님들을 상대로 일식집을 하겠다고 나섰음은 물론, 일본식 요리를 배우기 위해서 일본 유학까지 감행했다는 사실이 놀랍기 때문이다.

사실 그는 일본 요리를 배우기 위해서 일본 오이타현 벳부 대학으로 유학을 간 엘리트이며, 또한 벳부시에 있는 보우카이 호텔 주방에서 직접 요리를 배운 일식 전문 셰프 출신이기도 하다. 그런 이유 때문에 많은 미식가들이 삼대초밥을 찾는 것이며, 그가 일본에서 정통 일본식 요리를 배워왔기에 삼대초밥의 음식 맛이 고객들로부터 인정을 받는지도 모르겠다. 왜냐하면 초밥은 그 뿌리가 일본이기 때문이다. 요즘엔 나라 전체가 불경기라 식당 운영이 어렵지 않으냐고 묻자, 이런 대답이 돌아왔다.

저희 집을 꾸준히 찾아주시는 단골손님들 때문에 아직까지는 비교적 장사가 잘되는 편입니다. 그리고 저는 나중에 이 식당을 제 자식에게 물려줄 생각을 하고 있습니다. 그리되면 4대가 되겠지요. 그 후에는 어찌될지 모르겠지만, 가능하다면 대대손손 이어지도록 할 생각입니다. 삼대, 사대, 오대 초밥집이 될 수 있도록 하는 것이 저의 간절한 소망입니다.

내가 2007년 7월 말에 이아타(aita/iata) 세계연극제를 마산과 창원에서 개최한 적이 있다. 그 당시에 나는 연극제 총괄 사무국을 대우백화점 16층에다 두고 세계 각국의 연극 대표들을 삼대초밥으로 자주 안내하곤 했는데, 그때 그들은 삼대초밥의 음식 맛에 칭찬을 아끼지 않았던 것이다. 그 후로도 이런 저런 행사 때문에 삼대초밥과의 인연은 계속되었다.

그런 인연 중의 하나다. 어느 날 경남은행 부행장을 역임한 나의 국민학교 동기인 최민호가 삼대초밥에서 좀 보자고 해서 둘이서 만났는데 느닷없이 그가 주례 이야기를 꺼내는 것이 아닌가.

"친구야, 주례 좀 서 주라."
"주례? 무슨 주례?"
"……."
"대체 누구 주례를 서란 말이고?"
"이 집 사장."
"무슨 뚱딴지같은 소리고. 연극인이 결혼한다면 당연히 주례를 서겠지만, 나는 이 집 사장을 잘 모른다. 그리고 또 그가 연극인도 아닌데……."
"친구야, 내가 아무 생각 없이 부탁하는 게 아이다. 신랑 어머니가 간곡히 부탁해서 그런다. 친구 니가 연극제 준비를 하면서 이 집을 드

2007년 '이아타 세계연극총회'에 참석한 세계 각국 연극 대표단.

2007년 '이아타 세계연극총회' 환송 만찬에 참석한 외국 연극인들과 함께.

제3부 불후의 명소들

나들 때부터 잘 알고 있다 카더라. 그리고 신랑 어머니가 우리 집사람 친언닙니다."

"뭐라꼬? 친언니? 에이 거짓말하지 마라."

"아이다 친구야. 진짜다. 그러니 다른 말 하지 마라, 고마!"

죽마고우의 부탁을 거절할 수가 없어서 나는 할 수 없이 삼대초밥의 3대 사장인 전봉준의 주례를 서게 되었고, 그 때문에 삼대초밥과의 인연이 지금까지도 이어지고 있다. 그리고 이제 와서 보니 그때 주례를 선 것이 참 잘된 일인 것 같기도 하다. 삼대초밥에 올 때마다 내가 왔다고 그가 특별 서비스를 제공하니 괜히 같이 온 지인들에게도 어깨가 으쓱해지기 때문이다. 삼대초밥이여 계속 번창하고 또한 창대하라!

이번엔 '신라초밥'을 보자.

오동동 초입의 코아양과 맞은편, 그리고 중성동 족발 골목 들머리에 떡하니 자리 잡고 있는 신라초밥. 창동과 오동동이 전성기를 구가할 때는 말할 필요도 없지만 오늘날에도 예약을 하지 않으면 빈자리가 없을 정도로 성업 중이라는 신라초밥. 장사가 잘되는 그 비결은 무엇일까. 그리고 그런 신라초밥의 초석을 놓은 최삼룡 사장은 과연 어떤 인물일까.

어쩌다 한 번씩 그를 남성동 통술집 홍화에서 볼 때가 있었다. 그때의 그는 전형적인 일식집 주방장을 상징하는 앞치마 차림에다 목이 긴 흰색 고무장화를 신고 있었다. 비도 오지 않는 맑은 날씨인데도 장화를 신고 있어서 좀 의아하게 생각하고 있었는데, 알고 보니 자기 가게에서 요리를 하다가 잠깐 틈을 내어 지인을 만나러 왔다는 것이다. 일류 초밥집 사장쯤 되면 폼을 좀 잡을 수도 있으련만 그는 전혀 그런 스타일이 아니었다. 그만큼 그는 소

신라초밥의 창업주 최삼룡 사장(사진 중앙), 오른쪽은 그의 아들 최지훈, 왼쪽은 정형준 요리사.

구마산 신라초밥 입구 사진.

제3부 불후의 명소들

탈하고 가식이 없는 사람이었다. 지금은 잘 모르겠지만 몇 년 전만 하더라도 그는 가게 영업을 끝내고 나면 소주 한 잔 하는 것을 즐기는 사람처럼 보였다. 시내 통술집에서 종종 그들 맞닥뜨린 적이 있기 때문이다.

나는 한때 신마산의 럭키통술에 자주 들른 적이 있다. 나를 청한 사람은 오랜 기간 주석을 같이해 온 경상남도의회 김오영 전前 의장이었다. 그 당시의 나의 단골집은 남성동 홍화집이었고, 그의 단골집은 신마산 럭키통술이었다. 그래서 창동 부근에서 술을 마실 때는 홍화집에서, 신마산에서 마실 때는 주로 럭키통술에서 만났다. 럭키통술뿐이 아니었다. 그와 나 그리고 이주영 국회의원 보좌관이었던 백종진 등등은 한 시기 신마산의 통술집 달포집과 송아통술 그리고 서호통술 등등에서 줄기차게 술판을 즐기던 시절도 있었다. 비록 오래전의 일이기는 하지만.

사위가 어둑어둑해지는 술시 무렵이 되면 어김없이 그로부터 전화가 왔다.

"형님, 어딘데예."
"창동 사무실."
"퇴근 안하고 뭐합니꺼. 퍼뜩 오이소 고마."
"오라니? 오데로?"
"오데긴 오뎁니꺼. 럭키통술이지요."

럭키통술은 그의 단골집으로, 간단한 저녁 식사와 함께 주석을 겸할 수 있는 주점이라서 좋았고, 또한 푸짐하게 나오는 안주가 장점이기도 했다. 전화를 받자마자 택시를 타고 허겁지겁 도착하니 벌써 주석 분위기가 후끈 달아

오르고 있었다. 내가 의자에 엉덩이를 채 걸치기도 전에, 후래자後來者 삼배三盃라는 만고의 주석 법칙을 내세우며 술잔을 강권하는 바람에 서너 잔을 연거푸 들이켜고 나니 갑자기 취기가 오르기 시작했다. 술이 약한 사람은 죽는 줄도 모르는 채, 모두들 주거니 받거니 하면서 술잔을 강권했고, 온갖 우스갯소리가 주점 안을 난무하기 시작했다. 바로 그런 풍경이 전형적인 통술집의 자화상이 아닐까 싶다.

그럴 즈음 갑자기 주점 출입문이 열리면서 신라초밥의 최삼룡 사장이 들어오는 것이다. 흥이 잔뜩 올라, "뭐~어~라고 말 하아~리까, 뭐라고 말~하~리이~까~"라고 목청 높여 노래를 부르면서다. 조미미의 〈먼데서 오신 손님〉이란 노래였다. 그가 다른 곳에서 한 잔 진하게 걸친 모양이다. 권주가 아닌 권주가를 부르면서 느닷없이 들어오는 그를 보고 김오영 의장이 즉석에서 맞장구를 친다.

뭐어~라~고오~말 하아리까~, 뭐라고 말 하리까~, 먼데서어~오신 소온~니임~, 으하하핫!

순간, 주점 안은 폭소가 난무하고 흥겨움이 휘몰아친다. 합석을 하라는 우리의 요청에 의자에 앉기는 했으나 그는 오래 앉아 있지 않고 술을 두어 잔 비우고는 가버린다. 그가 가고 난 뒤 주점 사장에게 물어보니 그가 럭키통술 이층에 살고 있으며, 럭키통술의 건물 주인이 바로 그라고 한다. 자기 집에 들어가면서 주점 안에 누가 있는가를 살펴보고 아는 사람이 있으면 한 번씩 들어온다고 한다. 오늘도 집에 들어가다 슬쩍 들어다보고는 아는 사람들이 보이니 들어온 것이라고 한다. 〈먼데서 오신 손님〉이 그의 십팔번이란다. 듣고 보니 그는 자기 십팔번을 참 잘 정한 것 같다. 우리가 먼데서 온 자기

나도향羅稻香. 본명은 나경손慶孫이며 필명은 나빈彬이다.

손님은 아니지만 그래도 손님은 손님이니까…….

삼대초밥 하면 염상섭의 소설 〈삼대〉가 연상되듯이, 신라초밥 하니까 나도향羅稻香(1902~1926년)의 단편소설 〈벙어리 삼룡〉이 오버랩된다. 아마도 신라초밥 사장 이름이 최삼룡이라서 그럴 것이다. 소설 〈벙어리 삼룡〉은 세 번이나 영화로 만들어졌다. 그만큼 명작이란 의미다. 맨 처음 만들어진 영화는 1929년 개봉된 불세출의 영화감독 춘사春史 나운규가 감독·주연한 〈벙어리 삼룡〉이고, 두 번째 영화는 1964년 신상옥이 감독하고 김진규가 주연한 〈벙어리 삼룡〉이며, 세 번째 영화는 변장호가 감독하고 김희라가 주연을 맡은 〈벙어리 삼룡〉이 그것이다. 앞의 두 영화는 흑백 영화이고 세 번째 영화는 컬러 영화다. 나는 신상옥과 변장호가 감독한 영화 둘 다를 본 적이 있다.

영화 속의 주인공인 삼룡이의 심성이 착하고도 순박하듯이, 묘하게도 신라초밥의 최삼룡 사장도 마찬가지인 것 같다. 우선 항상 웃는 얼굴과 친절한 태도가 그렇다. 첫인상이 좋다는 말이다. 그러니 남에게 호감을 줄 수밖에 없다. 그리고 음식 맛 또한 일품이니 신라초밥이 유명세를 타지 않으면 그게 이상한 일일 것이다.

신라초밥과 삼대초밥은 서로 비슷한 점이 좀 있다. 첫째는 대를 이어 영업을 한다는 점이 그것이다. 신라초밥은 이대에 걸쳐서, 삼대초밥은 삼대에 걸쳐서, 영업을 하고 있기 때문이다. 삼대초밥의 역사는 앞에서 언급한 바와 같고, 신라초밥은 1대가 아버지인 최삼룡이고 2대는 아들인 최지훈이다. 둘째는 신라초밥의 2대인 최지훈과 삼대초밥의 3대인 전봉준은 모두 정통 일본식 요리를 배우기 위해서 일본 유학까지 한 엘리트 셰프 출신이라는 점이다. 셋째는 양가兩家의 두 아들 모두 자기 아버지로부터 직접 요리 기술을 전수받았다는 사실이다. 그래서 두 집은 서로 비슷한 점이 좀 있다는 말이다.

어느 날 신라초밥의 최삼룡 사장과 마주 앉았다. 물론 술잔을 앞에 두고서다. 위에서 언급한 대로 신마산 럭키통술에서 한 번씩 조우한 적은 있지만, 인터뷰 형식의 만남은 처음이었다.

"마산 일식 요리계의 대부라는 평판이 자자합니다만, 대체 언제부터 요리를 배우기 시작했습니까."
"열네 살 때부텁니다. 그러니 올해로 대략 55~6년쯤 됩니다. 일식 요리 경력이 말이지요."
"참 선견지명이 있는 것 같습니다. 이렇게 큰 성공을 거둔 것을 보면."
"아이고, 선견지명은 무슨 선견지명입니까. 그때는 지독히도 가난해서, 그리고 배가 고파 죽을 지경이어서, 밥이라도 한 술 얻어먹자고 식당에서 일을 했을 뿐입니다."
"그래도 그 어린 나이에 식당에 가서 요리를 배운다는 게 얼마나 기특한 일입니까."
"어린 나이에 요리를 어떻게 배우겠습니까. 처음에는 허드렛일만 했지요. 연탄불 갈고 식당 홀 청소하고……. 한 4~5년 정도 그렇게 하다가 겨우 칼을 잡고 요리하는 법을 배우기 시작했지요, 허허허."

그는 코흘리개에 불과했던 열네 살의 어린 나이에 이학초밥에서 허드렛일을 하는 것을 시작으로 식당계에 입문한 후 온갖 고생을 하다가 스물일곱 살

되던 해인 1977년에 드디어 그 이름도 찬란한 신라초밥을 개업했단다. 그때의 감격이란 말로 표현할 수가 없었단다. 그리고 한 이삼 년 정도 더 죽자고 일을 했는데, 다행히 장사가 잘되어 꿈에도 그리던 자기 집도 마련하게 되었단다.

　삼대초밥의 경우처럼 그의 아버지도 일찍 타계한 탓으로 집안이 너무 가난했기에 그는 먹고 자는 것만 해결되어도 감지덕지해야만 했고, 그래서 먹고 재워주는 식당에서 일을 하게 되었단다. 같은 또래의 학생들이 책가방을 둘러메고 학교 가는 모습을 보고는, 한편으론 부럽기도 했지만 또한 오기도 생겨서, 더더욱 이를 악물고 일을 열심히 배웠다고 한다. 그 결과 그는 신라초밥을 일구어 낼 수 있었다고 한다. 이러한 최삼룡 사장의 인생사가 바로 고진감래苦盡甘來의 전형이자, 구한감우久旱甘雨의 전형이라 하지 않을 수 없는 것이다.

　오늘날에도 최삼룡 사장은 자신의 아들인 최지훈과 그가 친자식과 진배없이 보살피면서 십 오륙 년 넘게 데리고 있는 정형준 요리사를 계속 담금질시키고 있다고 한다. 둘 다를 식신의 반열에 올려놓기 위해서란다. 이러한 집념 어린 그의 장인정신이 오늘날의 신라초밥을 있게 한 원동력임은 불문가지일 것이다.

　옛날의 구마산 중성동 골목에는 각양각색의 가게들이 포진해 있었으나, 오늘날의 그 골목길 좌우에는 골동품에 버금가는 가게가 몇몇 개 정도 남아 있을 뿐이다. 우선 신라초밥이 있는 골목은 족발골목으로 잘 알려진 곳인데, 그곳에는 이제 서너 개의 족발집만 남아 있을 뿐이다. 옛날에는 고갈비를 파는 가게가 많아서 고갈비 골목이라 불리기도 했던 곳이다. 그리고 그 위쪽 골목에는, 선술집으로는 만초집과 보금자리가, 식당으로는 청해찜·할매장

어국밥·숙이네집이, 커피숍으로는 '사랑이 그린 세상' 등등이 외롭게 버티고 있을 뿐이다.

    그만큼 중성동 골목길은 옛 추억들이 많이 서려 있는 곳이다. 그런 골목길 초입에서 신라초밥은 일식집으로서는 우일하게 지금까지도 그 자리를 지키고 있으니 아낌없는 박수를 보내고 싶은 것이다. 신라초밥이여, 영원하라.

로맨티스트들의 안식처
―보금자리와 성미 그리고 황제

구마산 코아양과 건너편에는 오래전 한때 시외버스 주차장이 있었다. 일제강점기부터 있었고 그 주차장을 경남 차부라고도 했다. 서성동 시외버스 주차장이 생기기 전의 일이고, 부산 가는 시외버스도 그곳에서 출발했다. 그래서 그 부근이 문전성시를 이루던 시절이 있었다. 조각가 문신의 삼촌도 그 부근에서 가게를 했다고 문신이 그의 회고록에서 직접 밝혀놓고 있기도 하다.

그곳에서 중성동 쪽으로 올라가는 골목길이 하나 있는데, 그 골목길의 운치가 꽤 좋다. 그리고 그 골목길에는 이름난 선술집과 식당들이 제법 있었다. 마산이 창원시로 통합되기 전까지의 풍경이다. 그런데 그런 가게들 대부분은 이제 거의 다 사라지고 없지만, 그래도 아직까지 그곳을 떠나지 않고 남아서 고군분투를 하고 있는 선술집이 있음은 놀랍고도 고마운 일이다. 특히나 분위기가 있는 선술집을 찾아다니는 주당들에게는.

중성동 골목길의 선술집을 언급하면서 빠뜨려서는 안 될 명소는 바로 '만

중성동 골목길에 있는 주점 보금자리.

초집'이다. 지금은 찾는 사람들이 적어서 안타깝지만, 만초집의 조남웅 사장은 지금의 코아양과 맞은편의 어느 건물 2층에서 한때 '음악의 집'이라는 유명한 주점을 운영했던 인물이다. 한 시절 "마산에서 음악의 집을 모르면 로맨티스트가 아니다."는 말이 통했을 정도로 소문난 주점이 바로 음악의 집이었다. 이 만초집은 《창동야화》 1권에서 언급했기에 여기서는 생략한다. 참고로 지금은 조남웅 사장의 아들 부부가 만초집을 운영하고 있다.

그 만초집에서 몇 걸음 위로 올라가면 '보금자리'라는 주점이 나온다. 솔직히 말하면 주점이라고 하기에는 그 공간이 너무 좁고, 또 선술집이라고 하기에는 또 좀 고급스런 그런 곳이다. 그러나 누가 상호를 작명했는지는 몰라도 그 공간과는 딱 어울리는 이름이다. 보금자리란 말만 들어도 아늑하고 포근한 고향의 어머니 품이 연상되기에 하는 말이다. 참으로 주점과는 절묘하게 잘 어울리는 옥호란 생각이 든다.

그런데 그 보금자리에는 아무나 출입할 수가 없다. 그곳을 아는 사람이 아니면 쉽게 찾을 수가 없다는 뜻이다. 그리고 주점 주인도 굳이 자기 가게를 일부러 알리려고 애쓰지 않는 것 같다. 달리 말하면 단골들만 찾아오는 주점으로 보면 된다. 또한 아무리 돈 많은 사람이라도 매너가 좋지 않으면 주점 주인이 냉정하게 출입을 금지시켜 버린다. 그만큼 주점 주인의 콧대가 높다는 말이고 달리 말하면 그녀가 단골들을 잘 챙긴다는 의미도 되겠다.

보금자리는 좀 과장되게 표현하자면 주점계의 사문난적斯文亂賊이랄 수 있다. 사문난적은 "유교, 특히 성리학에서 교리를 어지럽히고 그 사상에 어긋나는 말이나 행동을 하는 사람을 이르는 말"인데, 바로 그런 점 때문에 보금자리를 주점계의 사문난적에 비유하는 것이다. 그 이유는 이렇다.

보통의 선술집들은 술값에 안줏값을 포함해서 얼마를 받고 있지만, 보금자리는 안줏값은 받지 않고 술값만 받는다. 그런 사실은 보금자리에서 술을 마셔본 사람이라면 누구나 간파했을 것이다. 어느 선술집을 막론하고 술값은 고정가격처럼 거의 비슷하다. 그래서 선술집은 안줏값으로 운영된다고 보는 것이 통설이다. 그러함에도 보금자리는 안줏값을 받지 않으니 믿을 수가 있겠는가. 도대체 무슨 이윤이 남아서 여태까지 장사를 계속하고 있느냐는 의문이 들 수밖에 없는 것이다.

만약 최근에 개업했다면, 주점을 알리기 위한 방법 중의 하나로, 한두 주나 한 두어 달 정도는 그렇게 할 수도 있겠다는 생각이 들지만, 보금자리는 개업할 때부터 지금까지 안줏값을 안 받고 있다고 하니, 보금자리를 감히 주점계의 사문난적에 비유하는 것이다. 아니 주점계의 이단자라고 하는 것이 맞을지도 모르겠다.

지금도 보금자리는 안줏값은 안 받고, 술값으로 맥주나 소주 한 병에 5천 원을 받는다고 하니, 술값이 저렴한 선술집인 것이다. 요즘 같은 세상에 그런 문화재 같은 선술집이 마산 말고는 또 어디에 있을까 싶다. 그렇다고 술안주가 부실한 것도 아니다. 아마도 선술집에서 내놓는 안주치고는 최상급으로 보면 된다. 안주의 종류가 다양함은 물론 맛 또한 일품이다. 못 믿겠다는 사람은 일차 왕림해 보시기를……. 단, 주점 테이블이 네댓 개밖에 안 되니 사전에 꼭 확인하고 왕림하시기를.

내가 보금자리를 알게 된 시기는 지금부터 대략 삼십여 년 전이다. 그 당시의 어느 날, 대학 은사인 정자봉 교수가 느닷없이 그곳으로 호출하기에 가서 보니, 보금자리 방 안에서는 벌건 대낮부터 이미 술판이 질펀하게 벌어지고 있었다. 교당 김대환 화백과 함께였다. 내 은사인 그가 교당 화백과 그렇게 친분이 깊다는 사실도 그때 처음 알았다. 그때부터 보금자리와의 인연이 시작된 것이다. 그 후로는 보금자리에 갈 기회가 별로 없었는데, 내 사무실을 창동으로 옮긴 후부터는 다시 보금자리를 찾게 되었다. 어떨 때는 전 마산MBC의 박권주 이사와 술자리를 가지기도 했고, 또 어떨 때는 연극계 후배들과 술잔을 기울이기도 했다. 그래서 이제는 부담 없이 갈 수 있는 주점 중의 하나가 되어버린 것이다.

이왕 말이 나왔으니 하는 말이지만, 박권주 이사는 방송기자 출신이라서 그런지 몰라도 정확한 팩트에 기반을 둔 다양한 화제로 주석을 휘어잡는 인물이다. 그와는 호형호제하는 사이기도 하지만, 그의 박학다식함에 탄복하여 술자리를 자주 하는 편이다. 알고 보니 그는 전문 사진가 뺨칠 정도로 사진에도 조예가 깊은 인물이고, 분야를 넘나들며 해박한 지식을 자랑하는 강호의 고수이기도 했다. 한때 마산예총 회장을 지낸 마산 사진계의 대부 남기섭이 그의 촬영 실력에 놀라 혀를 내둘렀다고 하니 말 다한 것이다.

어느 날 그와 연극하는 후배 정석수 그리고 내가 보금자리에서 술자리를 하게 된다. 시간은 술시 무렵이었고, 또한 밖에는 비까지 추적추적 내리고 있어서 선술집에서 술 마시기에는 안성맞춤인 날이었다. 그와 나는 주로 맥주를 즐기는 편이다. 그래서 우리는 맥주와 소주를 앞에 두고 술잔을 기울이기 시작했다. 물론 소주는 정석수를 위한 것이었다. 정석수의 주종이 소주였기 때문이다.

그런데 술잔이 두어 순배 돌고 나자 그가 불쑥 이런 말을 했다. "이런 날은 꿉꿉주를 마시는 날"이라고. 날씨가 꿉꿉하거나 비가 촉촉하게 내리는 날 마시는 술이 '꿉꿉주'라고 했다. 듣고 보니 나도 언젠가 예술계 어른들로부터 들은 적이 있는 말이었다. 그리고 또 듣고 보니 참으로 정겨운 말이기도 했다. 꿉꿉주라니……. 하기야 어디 꿉꿉주뿐이랴. 섭섭주·축하주·화합주·혈맹주·오사마리주 등등 그럴듯한 이름을 가진 술자리가 얼마나 많은가 말이다. 어쨌든 우리는 꿉꿉주를 핑계 삼아 여러 번 술잔을 부딪치기도 했다.

그리고 얼마 후, 이번에는 그가 '동냥거리'를 언급하는 것이 아닌가. 동냥거리란, 옛날 선술집에서 통용되던 말이다. 지금도 그렇지만 옛날의 예인들은 대부분 가난했던 관계로 자기들 단골 술집에 술값을 외상으로 달아놓았다가, 그 외상값을 갚아주는 날이면, 술집 주인이 고맙다고 내는 공짜 술이 동냥거리였던 것이다. 외상 술값을 갚으러 왔다가 주인이 내놓는 그 동냥거리 때문에 또다시 술판이 벌어지곤 하던 그런 낭만적인 시절이 있었던 것이다. 물론 요즘에는 거의 다 사라져 버린 술문화지만 그 이름만은 얼마나 정겹고 낭만적인가.

이처럼 박권주 이사는 당대를 주름잡은 방송인이자 멋과 풍류를 아는 사람이었다. 그리고 그의 단골집도 보금자리였다. 그래서 우리 셋은 보금자리에서 주석을 자주 가졌다. 그는 의령 출신이다. 그리고 정석수도 의령 출신이다. 그 때문인지는 몰라도 우리의 주석은 늘 흥겹기만 했다. 그런데 특이한 것은 그와 여러 번 주석을 같이했지만 그는 단 한 번도 우리에게 술값을 내도록 허락한 적이 없다는 사실이다. 그만큼 그는 보스 기질을 가진 로맨티스트랄 수 있다. 내로라하던 로맨티스트들이 당대를 주름잡은 마산에서, 어느덧 원로 축에 접어든 그가 영원한 로맨티스트로 좌정해 주기를 바라는 마음 간절하다.

이번에는 정석수에 대해서 좀 더 언급하고자 한다. 그가 우리 지역에서는 보기 드문 조명 전문가이자, 한 시기 경남 연극계에서 조명으로 당대를 풍미한 인물이기 때문이다. 그는 우리 극단(극단 마산)의 부대표로서 나와 오랜 기간 동고동락해 왔을 뿐 아니라 한때는 한강 이남에서 조명 전문가로 둘째가라면 서러워할 정도로 이름을 날린 인물이었다. 대략 1977년부터 1990년대 말까지의 기간 동안이다. 그래서 한 시기 한강 이남에서 조명 전문가로는 부산의 한동수와 마산의 정석수, 이 두 사람뿐이라고 해도 과언이 아닌 적이 있었다.

특히나 1970년대 중반까지만 해도 마산은 물론이요 경남 전체에는 조명 전문가가 아예 없었다. 그래서 공연을 하려면 조명을 부산에서 불러와야만 했다. 그리고 불러오는 그 비용 또한 만만찮았다. 그 당시의 부산 조명 전문가는 위에 언급한 한동수라는 인물이었다. 그는 양쪽 귀에 장애가 있어서 항상 보청기를 끼고 다녔고, 마산에서 연극공연을 하려면 반드시 그를 불러야만 했다. 연극에는 조명이 반드시 필요했기 때문이고 마산에는 조명 전문가가 없었기 때문이다. 특히나 한 시기 마산 연극의 메카 역할을 톡톡히 했던 완월동 경남대학 강당에서 연극 공연을 할 때는 반드시 그가 조명을 담당했었다. 그 기간이 대략 1980년대 초반까지였다.

그런데 부산의 한동수 뒤를 이어 마산의 정석수가 조명가로 나서게 된 사연이 흥미롭다. 그가 연극의 여러 분야 중에서도 유독 조명 분야에 투신한 사연이 흥미롭다는 말이다. 한동수보다 나이가 약 서른 살 정도 아래인 정석수는 경남대 극예술연구회를 통해서 연극에 입문했다. 그는 술자리에서 "내가 연극을 처음 시작할 때에는 대사 분량도 얼마 되지 않는 단역이었음에도, 연습을 하다가 연출에게 연기를 못한다고 핀잔 아닌 핀잔을 자주 듣게 되자 화가 치밀어 즉석에서 배우를 그만두고 조명으로 전공을 바꿨다."는 농담을 자주 하지만, 사실 그가 조명을 전문으로 하게 된 이유는 따로 있었다.

그것은 다름 아닌 바로 조명 임차료 때문이었다. 지금도 연극 제작비를 마련하는 일이 힘들지만, 1970년대 중반 무렵에는 지금보다 상황이 훨씬 더 어려웠다. 연극 한 편을 무대에 올리기 위해서는 다른 비용은 차치하고라도 조명 임차료 마련이 가장 큰 난제였다. 조명을 외부에서 불러와야만 했기 때문이다. 그렇다고 조명 없이 공연을 할 수도 없는 처지였다. 그런 사정을 일찍부터 간파했던 인물이 바로 정석수다. 그는 비싼 조명 임차료를 절약하기 위한 방안을 다각도로 찾던 끝에 드디어 자신이 직접 조명 전문가로 나서기로 한 것이다. 왜냐하면, 조명 임차료를 주는 대신 그 돈으로 조명기기를 구입해서 직접 조명가로 나서는 편이 훨씬 경제적이라고 생각했기 때문이다. 또한 구입한 조명기기들이 시간이 지날수록 재산으로 남게 되는 장점까지 있었음은 물론, 무역학과라는 그의 대학 전공도 크게 작용했을 것이다.

우연한 기회에 조명기기를 구입하게 되고 또한 작품에서 조명을 담당하게 된 것이 훗날 그의 천직이 될 줄을 어느 누가 알았으랴. 그 자신도 몰랐고 그의 동료들도 몰랐다. 그가 난생처음 조명에 입문한 시기인 1977년부터 2020년 오늘날까지 근 43년이란 세월이 부지불식간에 흘러갔기에 하는 말이다. 하지만 그는 조명에 대한 뚜렷한 소신을 일찍부터 가지고 있었고, 조명의 중요성을 누구보다도 먼저 간파한 인물이었다. 그 때문일까, 그는 몇 년 후에는 직접 조명사업에 뛰어들고 만다. 조명회사를 직접 차린다는 말이다. 1987년 고고의 성을 울린 '반도조명'이 바로 그것이다. 이 반도조명은 오늘날까지도 우리 지역의 공연예술계에서 크나큰 역할을 하고 있으니 그의 선견지명이 돋보이는 것이다.

오늘날에는 최신식 장비를 갖춘 조명 업체들이 우후죽순 격으로 부침을 거듭하고 있지만, 그가 조명에 입문할 당시만 하더라도 조명가라는 명칭 자체가 생소했음은 물론 그 숫자도 귀했다. 그리고 세월이 흘러 어느덧 본인 자신도 모르는 사이에 그는 경남 조명계의 거목으로 등극하고 말았다. 그리고 어느덧 그도 이순耳順이 되었다. 다른 직업을 선택했더라면 더 대성했을 터이지만, 조명이라는 직업을 운명적으로 선택한 후 40여 년이 넘는 동안 조금도 좌고우면하지 않고 조명이라는 외길만을 걸어온 그의 장인정신이 놀랍기에 그를 언급해 본 것이다.

이야기는 다시 보금자리로 돌아온다. 진주 출신인 보금자리의 주인은 그곳에서 장사를 한 지가 어느덧 삼십 년이 훌쩍 지났다고 한다. 그렇게 오랜 세월 동안 안줏값을 안 받고도 어떻게 주점을 운영해 왔느냐고 묻자, "처음부터 안 받았는데 이제 와서 받을 수가 없네요. 중요한 것은 돈이 아니라 신의가 문제지요."라고 한다. 참으로 통 큰 여인이 아닐 수가 없고, 참으로 대인배 같은 여인이 아닐 수가 없다. "돈이 벌리고 안 벌리고가 문제가 아니라 주변 가게들이 하나씩 둘씩 장사를 접는 현실이 더 가슴 아프다."고 하는 보금자리 주인의 말이 가슴을 후벼 판다.

그런데 이 보금자리의 단골인가 아닌가는, 주점 주인을 부르는 호칭을 들어보면 금세 알게 된다. 보금아라고 부르는 사람은 단골이고, 사장님 또는 사모님이라고 부르는 사람은 처음 오는 손님이거나 단골 축에 끼지 못하는 사람으로 보면 된다. 안줏값을 안 받는 보금자리가 영원히 우리 곁에 있어주면 얼마나 좋으랴만, 어느 순간 소리 소문도 없이 사라져 버리지나 않을까 하는 두려운 생각부터 드는 것은 나만 느끼는 감정일까. 보금자리를 아끼는 단골들이 많기에 하는 말이다.

　이번에는 다른 주점을 보자.
　나에게 마산의 또 다른 로맨틱한 주점을 추천하라고 하면 나는 주저하지 않고 '성미'를 추천하고 싶다. 마산 어시장 맞은편 옛 극동예식장 건물에서 남성동 쪽으로 조금 올라가면 길모퉁이의 건물 1층에 위치한 주점이 바로 성미다. 마산의 예인들이 즐겨 찾았고 또 즐겨 찾는 주점이다. 월영초등학교 16회 출신인 천복희 사장이 운영하는 주점이다. 빈대떡 맛이 일품이고 실내 분위기도 괜찮은 주점이다. 1986년에 처음 문을 열었으니, 올해로 34년의 역사를 가진 주점이다. 특히나 주점 벽면 곳곳에는 화가들의 작품이 여럿 걸려 있어 운치를 더해 준다. 현재호 화백과 이선관 시인, 그리고 변상봉 화백과 허청륭 화백이 생전에 즐겨 찾은 주점이다. 그러고 보니 이 네 분의 예인들은 이미 모두 다 고인이 되고 말았다. 어디 그들뿐이랴. 김대환 화가·장기홍 지휘자·김미윤 시인·성낙우 도예가 등등 많은 예인들이 즐겨 찾은 주점이고, 송인식 관장·정자봉 교수·김성율 장사·문자은 여사는 물론 수많은 명사들이 드나들었던 곳이기도 하다.
　성미는 단순히 술만 마시는 장소가 아니라서 더 좋다. 그곳은 예술적인 분위기가 넘실대는 공간이기도 하다. 그곳에서 정기적으로 열렸던 '우리 가곡 부르기' 행사가 그 단적인 증거랄 수 있다. 주인인 천복희 여사가 노래를 좋아하기 때문일 것이다. 아니 그녀는 일류 성악가 뺨칠 정도로 노래 실력이

❶❷ 성미의 천복희 사장.
❸ 성미에서 열린 작은음악회.
❹ 성미의 벽면을 장식하고 있는 그림들.

뛰어난 사람이다. 창원 성산아트홀에서 성악 발표회까지 했을 정도로 실력파이기도 하다. 또한 성미에는 피아노까지 준비되어 있어 술을 마시다가 흥이 나면 누구든지 노래를 한 곡조 뽑을 수도 있다. 마치 연극의 무대 세트처럼 화가들의 그림이 주점 벽면 곳곳을 장식하고 있고, 피아노와 노래방 기기까지 준비되어 있는 주점이기도 하다.

마산 출신의 전설적인 씨름 선수 김성율 장사가 생전에 성미에 그 모습을 자주 보였기에 언젠가 물어보니 그가 그녀의 고종사촌 오빠라고 했다. 당대를 호령했던 마산의 전설적인 주점 고모령이 없어진 후에는 성미가 고모령을 대신한 적도 있었다. 고모령을 출입하던 주당들이 성미로 발길을 돌렸기 때문이다. 그리고 고모령을 잃은 주당들의 허전한 심정을 성미의 주인이 잘 헤아려 주었기 때문이다.

성미에서 남성동 골목 쪽으로 걸음을 좀 더 옮기면, 골목길 중간쯤에 식당 겸 통술집이 하나 나온다. 바로 그 이름도 유명한 '홍화집'이다. 이 홍화집도 당대를 풍미한 명소 중의 하나요, 내로라하던 명사들이 출입한 곳으로 유명하지만, 나의 졸저 《창동야화》 1권에서 이미 언급했기에 여기서는 생략한다. 그 대신 홍화집 맞은편에 있는 골동품 같은 주점 하나를 소개하련다.

홍화집 맞은편 어딘가로부터 매일 술시 무렵이 되면 흥겨운 음악 소리가 들려오는 곳이 하나 있으니 바로 '황제'라는 주점이 그곳이다. 위치는 홍화집 맞은편 인근 2층이다. 한때는 스탠드 바라는 주점이 전국을 강타하던 시기가 있었다. 생음악 반주에 맞춰 노래를 부르면서 술을 마실 수 있는 그런 스타일의 주점이었다. 그 때문에 오르간 반주자나 기타 반주자들이 상종가를 치던 시절도 있었다. 우리 마산뿐 아니라 전국적으로 유행하던 주점이었지만 이제 그런 주점들은 거의 다 사라지고 없다. 하지만 우리 마산에는 아직까지도 보물처럼 남아 있는 주점이 하나 있으니 바로 '황제'가 그곳이다.

"베토벤의 음악 중에서는 피아노 협주곡 5번인 황제가 최고요, 마산의 노래 주점 중에서는 남성동의 황제가 최고"라는 농언이 있을 정도로 한 시기 이름을 날렸던 곳이고 또 지금까지도 자리를 지키고 있는 주점이 바로 황제인 것이다. 그리고 그 황제의 사장이 이장성이란 이름을 가진 기인이다. 그는 외모로만 보면 그저 그런 사람처럼 보이지만, 알고 보면 그는 대단한 사람이다. 그가 주점에서 단순히 반주만 해 주는 악사가 아니라 유명한 화가이기도 하기 때문이다. 그가 전국 규모의 미술공모전에서 여러 차례 큰 상을 받은 사실이 화가로서의 그의 실력을 입증해 주는 단적인 증거다. 예컨대, 운보 김기창 화백을 비롯한 여러 화가들이 국전을 반대해서 만든 한국미술문화대전에서 그가 창(窓)이란 작품으로 금상을 수상한 것도 그 증거 중의 하나랄 수 있다. 그런 그가 어떤 연유로 마산까지 와서 화가와는 다른 길인 주점의 악사가 되었는지가 궁금했다. 그래서 그의 인생역정을 직접 들어보기로 했다.

황제 전경.

교당 김대환 화백이나 서양화가 허청륭 화백처럼 그도 일본에서 태어나 해방이 되자 한국으로 돌아온 세칭 귀환동포란다. 1941년 일본에서 태어난 이장성. 그는 제2차 세계대전에서 일본이 패망하고 해방이 되자 귀국선을 타고 한국으로 돌아오게 되는데, 그때 도착한 곳은 마산이 아니라 대전이라고 했다. 그 때문에 그는 대전에서 자랐단다. 그런 그가 마산으로 온 시기는

황제 이장성 사장.

1980년 4월 7일자 경남신문 6면의
아세아 사교장 광고.

1987년 4월 13일자 경남신문 3면의
마산롯데크리스탈 나이트크럽 라훈아 쇼 광고.

5·16 군사정변이 일어난 해인 1961년경이라고 했다. 그리고 그가 마산에 정착하게 된 사연을 듣고는 운명적이란 생각이 들기도 했다.

> 나는 그림을 그리면서 전국을 돌아다니다가 우연히 마산에 들르게 되었는데, 그때 난생처음 보게 된 마산의 풍광이 너무나 아름다워 그만 마산에 주저앉고 말았어요. 무학산에 올라가서 내려다본 마산 앞바다 풍경에 먼저 반해 버렸고, 가포에 가서 바라본 바다 풍광에 또 한 번 반해 버렸지요. 그래서 아무 연고도 없는 마산에 무작정 정착하게 되었지요. 역마살이 잔뜩 낀 사주팔자라고나 할까요.

음악에 뛰어난 재능을 가진 그는 삼십 대에 벌써 그 옛날 유명했던 오동동 빠에서 오르간과 색소폰 연주로 대단한 인기를 끌었다고 한다. 두 가지 악기 다를 연주할 수 있었기에 돈도 제법 벌었단다. 그래서 결혼도 하게 되었지만 한때는 힘들게 모은 재산 전부를 몽땅 사기당하는 불운을 겪기도 했단다. 그 때문에 깊은 실의에 빠져 있다가 우연히 황제라는 주점을 하게 되었단다. 그러나 황제도 처음부터 잘된 것은 아니란다. 황제의 문을 열기는 했지만, 장사는 뒷전이고 한때는 축구에 미쳐 주점 문을 매일 늦게 여는 바람에 동사무소에서 외관상 보기에 안 좋다고 낡고 오래된 주점 간판을 떼어가 버리는 웃지 못할 소동도 있었다고 한다.

황제를 언급하다 보니 한 시기 마산에서 이름을 날렸던 나이트클럽들을 살펴보는 것도 의미가 있을 것 같다. 그런 장소들은 대형 술집이기는 하지만 경기가 좋았던 그 시절에는 젊은이들의 정신적인 해방구 역할도 했기 때문이다. 그 당시의 나이트클럽에는 주로 청춘 남녀들이 들락거린 반면, 오동동의 오동동 빠나 은좌 빠 같은 주점에는 중년 남녀들이 드나들었다. 마산에서 나이트클럽이 우후죽순처럼 생겨난 시기는 대략 1980년대이며, 그중에서 대표적인 것은 마산 크리스탈호텔 나이트클럽이었다. 그 밖에 현 롯데백화점 부근의 신포동 금문교, 산호동 가야백화점 4층의 가야진 나이트클럽, 무학쇼핑센터 지하의 스타회관, 오동동 송학다방 3층의 아세아 사교장, 성안백화점 5층의 자이안트 타운, 용마맨션 앞의 서라벌 나이트클럽 등등이 그 대표적인 나이트클럽이었다.

전술한 대로 어쭙잖게 첫출발을 한 황제가 올해로 벌써 30여 년의 역사를 가진다고 한다. 30년이면 강산이 세 번이나 바뀌는 기간인데, 그동안 수많은 사람들이 황제를 찾았을 것임은 불문가지. 그래서 사장인 이장성에게 물어본다.

형님, 황제를 찾은 사람들 중에서 누가 제일 기억에 남습니까.

그러자 조금의 망설임도 없이 땡초라고 한다. 그럴 것이다. 땡초는 서양화가 허청륭의 별호다. 고모령의 문자은 여사가 지어준 것이다. 또한 이장성은 정자봉(교수)·변상봉(한국화가)·이승기(영화평론가)·김봉천(작곡가) 등도 황제를 자주 찾았던 단골이라고 한다.

허청륭은 황제와는 특별한 인연이 있는 사람이다. 그가 황제에서 근 십 년 이상 트럼펫 연주자로 이름을 날렸기 때문이다. 그것도 보통 연주자가 아닌 세계 최고의 연주자로서다. 그 당시에 그가 황제에서 트럼펫을 불면 다른 테이블에서 술을 마시던 사람들은 다들 깜짝 놀라곤 했다. 그의 트럼펫 연주 실력이 너무나 훌륭했기 때문이다. 그러나 사실 허청륭은 트럼펫을 입에만 대고 부는 시늉만 했을 뿐, 실제로는 황제의 이장성이 전자 오르간으로 세계

인터뷰 중인 허청륭 화백 (사진 정면 오른쪽).

최고 연주가의 연주를 대신해 주었던 것이다. 그 때문에 사람들이 감쪽같이 속았던 것이다. 처음에는 나도 감쪽같이 속았음은 물론이다. 그런 인연 때문에 허청륭 화백과는 더더욱 자주 어울리기도 했다. 그래서 생긴 에피소드도 좀 있다.

주점 황제가 한창 잘나가던 시절, 황제의 비밀병기 중의 하나는 바로 허청륭 화백이었단다. 그 이유는 그의 트럼펫 연주 모습이 너무나 환상적이어서 그 때문에 많은 손님들이 황제에 몰려들었기 때문이란다. 어쨌든 그가 가짜 트럼펫 연주를 시작한 숨은 사연이 있을 것 같아 이장성 사장에게 물었더니 그의 설명이 재미있다.

허 화백은 작은 체구였지만 한때는 술도 제법 마셨고 또 재치도 있던 사람이었어요. 그래서 그에게 시켰지. 아무 말도 하지 말고 그냥 트럼

제3부 불후의 명소들

펫만 입에 대고 부는 시늉만 하라고. 한 일 년 정도를 그렇게 연습을 시켰어요. 그러자 그의 연주 모습이 실제 연주자보다 더 멋진 모습으로 나타나더라고요. 그리고 처음에는 그가 가짜로 연주한다는 사실을 아는 사람이 아무도 없었어요. 그래서 손님들로부터 앙코르가 쇄도했고 그 때문에 공짜 술을 많이 얻어 마시기도 했지요. 허허허.

한때 허청륭 화백의 화실이 옛 중앙극장 아래의 평안안과 부근에 있었다. 그런데 어느 날 한 번은 평안안과 의사가 손님을 한 분 데리고 느닷없이 화실로 찾아왔더란다. 그리고는 같이 온 손님이 한 수 가르쳐 달라고 정중하게 부탁을 하더란다. 트럼펫도 직접 가지고 와서.

허청륭 화백은 한편으론 어이가 없기도 하고, 또 다른 한편으론 이 난국을 어떻게 모면해야 하나 노심초사해하면서 가지고 온 트럼펫을 한번 슬쩍 흘겨봤다고 한다. 보니까 트럼펫으로서는 고급인 빈센트 바하였더란다. 다행히 허 화백 자신도 그 회사의 악기가 유명하다는 사실을 알고 있었더란다. 그래서 "트럼펫 좋은 거네. 바하네."라고 넘겨짚자, 그 사람은 갑자기 넙죽 큰절까지 하면서, "선생님 제발 한 수만 가르쳐 주십시오" 하더란다. 허 화백이 틀림없는 유명 연주자인 줄 알고서……. 빈센트 바하는 아무나 알아보지 못하는, 전문 트럼펫 연주자들만 알아보는 명품 트럼펫이었기 때문이란다. 마치 백락伯樂이 명마名馬를 알아보는 것처럼.

난감해진 허 화백은 지금은 학생들 수업 중이니 다음에 보자고 둘러대면서 위기를 모면했다고 한다. 그 후 계속 이런저런 핑계를 대면서 만나주지 않고 있었는데, 그러는 사이 그만 그 의사가 서울로 이사를 가는 바람에 그 절체절명의 위기에서 벗어날 수 있었다는 배꼽 잡는 에피소드를 가진 허 화백이었다. 이처럼 허 화백의 트럼펫 연주는 전문 연주자의 연주보다 더 훌륭

했었기에 허 화백을 황제의 비밀병기라고 하는 것이다.

　사부 이장성이나 수제자 허청륭은 황제 때문에 한 시기 많은 사람들의 입에 오르내린 화제의 인물이다. 그리고 두 사람이 남긴 에피소드는 그나마 낭만이 있던 그 시절에나 통할 법한 야화랄 수 있다. 나도 이장성과 허청륭 때문에 트럼펫 연주 흉내를 냈다가 큰 낭패를 본 적이 있다. 지금 생각해 봐도 창피해서 얼굴이 화끈거리지만⋯⋯.
　알려진 대로 내가 이십 오륙 년간 마산국제연극제를 개최하면서 수많은 외국 연극인들을 마산으로 초청했는데, 어느 해인가는 일본 연극인들을 황제로 데리고 가서 여흥을 즐긴 때가 있었다. 그때 나도 허청륭 화백처럼 트럼펫 연주를 시도해 본 적이 있는 것이다. 물론 이장성 사장과 사전에 치밀하게 각본을 짜고 또 리허설도 몇 번 했던 가짜 연주였다. 하지만 그 가짜 연주 장면을 처음 목격한 일본 연극인들은 깜짝 놀랐던 것이다. 그래서 그들은 동석했던 우리 통역에게 몇 번이고 진짜냐고 묻더란다. 물론 그 통역도 내가 가짜로 연주한다는 사실을 까맣게 몰랐었기에 진짜라고 대답하자 일본 사람들은 더욱 내가 존경스럽다고 하더란다. 연극인이 트럼펫 연주를 그렇게 환상적으로 잘할 줄은 꿈에도 몰랐다고 하면서.
　그런데 사건은 그만 그 다음 해에 일본에서 터지고 말았다. 그 다음 해에 우리 극단이 일본으로 공연 갔을 때 사달이 났다는 말이다. 우리가 일본에 도착하자 여느 해와 마찬가지로 숙소에 짐을 풀고, 온천을 갔다 오고, 주석이 거나하게 벌어지곤 했는데, 그날따라 술자리가 어느 정도 무르익자 일본 연극인 가토 다케오(加藤武夫) 대표가 나를 보고 다른 술집으로 자리를 옮기자고 바람을 잡는 것이 아닌가. 술을 좋아하는 나는 무심코 오케이 하고는 기세등등하게 앞장서라고 했다. 그리고는 음악 소리도 거창한 어느 주점으로

제25회 마산국제연극제 개막식에 참석한 내빈들 (2013년).

들어갔던 것이다. 그러나 그때까지 나는 아무 눈치도 채지 못했었다.

새로 들어간 주점에서 다들 좌정을 하고 난 뒤에 서로 술잔을 주거니 받거니 하고 있는데, 평소에 내가 아니끼(형님)라고 부르는 가토 대표가 조심스럽게 나의 의사를 타진하는 것이 아닌가.

이 대표, 여기서 트럼펫을 한 번만 연주해 보시라. 그렇게만 해 준다면, 오늘 술값은 전부 공짜로 해 주겠다고 이 집 사장이 나와 약속을 했다. 작년에 우리 일본 연극인들이 마산 갔을 때 현장을 목격했다던데 모두들 탄복을 금치 못했다고 하더라. 그러니 오늘 밤 여기서 실력을 마음껏 한 번 발휘해 보시라.

드디어 올 것이 오고야 만 것이다. 생판 트럼펫 연주를 할 줄도 모르는 사람한테 트럼펫 연주를 해 달라고 하다니……. 이 난국을 어떻게 헤쳐 나갈까 머리를 굴리면서 나는 연신 술만 마셔댔다. 아니 일부러 더 많이 마셨다고 하는 것이 정확할 것이다. 위기를 돌파할 수 있는 방법을 찾기 위해서였다.

그러다가 생각해 낸 것이 "오늘은 술이 너무 취해서 안 된다. 연주자로서 최소한의 예의도 아니고, 또 잘못하면 내가 심장 마비로 죽을 수도 있으니 다음에 하자. 내년에 마산에 오면 그땐 맨 정신으로 연주를 하겠다."고 엉뚱한 핑계를 둘러댔던 것이다. 나의 핑계를 듣고서는 다른 일본 연극인들도 일리가 있다고 생각했던지 다들 그렇게 하자고 동조하는 바람에 겨우 위기를 모면했던 그런 웃지 못할 에피소드가 있는 것이다. 바로 황제 때문에, 그리고 허청륭 화백 흉내를 냈다가 된통 당한 낭패였던 것이다.

이미 타계했지만, 한국 연극계의 대부 차범석 극작가가 김추자의 〈님은 먼 곳에〉를 열창한 곳이 바로 황제였고, 연극배우 최종원이 주석 분위기를 휘어잡은 곳도 바로 황제였다. 그만큼 연극계의 많은 명사들이 황제를 찾기도 했다. 아니 내가 일부러 그들을 황제로 안내했기 때문이다. 지금도 황제에는 남미 인디언들의 모자와 탈(가면) 같은 웃음을 유발하는 온갖 소품들이 비치되어 있을 것이다. 한 잔 술로 스트레스를 풀고 두 잔 술로 시름을 달래려고 황제를 찾아온 주당들을 위해서 이장성 사장이 미리 준비해 둔 소품들인 것이다.

황제를 찾은 인물은 또 있다. 바로 YS의 차남 김현철 박사다. 그는 한때 마산합포구의 국회의원 출마에 뜻을 둔 적이 있었다. 그 때문에 마산에 자주 왔었고 그래서 옛 홍화집에서 그와 식사를 같이한 적도 있는 것이다. 식사를 하면서 반주도 겸하는 그런 자리였다. 사실 그는 독실한 기독교인이었다. 따라서 그에게 술자리를 하자고 하는 것은 부담스러울 수가 있었다. 하지만, 그는 와인쯤은 한두 잔 마셔도 주님께서 용서해 주신다는 농담으로 분위기를 띄우는 의외로 소탈한 면을 가지고 있었다. 그때의 참석자들로는 최광주

(광득종합건설 회장)를 비롯한 정한동(대우백화점 점장)·변상봉(한국화가)·허청륭(서양화가)·김형춘(창원전문대 교수) 등등 여럿이었다.

저녁 식사 후, 술을 못 마시는 김현철 박사를 2차 장소인 황제로 안내하면서 내가 너무 오버하는 게 아닐까 싶어 내심 걱정도 했으나, 그는 오히려 우리보다 분위기를 더 즐기는 로맨티스트다운 면모를 보여주었기에 모두들 질펀하게 놀았던 기억이 새롭다. 물론 그 후 그는 국회의원 출마의 뜻을 접고 말았지만, 황제를 언급하다 보니 그의 생각이 퍼뜩 뇌리를 스쳐 지나가기에 그 당시를 회고해 본 것이다.

이장성은 한때 마산 MBC의 활력천국이라는 프로그램에 3년가량 출연한 경력도 가지고 있다. 그를 활력천국에 추천한 사람이 바로 이승기이다. 특히 영화분야에 탁견을 가진 이승기는 자타가 인정하는 문화재급 만물박사다. 영화에 대한 해박한 지식과 거침없는 달변은 듣는 이로 하여금 혀를 내두르게 만든다. 그런 그가 이장성을 마산 MBC에 추천한 것이다.

현재 마산에서 최고령으로 활동하는 유일한 밴드 마스터인 이장성. 그는 운동(축구)과 미술, 음악 등 다방면에 걸쳐서 특출한 재능을 뽐내는 팔방미인이다. 그런 자신을 그는 한마디로 미친놈이라고 농담처럼 말하기도 하지만, 사실 그는 타의 추종을 불허할 정도의 전천후 예인에 가깝다. 끼가 철철 흘러넘치는 사람이랄 수 있다. 요즘엔 황제를 찾는 사람들이 좀 줄었다지만, 그래도 묵묵히 황제를 지켜나갈 것이라고 하는 그가 존경스럽게 보이는 이유는 무엇일까. 그와 오랜 기간 두터운 교분을 나누고 있는 이승기에게 황제의 이장성에 대해서 묻자 다음과 같은 대답이 돌아왔다.

한마디로 이장성 사장은 다재다능한 예술인이다. 하지만 그의 그런

이장성 황제 사장(사진 왼쪽)과 이승기 영화자료연구가(오른쪽).

재능이 우리 마산에서 제대로 평가받지 못하는 것 같아 아쉬움이 크다. 자타가 인정하듯이 그는 많은 수상경력을 가진 화가이고, 초창기 KBS 마산방송 전속 가수도 했고, 전자 오르간과 색소폰 등 여러 가지 악기를 수준급으로 다루는 뮤지션이다. 하지만 밤무대에서 반주를 하고 술장사를 한다는 이미지 때문에, 세칭 딴따라고 하는 이미지 때문에, 그의 재능이 폄하되고 제대로 인정받지 못하고 있어 안타깝기 그지없다. 하지만, 내가 본 이장성은 1악장은 안 돼도, 2악장은 충분히 되는 사람이다. 아니 2악장 중에서도 최고라고 본다.

이승기의 말을 빌리면, 한때 마산의 나이트클럽이나 요정의 전속 밴드들은 1악장부터 4악장까지 네 단계의 급수가 있었다고 한다. 환언하면 1급부터 4급까지 연주 실력에 구분을 두었고 그 급수에 따라 받는 돈도 차이가 났다는 말이다. 좀 더 구체적으로 말하면, 1악장은 옛날 크리스탈호텔 나이트클럽이나 1급 댄스홀 같은 데서 생음악으로 반주를 해 주는 대규모 악단에 소속된 악사들이고, 2악장은 오동동 빠나 은좌 빠 같은 곳에서 연주를 하는 악사들이며, 3악장은 오동동의 요정 같은 데서 기타나 아코디언을 연주하는 사람을 말하고, 4악장은 선술집이나 통술집 같은 곳에 혼자 불쑥 들어와서 연주를 하고 가는 최하위급 악사들이라고 한다. 이장성이 2급 중에서도 최고라는 평가를 받을 정도이니 그의 연주 실력은 더 이상 말할 필요가 없는 것이다.

이제는 거의 인간문화재가 되어버린 팔방미인 이장성. 한 시기 마산의 주점계를 주름잡았던 악사 이장성, 그리고 화백 이장성. 하지만 천하의 이장성도 세월의 흐름만은 비켜 가지 못하는가 보다. 그도 어느덧 팔순에 접어들었기에 하는 말이다. 지금도 내로라하는 주당들의 2차 장소로 사랑받고 있는 황제. 아직도 마산 남성동 골목길에서 독야청청 그 자리를 지키고 있는 황제. 그 황제가 계속 남성동 골목길을 지켜주길 바란다면 지나친 욕심일까. 황제여, Long Live the King(황제 폐하 만세)!

살아 있는 전설
—해거름

해거름의 음향기기와 벽면을 장식한 음반들.

평생 동안 연극만 해 온 내가 마산의 야화를 쓰리라고는 애초부터 생각조차 못했다. 젊은 시절부터 연극을 한답시고 객기깨나 부리며 살아왔지 글을 전문으로 쓰면서 살아오지는 않았기 때문이다. 그리고 문인도 아닌 내가 무슨 글을 쓴다는 자체가 난센스라고도 생각했기 때문이다. 그러나 명색이 나도 극작가이고, 또한 마산 예술계의 어른들과 어울려 여러 선술집과 맛집을 출입하면서부터 기록으로 남겨두지 않으면 안 될 귀중한 사연들이 많다는 사실을 알고부터는 어쭙잖게 글을 쓰게 된 것이다. 아니 아직 나이를 덜 먹은 내가 대신 총대를 멨다고 하는 것이 정확한 표현일지도 모르겠다. 기록으로 남기는 일을 자청했다는 말이다.

　그런저런 사연 때문에 나의 졸저《창동야화》1권이 출간된 것이며, 그 책이 나오자 상상치도 못한 뜨거운 반응에 깜짝 놀라기도 했다. 그런데 곧 이어 출간하려던《창동야화》2권을 이제야 내게 된 데는 사연이 좀 있다. 이 책의 프롤로그에서 언급한 바와 같이, 2017년 9월 어느 날 마산연극관과 내 사무실에 큰 화재가 발생하여 관련 자료들이 전부 불타버렸기 때문이다.《창동야화》2권의 원고와 관련 자료들이 모두 소실되었다는 말이다. 그 때문에 차일피일 미루면서 세월을 보내다가 이제야《창동야화》2권을 내놓게 된 것이다.

　그런데 이《창동야화》2권에 꼭 넣으려고 했던 명소 중의 하나가 바로 '해거름'이다. 그 이유가 몇 가지 있는데, 우선은 카페 분위기가 수수하고 카페에서 흘러나오는 음악이 좋다는 점이고, 다음은 카페 주인의 심성이 좋다는 점이며, 또 그 다음은 술값이 비교적 저렴하다는 점 때문이다. 아니 터놓고 말해서, 실내 분위기가 약간 촌스럽긴 하지만, 장르를 불문한 다양한 종류의 음악이 흘러나오고, 또한 손님들이 원하는 음악까지 틀어준다는 사실이 마음에 들었기 때문이다. 게다가 카페의 역사까지도 오래되고 마산의 옛 정취까지 고스란히 지니고 있음이니 《창동야화》 2권에서 꼭 언급하려 했다는 말이다.

우리 극단 사무실이 창동 한복판에 있었음에도 나는 한동안 해거름의 존재 자체를 잘 몰랐다. 해거름이 어디에 있었는지를 몰랐다는 말이다. 마치 "등잔 밑이 어둡다."는 말처럼……. 해거름에 드나들지 않았기 때문이고, 또한 해거름 같은 카페보다는 홍화집이나 유정통술 또는 럭키통술과 같은 통술집을 주로 드나들었기 때문이다. 그러다가 해거름을 알게 된 것은 해거름 바로 앞 1층에서 한 시기를 주름잡은 선술집 고모령 때문이었다. 창동 골목길에 있던 옛 고모령의 위치를 더듬다가 고모령 앞 건물 이층에 해거름이란 오래된 카페가 있었다는 말을 전해 들었기 때문이다.

그래서 해거름을 출입하게 된 것인데, 그때 함께한 주당들은 연극하는 후배들이었다. 한때 나는 점심을 주로 창동 골목길에 있는 식당에서 해결하곤 했는데, 그 식당 중의 하나가 바로 해거름 맞은편 1층에 있는 '오복보리밥'이었다. 오복보리밥에서 점심을 먹고 나오면 바로 맞은편 건물 입구에 좀 삐딱하게 걸려 있는 해거름이란 간판과 낡은 건물의 외관이 보이는데, 그 모양새가 참으로 초라하기 그지없었다. 마치 화장 안 한 여인의 민낯을 보는 것과 엇비슷했다. 그래서 "무슨 저런 카페가 유명하다고 하지. 다른 곳을 말하는 것은 아닐까." 하는 생각이 들기도 했으나, 한편으론 저녁에는 반드시 해거름을 한번 답사해 봐야겠다는 생각도 했던 것이다.

그래서 그날 밤 드디어 해거름을 가게 된다. 연극하는 후배 정석수·문종근·최성봉과 함께였다. 오동동의 통술 골목처럼 대부분의 주점 골목 풍경은 낮과 밤이 완전히 다르다. 낮에는 영 볼품이 없어 보여도 저녁 무렵이 되어

해거름 벽면을 장식한 고색창연한 액자. 창동 골목길 소재 카페 해거름 간판.

사위가 어둑어둑해지고 네온사인 간판에 불이 들어오면 분위기가 완전히 달라지기 때문이다. 해거름도 마찬가지였다. 밤이 되니 낮에 본 분위기는 언제 그랬냐는 듯 사라지고 없었다. 그리고 카페 이층으로 올라가는 계단의 폭도 널찍해서 오르내리기에 좋았다. 더 좋은 것은 카페 문을 열고 안으로 들어서자마자 흘러나오는 음악이었다. 옛날에 한창 유행한 LP판으로 듣던 그런 음악이었다.

일단 테이블에 앉은 후 맥주를 한두 잔 들이켜고 나자 동행했던 일행 중 누군가가 이 카페에서는 신청 음악도 틀어준다고 했다. 1970~80년대의 음악다방처럼 메모지에 신청곡을 적어서 주면 그 음악을 바로 틀어준다고 했다. 그리고 단골손님이 카페에 들어오면 그 단골의 십팔번 음악을 즉시 틀어주는 카페라고도 했다. 그 말을 듣고 실내를 둘러보니 변변한 뮤직 박스가 있는 것도 아니고, 또한 준비되어 있는 레코드판도 그리 많아 보이지가 않았다. 그래서 반신반의하면서 맥주잔을 비우기 시작했다.

그런데 '해거름'에는 찾아오는 손님들이 생각보다는 많았다. 한 20여 평 되는 실내 공간에 테이블이 예닐곱 개 정도였고, 하나 있는 긴 카운터 테이블이 무척 인상적이었는데, 그 카운터 테이블은 옛날 하루방의 지배인이었던 김영남이 만들었다고 한다. 또한 '해거름'은 실내 흡연이 가능한 카페라서 애연가들의 사랑을 받는다고도 했다. 알려진 것처럼 연극인들의 흡연은 자타가 알아줄 정도로 심하기에, 젊은 연극인들이 해거름을 찾는 이유도 바로 자유롭게 흡연을 할 수 있는 그런 여건 때문인 것 같았다.

술이 몇 순배 돌고 나자 누군가가 시험 삼아 노래를 한번 신청하자면서 〈동백아가씨〉를 신청하겠다고 했다. 후배들이 나의 십팔번을 이미 알고 있었기 때문이다. 그렇다. 나의 십팔번은 〈동백아가씨〉다. 한산도 작사·백영호 작곡, 이미자가 부른 〈동백아가씨〉다. 조금 있자 소문대로 〈동백아가씨〉가 흘러나왔다. 모처럼 LP판을 통해서 듣는 〈동백아가씨〉는 언제 들어도 묘한 감흥을 불러일으켰다. 〈동백아가씨〉는 2018년에 타계한 신성일과 그의 부인 엄앵란이 주연한 영화로도 잘 알려져 있지만, 그 노래가 처음 나왔을 때는 레코드판이 100만 장 넘게 팔린 노래로도 유명하다.

어떤 이유로 그 노래가 나의 십팔번이 되었는지는 잘 모르겠으나, 어쨌든 애잔한 기타 선율로 시작되는 전주를 듣고 있노라면 나도 모르게 가슴이 촉촉해지는 것만은 사실이다. 부산 출신인 작곡가 백영호는 〈해운대 엘레지〉와 〈여자의 일생〉 그리고 TV 드라마 〈여로〉와 〈아씨〉의 주제곡을 비롯한 4,000여 곡의 주옥같은 노래를 작곡한 사람이다. 그의 아들인 백경권은 현재 진주에서 서울내과의원을 하고 있는데, 1997년 자기 아버지의 업적을 기리기 위해서 백영호기념관을 자신의 병원에다 만들었을 정도로 아버지에 대한 존경심이 대단하다고 한다.

우리 마산에도 작곡가 백영호에 필적할 만한 연예인이 있는데 바로 대중가요 작사가이자 가수였던 반야월이 그 장본인이다. 신마산 반월동 출신이라서 반야월이란 예명을 사용했다는 일화를 가진 그는 본명이 박창오朴昌五(1917~2012)다. 그는 〈불효자는 웁니다〉·〈울고 넘는 박달재〉·〈단장의 미아리 고개〉·〈소양강 처녀〉 등등 수많은 히트곡을 남긴 마산 출신 예인이다. 하지만 그가 그렇게 많은 명곡을 남겼음에도 정작 고향인 마산에서는 그를 푸대접하고 있으니 부산 출신의 백영호와는 비교가 되는 것이다.

그날 '해거름'에 같이 갔던 정석수는 주석 분위기를 맞춘다고 남인수의 〈무정열차〉를 신청하기도 했다. 그가 신청한 노래나 나의 십팔번을 젊은 친구들이 듣는다면 탕숫국 냄새 나는 노래라고 기절초풍할지도 모르나, 어쨌든 그런 노래를 틀어주는 '해거름'이 마산에 존재한다는 사실이 놀라웠고, 그래서 그날 이후부터 '해거름'은 나의 2차 단골집이 되고 말았다. 1차 단골집은 여전히 통술집임은 물론이다. 나와 술자리를 자주하는 문종근도 2차로는 항상 '해거름'을 추천하는데 그 이유는 아마도 애연가인 그가 담배를 쉽게 피울 수 있는 주점이기 때문이리라.

나는 서울이나 다른 지역의 연극인들이 마산을 찾아오면 2차 주점으로는 반드시 해거름을 택한다. 한국 연극계의 원로 권성덕 연극배우나 노경식 극작가가 그 대표적인 인물인데, 그들도 해거름의 분위기에 흡족해했다. 특히나 우리 극단이 2012년도에 〈청춘극장〉이란 연극을 공연한 적이 있는데, 그 연극의 포스터가 아직도 해거름 벽면에 붙어 있다는 사실이 놀

극단 마산의 제120회 정기공연 〈청춘극장〉 포스터.

랍기도 하다. 우리가 부탁한 것도 아닌데 아직까지도 우리의 공연 포스터가 떡하니 붙어 있으니 필시 무슨 사연이 있을 것 같아 주점 주인에게 물었더니 아니나 다를까 그는 이렇게 대답하는 것이 아닌가.

> 마산 연극인들이 우리 집의 단골이기도 하고, 또한 지역 예술인들이 힘을 냈으면 하는 의미에서 포스터를 계속 붙여놓고 있지요. 특히나 극단 마산이 공연한 〈청춘극장〉 포스터 사진은 우리 가게를 배경으로 해서 찍었기에 더더욱 의미가 있어서 붙여놓고 있습니다.

그의 말을 듣고 나니 지금까지의 모든 의문이 풀리고 말았다. 그러니 어찌 해거름을 좋아하지 않겠는가. 40여 년이란 짧지 않은 역사를 가진 해거름이 오늘날까지도 창동의 어느 골목에서 그 위용을 뽐내고 있다는 사실은 해거름 사장의 특별한 능력 때문이기도 할 것이다. 그는 어떤 손님이든지 자기 카페를 한두 번만 찾아오면 그 손님의 취향을 단번에 파악해 버리는 특출한 능력을 가진 사람이다. 한 번 다녀간 손님이 다시 찾아오면 그 사람이 좋아했던 노래를 반드시 틀어주는 것이다. 그러면 그 손님은 깜짝 놀랄 수밖에 없는 것이다. 그만큼 그는 손님들의 취향을 잘 파악한다는 말이고 손님들을 진심으로 대한다는 말이기도 하다. 그러니 어찌 단골들이 생기지 않겠는가.

그가 해거름을 찾아온 손님들을 기억하는 방법도 흥미롭다. 한두 번 온 손님이 좋아하는 곡을 어떻게 그리도 잘 기억하느냐고 묻자, "솔직히 모든 손님을 다 기억할 수는 없습니다. 하지만 손님들의 특징과 신청곡들을 상세하게 메모해 놓고는 가능하면 그 손님들의 십팔번을 틀어주려고 애를 씁니다. 각자의 애창곡을 틀어주니 다들 좋아하더라고요."라는 대답이 돌아온다. 손님들의 애창곡을 기억하는 그 자신만의 노하우가 놀라울 뿐이다.

또한 그의 아내는 마산에서 알아주는 국악인 박선희 명창이다. 연극이나 국악이나 마산에서 활동한다는 것은 속된 표현으로 맨땅에 헤딩하는 것과 다름없다. 그만큼 힘들다는 말이다. 그런데도 그는 아내의 뒷바라지를 잘도 한다. 농담 삼아 어떻게 그리도 잘할 수가 있느냐고 묻자, "별다른 방법이 없습니다. 다 운명입니다. 달리 도망갈 수도 없습니다. 이 카페라도 하니까 아내 뒷바라지를 할 수가 있는 거지요."라고 농담 반 진담 반으로 속내를 조금 내비치기도 한다. 현재 군복무 중인 그의 아들까지도 국악(타악)을 전공한다고 하니 그의 가족을 전형적인 국악 패밀리라고 해도 그리 틀린 말은 아닐 것이다.

또한 그는 《명곡의 탄생》이란 책을 냈을 정도로 필력도 대단하고 음악에도 조예가 깊은 사람이다. 그가 해거름에서 음악을 틀어 주는 배경에는 이러한 그의 숨은 재능이 도사리고 있기 때문이리라. 해거름을 운영하는 이유를 "마산의 옛 정취를 이어가는데 조금이라도 도움을 주기 위해서"라고 밝히는 그는 역사의식이 남달리 뚜렷한 사람인 것 같기도 하다.

1970년대에는 오동동의 송학다방과 남성동의 정원다방이 한창 깃발을 날리던 음악다방이었고, 1980년대는 무아와 르네상스 같은 음악다방이 인기가 있었다. 해거름도 1979년에 칵테일 하우스 해거름이란 이름으로 첫출발을 했단다. 그리고 장사가 잘돼서 한때는 해거름 3호점까지 내기도 했단다. 하지만 세월이 흘러 음악다방이 쇠퇴기에 접어들자 2호점과 3호점은 없어지고 지금은 현재의 해거름 1호점만 남았다고 한다. 그런데 그 송학다방과 정원다방은 내가 대학생 시절 자주 죽치고 앉아서 시간을 보내던 아지트였고 그 당시의 그런 다방과 얽히고설킨 야화를 나의 졸저 《내 인생은 연극이다》에서도 언급한 바가 있다.

해거름의 1대 사장은 정의교라는 사람인데, 그가 해 놓은 실내 인테리어를 조금도 바꾸지 않고 지금까지도 그대로 살려두고 있다는 해거름 2대 사장 고굉무. 그의 말이 걸작이다.

"실내 인테리어를 좀 더 고급스럽게 바꾸려고 해도 옛 모습 그대로 두는 것이 좋겠다는 손님들의 간곡한 요청 때문에 도저히 바꿀 수가 없었습니다. 그래서 좀 고리타분한 분위기를 풍기더라도 옛날 인테리어를 그대로 보존하고 있지요."라고 하는 말이 그것이다.

환언하면, 손님을 왕으로 모신다는 말이다. 온고이지신은 아닐지라도, 굳이 옛 모습을 그대로 보존하고 싶다는 본인의 생각이 더 간절한 것은 아닌지 모르겠다. 해거름 벽면에 붙어 있는 옛 포스터가 모든 것을 말해 주기 때문이다. 멕시칸 사라다·T. 3-4243·칵테일 하우스 등등의 글귀가 빽빽하게 적혀 있는 옛 포스터가 바로 그 증거인 것이다. 백문이 불여일견. 그 포스터를 보고 싶다면 직접 한 번 확인해 보시기를.

《수호지》의 양산박처럼 해거름은 창동의 양산박이랄 수 있다. 그래서 밤이 되면 그곳을 찾아오는 주림酒林의 고수들이 많다. 그들은 직업도 다양하고 남녀 또한 불문이다. 그들 모두는 분위기 때문에 해거름을 찾을 것이다. 양산박의 두령 고굉무. 그 이름을 부르기가 좀 뭣하다. 굉이란 글자가 입에 착 달라붙지 않기 때문이다. 그러나 그는 심성이 좋은 사람인 것만은 분명하다. 그리고 양산박 두령의 외모와도 걸맞게 체구도 제법 우람하다. 그는 다른 주점 주인들과는 달리 매상에는 크게 신경을 쓰지 않는 것 같다. 그러니 수입이 좋을 리가 없다. 그래도 그는 항상 웃는 얼굴이다. 왜 그럴까.

그 이유는 그가 해거름을 시작하게 된 사연과 그 궤를 같이한다. 그는 해거름 1대 사장과는 별 친분도 없었단다. 다만 2008년경 갑자기 1대 사장이 큰 사고를 당해서 가게를 운영할 수가 없게 되자 느닷없이 해거름을 맡을 수밖에 없었단다. 그전까지 그는 의류 판매업을 했기에, 칵테일 바나 음악 카페 같은 분야는 완전 문외한이었다고 한다. 또한 그 당시의 창동은 벌써 침체기에 접어들어서 장사가 잘 안 되는 동네였단다. 그래서 한참을 망설이고 있었는데, 그래도 "해거름을 찾는 손님들은 모두가 다 소중한 사연을 간직하고 있을 것이다. 이곳이 없어지면 그런 추억들도 다 없어지지 않겠나. 그런 손님들을 위해서 좀 후지지만 그래도 이런 공간 하나쯤은 있는 것도 좋겠다는 생각이 들어서 이 가게를 해 보기로 했다."라고 해거름을 하게 된 저간의 배경을 설명해 주기 때문이다.

현재 해거름이 소장하고 있는 LP판은 대략 3,000여 장가량 되고, 스피커와 턴테이블, 진공관 앰프 등은 신마산 신영기 치과의 신영기 원장이 기증한 것이란다. 이야기를 듣고 보니 신영기 원장도 보통 사람이 아닌 것 같다. 해거름의 중요성을 간파하고 그런 음향기기를 기증해 주었기 때문이다. 현재 그의 치과 병원은 신마산 중부경찰서 부근에 있다고 한다.

창동 옛 오행당 약국의 맞은편 골목에서 아직도 자리를 굳건히 지키고 있는 7080 스타일의 카페 해거름. 그곳은 이제부터 카페 해거름이 아니라, 마산의 전설 해거름으로 불러야 할 것 같다. 아니 마산의 살아 있는 전설이라고 해야 될 것 같다. 다른 곳에서는 볼 수 없는 오직 마산의 창동에서만 볼 수 있는 전설 같은 카페가 되어주기를 간절히 소망하기에 하는 말이다. 우리 모두 해거름의 발전을 위해서 기도를 올리는 것은 어떨까.

에필로그

인생 고희와 연극 인생 50년을 맞은 소회所懷

젊었을 땐 잘 몰랐는데 나이가 들고 보니 운명적이란 말이 새삼 가슴에 와닿는다. 그렇다고 내가 운명론자라는 말은 아니다. 만년 청춘일 줄 알았는데 어영부영하다가 순식간에 고희와 맞닥뜨렸기에 하는 말이고, 또한 어영부영 연극판을 맴돌다 보니 어느 순간 올해로 연극 인생 50년이 되었기에 하는 말이다. 아뿔싸, 내가 50년 동안이나 돈 안 되는 연극판을 맴돌았다니!

나는 사석에서 "아무 영문도 모른 채 영문과에 입학했고, 또한 아무 영문도 모르고 연극을 시작했다."고 종종 농언을 하곤 하는데 이 말은 사실 나의 진심이랄 수 있다. 그만큼 영문과 입학과 연극을 하게 된 계기가 나의 의지와는 상관없이 운명적으로 그렇게 된 것이 아닌가 하는 생각이 들기 때문이다. 그리고 당대를 풍미한 배덕환·한기환 양兩 교수를 만난 것은 나의 '연극으로의 긴 여로'의 출발점이 되기도 했다. 왜냐하면 대학에 입학하자마자 나는 두 분의 권유로 연극을 시작했는데, 때는 1971년이고, 장소는 당시의 마산 완월동 경남대 캠퍼스와 완월강당이었다. 그때부터 나의 연극 인생이 시작된 것이다. 또한 배덕환 교수의 대학 제자가 한기환 교수이고, 이 두 분의 제자가 나인 동시에, 우리 세 사람 모두가 경남대 출신인 점도 운명적이랄 수 있기 때문이다. 특히나 배덕환 교수는 영문학자이자 연극인으로서 마산 예총 회장까지 역임한 마산 예술계의 거목이었고 나 또한 영문학(희곡)으로 Ph. D. 학위를 받았음은 물론 마산예총 회장을 역임하기도 했다.

또한 지금부터 10년 전은 나의 회갑과 연극 인생 40년이 묘하게도 겹쳐진 해여서 그 기념으로《내 인생은 연극이다》를 출간한 바 있는데, 올해는 또다시 나의 고희와 연극 인생 50년이 신기하게도 겹쳐서《창동야화》2권과 장막극 〈고모령에 벚꽃은 흩날리고〉를 각각 출간하고 발표했기 때문이다. 뿐만 아니라 지난 8월 부산에서 초연한 나의 희곡 〈고모령에 달月 지고〉가 나의 고희와 연극 인생 50년을 기념하는 공연이 되고 말았기에 하는 말이다. 이런 일 모두가 나의 의지와는 상관없이 전개되었기에 인생은 운명적이라는 말을 믿지 않을 수가 없는 것이다.

이 책의 프롤로그에서도 잠깐 언급했지만, '마산연극관'과 나의 사무실에 느닷없이 큰 화재가 발생하여 귀중한 연극자료들이 불타 버린 것도 운명적이랄 수 있고, 그 때문에 출판을 포기하려 했던《창동야화》2권을 이번에 출간하게 된 것도 다분히 운명적이랄 수 있다. 또한 한국 연극학계의 석학 유민영 박사님의 권유로 장막극 〈고모령에 벚꽃은 흩날리고〉를 탈고하게 된 것도 참으로 운명적이랄 수 있다. 왜냐하면 그전까지는 〈고모령에 벚꽃은 흩날리고〉를 쓸 생각을 전혀 안 했기 때문이다.

운명적인 사건은 또 있다. 나의 졸작 〈고모령에 달月 지고〉란 작품을 연습

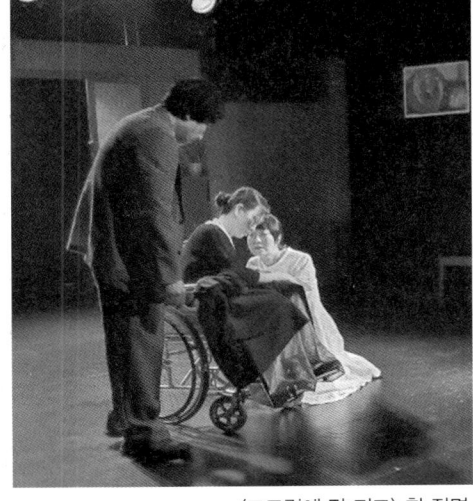

저자의 희곡 〈고모령에 달月 지고〉 포스터.   〈고모령에 달 지고〉 한 장면.

하던 부산극단 「전위무대」의 전승환 연출이 갑자기 타계한 사건이 그것이다. 극단 「전위무대」의 116회 정기공연인 〈고모령에 달月 지고〉는 2019년 출간한 나의 희곡집에 실린 작품인데, 그 작품을 연습하던 도중에 연출이 그만 타계하고 만 것이다.

극단 「전위무대」의 전승환 대표와 나는 1985년 충북 청주에서 열린 제3회 전국연극제 때부터 서로 호형호제해 온 사이이다. 그 연극제에 나의 작품 〈징소리〉가 참가했었기에 그때부터 전승환 대표와 알고 지낸 것이다. 계산해 보니 얼추 35~6년간이다. 그래서 그의 타계 소식은 더더욱 충격적이었다. 나의 작품을 연습하다가 연출이 사망하다니……. 그래서 우리 극단의 송판호 배우와 양산 부산대병원 장례식장으로 문상을 갔던 것이다.

그런데 알고 보니 송판호 배우는 24~5세 무렵부터 약 3년간 극단 「전위무대」에서 전승환 형과 함께 활동했었고, 1984년부터서는 마산에서 극단 「사랑방」을 창단한 후 죽 지금까지 마산과 창원에서 활동해 온 연극인이기도 하다. 장대비가 억수같이 쏟아지던 8월 어느 날이었다. 허겁지겁 영안실에 도착하니 부산의 권철 연극배우와 극단「전위무대」의 서광석 등 여러 연극인들이 망연자실한 모습을 하고 있었다. 조문을 한 후 공연은 어떻게 할 것인지를 조심스럽게 물었더니 공연은 예정대로 할 것이라고 했다. 그래서 우리는 8월 22일의 공연을 보러 오겠다는 약속을 하고는 마산으로 돌아왔다.

2020년 8월 19일부터 23일까지 부산의 나다소극장에서 공연된 〈고모령에 달月 지고〉는 지금은 없어졌지만, 한때는 해동 제일의 선술집이라고 해도 손색이 없는 마산의 고모령에서 그 모티브를 따 온 작품인데 이번에 공연한 부산극단의 요청에 따라서 나는 다음과 같이 그 창작의도를 써 주기도 했다.

이 극의 무대와 등장인물들은 모두 실화에서 차용해 왔다. 마산에는 한때 겨우 탁자 네댓 개 정도가 있는 '고모령'이란 선술집이 있었다. 하지만 그 고모령은 마산뿐 아니라 전국에서도 알아주는 선술집이었다. 이 선술집의 주인이 문 여사였는데 그녀의 내공이 가당찮았다. 그녀는 예술인은 아니었지만 예술가 뺨치는 안목에다 스케일 또한 커서 여장부란 소릴 듣기도 했다. 그런 그녀가 고모령이란 선술집의 문을 닫은 것은 1990년대 후반쯤 될 것이다. 그리고 그 선술집에 드나들었던 사람들은 예술가를 비롯한 각계각층의 명사들이었는데, 그중에서도 단연 첫손가락에 꼽히는 사람이 바로 땡초라는 인물이었다. 서양화가였던 그는 2~3년 전에 타계하고 말았지만 생전의 그는 전형적인 연극의 주인공 감이었다. 그의 성격이 괴팍스러웠고 그의 인생 또한 드라마틱했기 때문이다. 그렇다고 그의 심성이 나빴다는 말은 아니다. 개성이 강했다는 말이다. 그의 별호가 땡초였는데 그 별호를 작명해 준 사람이 바로 고모령의 문 여사였다. 그의 성격이 매운 고추처럼 유별나서 그렇게 작명했다고 했다.

극중의 땡초는 그림에는 탁월한 재능을 가졌으나 불의를 보면 참지 못하는 성격 때문에 타인과의 관계가 원활하지 못하다. 그래서 생활고를 겪고 있고 그 때문에 술집의 밤무대에서 가짜 트럼펫 연주자로 생활해 가는 인물이다. 그는 위선적인 삶을 살고 있는 우리 모두의 자화상이랄 수 있다. 이 글의 모두冒頭에서 언급한 것처럼 극의 무대와 등장인물은 거의 모두 실화에서 차용해 왔지만 극의 내용은 전부 픽션이다. 누군들 자신의 인생을 반성하지 않으리. 누군들 반성할 인생이 없으리. 극 중의 문 여사는 손님들에게는 모든 걸 베풀었지만 정작 선천성 장애를 가진 자기 자식에게는 잘 해주지 못한 점을 뼈저리게 후회하는 보통의 어머니이다. 그런 그녀가 참회하는 모습은 마치 성모 마리아가 예수를 품에 안고 있는 피에타 모습을 연상시킨다. 가짜 트럼펫 연주자의 인생을 살아가는 땡초와 먹고살기 위해서는 술집이라도 해야 하는 문 여사의 힘든 인생 여정을 표출하려 한 작품이고, 고모령에 달이 진다는 것은 고모령뿐 아니라 우리의 인생도 저물어 간다는 점을 암시하는 것이다.

드디어 2020년 8월 22일 토요일 오후 3시. 송판호 배우와 경남도민일보 정현수 문화부장, 그리고 나는 그 공연을 보기 위해서 부산으로 출발했다. 부산까지 가는 동안 나는 만감이 교차했다. 연출이 갑자기 타계했기에 작품이 과연 어떻게 나올지가 궁금했고, 타계한 연출가와의 개인적인 친분 때문이

유치진 작 〈부부〉 공연 사진.
사진 오른쪽부터 최영화, 저자, 김병수 (1971년 경남대 완월강당).

〈울타리〉(한노단 작, 이상용 연출) 팸플릿.
(1974년 6월 28일)

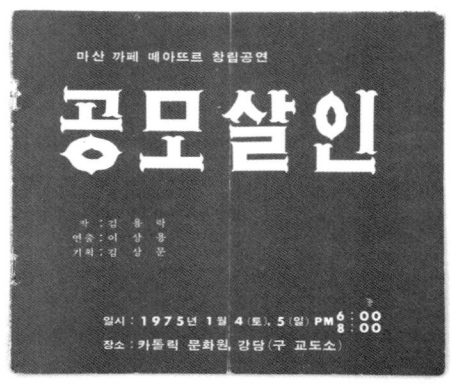

저자가 연출한 〈공모살인〉 팸플릿 (1975년).

기도 했다. 공연장인 부산의 「나다소극장」에 도착하니 놀랍게도 함안극단 아시랑의 손민규 대표와 김수현 배우가 보이기에 어떻게 왔느냐고 묻자 내 작품을 보러왔다고 해서 깜짝 놀라기도 했다. 공연시간은 오후 5시였고, 조금 있으니 김문홍 극작가를 비롯한 부산 연극인들의 모습도 보였다. 최근에 또다시 기승을 부린 코로나19 때문에 관객도 사전 예약을 받아 20명만 입장시킨다고 했다. 나의 작품을 마산도 아닌 부산에서 초연初演 하고, 그것도 연습 도중 연출이 타계해 버린 작품을 20명의 예약 관객만을 상대로 공연할 수밖에 없다고 하니 모든 게 참으로 드라마틱하고 운명적이랄 수밖에 없는 것이다.

공연을 보는 내내 만감이 교차했다. 타계한 전승환 연출의 생전 모습과 권철, 허종오, 임선미 등이 열연하는 공연장면이 자꾸만 겹쳐졌기 때문이다. 50여 년간 연극을 해 오면서 그런 감정을 느낀 것은 처음이었다. 또한 공연 내내 배우들이 쏟아내는 대사가 과연 내가 쓴 대사인가 하는 의심이 들 정도로 정신이 혼란스럽기도 했고, 극을 이끌어 가는 땡초 역을 맡은 권철 배우의 노련한 연기와 문 여사 역을 능청스럽게 해 내는 허종오 배우의 열연은 순간순간 나를 울컥하게 만들기도 했다. 특히나 공연의 엔딩을 타계한 전승환 연출의 생전 모습으로 장식한 것은 강한 울림을 주기도 했다.

공연이 끝난 후 출연진들과 기념촬영을 하고는 인근 식당에 마련된 성대한 주석으로 초대를 받아 갔다. 그런데 놀라운 것은 그 주석을 마련한 장본인이 최우석 치과의사라는 사실이었다. 그는 그날뿐 아니라 오랜 기간 동안 부산 연극인들을 통 크게 후원해 온 인물이라고 했다. 초면인 그에게 명함을 달라고 해서 보니 그는 (사단법인) '습지와 새들의 친구'라는 단체의 이사를 맡고 있었다. 알고 보니 그는 보통 사람이 아니었다. 그냥 단순한 치과의사가 아니라 노블레스 오블리주를 실천하는 인물이었다.

 이 에필로그도 처음엔 계획에 없었으나 나의 작품에 출연한 배우 권철을 비롯한 부산 연극인들의 강력한 권유 때문에 추가되었음을 밝혀둔다. 〈고모령에 달月 지고〉가 나의 인생 고희古稀와 연극 인생 50년을 맞은 기념공연이 되었기에 이번 공연에 참여한 모든 분들에게 거듭 깊은 고마움을 전한다.

〈고모령에 달 지고〉 출연진과 함께. 뒷줄 왼쪽부터 정현수, 출연진 권철·허종오·임선미·박소영
앞줄 오른쪽부터 송판호와 저자.

이상용 연보

李相龍 年譜

1951년   경남 고성 출생.

1971년   경남대 영어교육과 입학. 배덕환·한기환 두 교수의 권유로 연극 시작. 대학 연극부에서 활동 시작. 〈부부〉(유치진 작) 출연.

1972년   〈불모지〉(차범석 작) 연출.

1974년   〈울타리〉(한노단 작) 연출. 영어연극 〈안경〉 출연(에드거 앨런 포 작).

1975년   경남대 졸업. 극단 마산 까페 떼아뜨르 창단. 창단공연 〈공모살인〉 연출(한노단 작/ 가톨릭문화원 강당). 육군 입대.

1982년   〈거기 누구 없소〉 연출(윌리엄 샤로얀 작/ 10월). 경남대 대학원 영어영문학과 입학(석사과정).

1984년   경남대 대학원 영어영문학과 졸업(석사·영미희곡 전공).
          영남대학교 대학원 영어영문학과 박사과정 입학(영미희곡 전공).
          〈고래〉 연출(유진 오닐 작/ 10월). 극단 마산 창단.

1985년   희곡 〈징 소리〉 발표. 제3회 경남연극제에서 〈징 소리〉가 초연되고 희곡상 수상. 극단 마산 대표 취임. 〈욕망이란 이름의 전차〉 연출(테네시 윌리암스 작/ 11월/ 경남대 완월강당).

1986년   희곡 〈삼각파도〉 발표. 제4회 경상남도연극제에서 〈삼각파도〉로 단체 대상과 희곡상 수상. 그해 6월 대구에서 열린 제4회 전국연극제에서 〈삼각파도〉로 희곡상 수상. 극단 마산 제3회 정기공연 〈시즈위 밴지는 죽었다〉 공연(1. 31~2. 2/ 합성동 보람의 집). 극단 마산 전용소극장 개관(마산 중앙동 세림상가 3층). 극단 마산 제5회 정기공연 〈임금알〉. 극단 마산 제6회 정기공연 〈용감한 사형수〉 공연. 〈성난 얼굴로 돌아보라〉 연출(존 오스본 작/ 11월/ 경남대 완월강당). 〈목격자〉 연출(맥스웰 앤더슨 작/ 9월/ 경남대 완월강당).

1987년   극단 마산 제7회 정기공연 〈어느 유태인 학살의 회상〉, 제8회 정기공연 〈신의 아그네스〉, 제9회 정기공연 〈사람의 아들〉, 제10회 정기공연 〈위기의 여자〉 공연. 극단 창원 창단 및 대표 취임(2월). 〈노병〉 연출(마틴 죤스 작/ 10월/ 경남대 완월강당). 〈시련〉 연출(아서 밀러 작/ 11월/ 경남대 완월강당). 희곡 〈폭력시대〉 발표.

1988년   극단 마산 제11회 정기공연 〈위기의 여자〉, 제12회 정기공연 〈돈내지 맙시다〉, 제13회 정기공연 〈노비문서〉 공연. 제6회 경남연극제에서 〈노비문서〉로 대상 수상. 제6회 전국연극제(대전)에서 〈노비문서〉로 장려상 수상. 극단 마산 제14회 정기공연 〈달라진 저승〉, 제15회 정기공연 〈유리동물원〉 공연. 극단 창원의 〈매화전〉(10. 28~10. 30) 공연을 끝으로 극단 창원 대표 사임. 연극 〈산불〉 초청공연(KBS 창원홀). 연극 〈고도를 기다리며〉 초청공연(KBS 창원홀).

1989년   마산국제연극제의 전신 제1회 경남소극장 축제 개최(12. 4~12. 17). 극단 마산 제16회 정기공연 〈베니스 상인〉, 제17회 정기공연 〈메야 마이다〉, 제18회 정기공연 〈사람의 아들〉 공연. 〈메야 마이다〉로 제7회 경남연극제에서 대상 수상. 〈메야 마이다〉로 제7회 전국연극제(포항) 참가. 극단 마산 제19회 정기공연 〈히바쿠샤〉 공연.

1990년	제2회 마산국제연극제 개최(11. 12~11. 20). 극단 마산 제20회 정기공연 〈모닥불 아침이슬〉, 제21회 정기공연 〈대역인간〉, 제22회 정기공연 〈아일랜드〉 공연. 경남연극협회 회장 피선. 영남대에서 박사학위 받음(영미희곡 전공).
1991년	제3회 마산국제연극제 개최(9. 30~10. 15). 경남 연극 사상 최초로 외국 극단의 경남 공연이 있었음(일본, 러시아). 제9회 전국연극제(진주) 운영위원장. 희곡 〈진주성〉 발표. 제9회 경남연극제에서 〈진주성〉 대상 수상. 제9회 전국연극제에서 〈진주성〉으로 희곡상 수상. 〈어둠이 내리는 산〉, 〈칠수와 만수〉, 〈성난 얼굴로 돌아보라〉, 〈실비명〉 등 공연.
1992년	제4회 마산국제연극제 개최(10. 8~10. 16). 〈춤추는 꿀벌〉, 〈에쿠우스〉공연. 서울신문사 제정 제8회 향토문화대상 본상(현대예술부문) 수상.
1993년	제5회 마산국제연극제 개최(10. 29~11. 6). 〈에쿠우스〉로 경남 연극 사상 최초로 일본 순회공연(名古屋, 桑名市)을 가짐. 〈방황하는 별들〉, 〈칠수와 만수〉, 〈마술가게〉 공연. 미국 페어레이 디킨슨Fairleigh Dickinson 대학 유학.
1994년	제6회 마산국제연극제 개최(11. 11~11. 27). 희곡 〈아, 3·15 그날〉 초연 (3. 18~20/ 창신전문대 강당). 〈매화전〉, 〈북어 대가리〉, 〈사람의 아들〉 공연. 제2회 일본순회공연(〈매화전〉/ 일본 桑名市).
1995년	제7회 마산국제연극제 개최(11. 3~11. 14). 〈카사블랑카여 다시 한 번〉, 〈환타스틱스〉 공연. 극단 마산 제3회 일본 순회공연(뮤지컬 〈춘향전〉/일본 武生市).
1996년	제8회 마산국제연극제 개최(10. 29~11. 5). 거창 극단 입체가 〈흔들리는 항구〉를 초연함(마산올림픽기념관/ 4. 6). 제98회 정기공연 〈그것은 목탁 구멍 속의 작은 어둠이었습니다〉 공연. 제14회 경남연극제에서 〈그것은 목탁 구멍 속의 작은 어둠이었습니다〉로 대상 수상. 제14회 전국연극제에서 〈그것은 목탁 구멍 속의 작은 어둠이었습니다〉로 대통령상 수상. 서

울 국립극장에서 〈그것은 목탁 구멍 속의 작은 어둠이었습니다〉를 공연함. 경남연극협회 회장 피선. 제18회 한국연극예술상 수상. 캐나다 리버풀연극제 참가. 제4회 일본 순회공연(뮤지컬 〈배비장전〉/ 일본 八雲村).

1997년   제9회 마산국제연극제 개최(10. 7~10. 18). 제110회 정기공연 〈애랑과 배비장〉 공연. 제5회 일본 순회공연(〈애랑과 배비장〉/ 일본 桑名市 외).

1998년   제10회 마산국제연극제 개최(11. 5~11. 13). 〈옥수동에 서면…〉으로 제16회 경남연극제에서 대상 수상. 제16회 전국연극제에서 〈옥수동에 서면…〉으로 우수상(문광부장관상)을 수상. 제37회 경상남도문화상(공연예술부문) 수상. 마산시문화상 심사위원. 몽골 울란바토르 연극제 참가.

1999년   제11회 마산국제연극제 개최(5. 1~5. 10). 〈땅 끝에 서면 바다가 보인다〉로 목포 공연. 중국 심양瀋陽연극제 심사위원. 희곡 〈고모령에 달 지고〉 발표.

2000년   제12회 마산국제연극제 개최(5. 27~7. 2). 제6회 일본 순회공연(〈춘향전〉/ 일본 湯田, 仙台 외). 〈그것은 목탁 구멍 속의…〉, 〈카사블랑카여 다시 한 번〉 공연.

2001년   제13회 마산국제연극제 개최(5. 19~5. 31). 〈신 배비장전〉 공연. 제7회 일본 순회공연(뮤지컬 〈배비장전〉/ 일본 桑名市, 上野市). 사단법인 마산국제연극제 진흥회 설립·회장 취임. 중국 철령연극제 참가.

2002년   제14회 마산국제연극제 개최(9. 28~10. 13). 〈물고기 남자〉, 〈봉이 김선달〉, 〈옥수동에 서면…〉 공연. 제8회 일본 순회공연(뮤지컬 〈배비장전〉/ 일본 桑名市, 上野市, 八雲村). 싱가폴연극제 참가.

2003년   제15회 마산국제연극제 개최(5. 17~5. 31). 제21회 경남연극제에서 〈날 보러와요〉로 대상 수상. 제21회 전국연극제(충남 공주) 참가. 〈방자전〉 공연. 중국 심양瀋陽연극제 참가.

2004년　제16회 마산국제연극제 개최(5. 14~5. 23). 〈오아시스 세탁소 습격사건〉, 〈옥수동에 서면…〉 공연. 극단 창단 20주년 기념 〈느낌, 극락 같은〉 공연. 마산예총 회장 피선. 경상남도문화상 심사위원. 마산시문화상 심사위원. 제9회 일본순회공연(제9회 전일본연극제 참가/ 桑名市 외).

2005년　제17회 마산국제연극제 개최(5. 21~5. 31). 대우백화점 문화상 수상(예술부문). 모나코연극제·벨기에연극제 참가.

2006년　제18회 마산국제연극제 개최(5. 20~5. 28). 극단 마산 제106회 정기공연 〈코끼리 사원에 모이다〉 공연(3. 16~3. 17/ 마산 올림픽기념관 대극장). 극단 마산 제107회 정기공연 〈돼지사냥〉 공연.

2007년　제19회 마산국제연극제 개최(11. 24~12. 3). 2007 이아타(aita/iata) 세계연극총회 개최(7. 27~8. 11/ 창원·마산/ 세계 70개국 대표단 및 극단 참가). 극단 마산 제109회 정기공연 〈옥수동에 서면 압구정동이 보인다〉 공연(3. 16~3. 17/ 마산 MBC홀). 극단 마산 제110회 정기공연 〈회한별곡〉 공연(10. 6/ 공주 공북루 야외공연장).

2008년　제20회 마산국제연극제 개최(8. 2~8. 10). 제26회 경남연극제에서 〈파란〉으로 대상 수상. 제26회 전국연극제에서 〈파란〉으로 대통령상 수상. 제26회 전국연극제 대통령상 수상 축하공연(〈파란〉/ 6. 26/ 마산3·15아트센터 대극장). 세계환경연극제 개최(7. 26~7. 31). 세계환경미술·사진전시회 개최. 중국 대련연극제 참가.

2009년　제21회 마산국제연극제 개최(7. 25~8. 1). 극단 마산 〈카사블랑카여 다시 한 번〉, 〈옥수동에 서면 압구정동이 보인다〉 공연. 희곡 〈논개〉 발표.

2010년　제22회 마산국제연극제 개최(7. 30~8. 9). 극단 마산 제117회 정기공연 〈만행〉 공연. KNN문화대상(예술부문) 수상. 한마공로상(문화예술부문) 수상. 제118회 정기공연 〈해피 엔딩〉 공연.

2011년   제23회 마산국제연극제 개최(8. 19~8. 26). 〈해피 엔딩〉 공연. 연극인생 40주년 기념 수필집 《내 인생은 연극이다》 출간. 극단 마산 제119회 정기공연 〈함정〉 공연, 제120회 정기공연 〈황소 지붕 위에 올리기〉 공연(12. 21~24/ 창동 가배소극장).

2012년   제24회 마산국제연극제 개최(5. 19~5. 26). 제121회 정기공연 〈청춘극장〉 공연(3·15아트센터 소극장). 〈청춘극장〉 의령공연(의령군민회관/ 11. 2~3). 마산연극관 개관(6. 27).

2013년   제25회 마산국제연극제 개최(5. 18~5. 26). 극단 마산 창단 30주년 기념 공연 및 제122회 정기공연 〈청춘극장〉 공연(5. 7~8/ 마산3·15아트센터 대극장). 극단 마산 제123회 정기공연 〈청춘극장〉 의령 공연(5. 3~5. 4). 제124회 정기공연 〈청춘극장〉 중국 공연(중국 심양시 요령대학극장/ 7. 5~7. 9).

2014년   제26회 마산국제연극제 개최(4. 26~5. 4). 극단 마산 제125회 정기공연 〈무정만리〉 공연(가곡전수관, 5. 18). 극단 마산 제32회 경남연극제에서 〈청춘극장〉으로 금상 수상. 마산국제연극제 창립 25주년 기념 문집 《부활》 출간. 제10회 일본 순회공연(극단 마산, 극단 객석과 무대, 극단 이루마 합동공연/ 일본 桑名市, 上野市). 극단 마산 제126회 정기공연 〈해피 엔딩〉 공연(6. 27~28/ 가곡전수관). 극단 마산 제127회 정기공연 〈가비歌婢〉 공연(10. 31~11. 1/ 가곡전수관).

2015년   제27회 마산국제연극제 개최(일본 극단 수가오 초청공연/ 〈九華의 美花〉/ 5. 16/ 창동예술소극장)〉. 싱가폴극단 CODS 초청공연(10. 5). 싱가폴극단 〈I-Lien Drma Society〉 초청공연(10. 6). 수필집 《창동 야화》 1권 출간.

2016년   극단 마산 제128회 정기공연, 〈눈먼 아비에게 길을 묻다〉 공연(3. 5/ 진영 한빛도서관 극장). 제34회 경남연극제에서 〈눈먼 아비에게 길을 묻다〉로 은상 수상. 《노현섭 평전》 집필 및 출간.

2017년   싱가폴 극단 〈I-Lien Drama Society〉 초청공연(5. 13/ 창동예술소극장). '마산연극관' 화재로 전소(9. 9).

2018년   극단 마산 제129회 정기공연, 〈아버지와 나와 홍매와〉 공연(4. 12/ 경남과기대 아트홀). 제36회 경남연극제에서 〈아버지와 나와 홍매와〉로 은상 수상.

2019년   첫 희곡집 《고모령에 달 지고》 출간(2. 25). 극단 「마산」 제130회 정기공연, 〈해피 엔딩〉 공연(11. 1~11. 30./ 서울 대학로 스카이씨어터 4층).

2020년   고희古稀 및 연극 인생 50년 맞이함. 극단 마산 제131회 정기공연, 〈해피 엔딩〉 공연(7. 24/ 마산 가곡전수관 영송헌. 예술감독 이상용, 작 김광탁, 연출 최성봉, 조연출 노주연). 이상용 작 〈고모령에 달(月) 지고〉 초연(8. 19~23. 부산 나다소극장. 부산극단 전위무대 제116회 정기공연. 연출 : 전승환, 출연진 : 권철, 허종오, 임선미 외). 극단 「마산」 제132회 정기공연, 〈물고 뜯고 싸우고 사랑하기〉 공연. 장막극 〈고모령에 벚꽃은 흩날리고〉 발표(10월). 연극인생 50년 에세이집 《창동야화》 2권 출간(11월).

*이 도서의 국립중앙도서관 출판예정도서목록(CIP)은 서지정보유통지원시스템 홈페이지(http://seoji.nl.go.kr)와 국가자료종합목록 구축시스템(http://kolis-net.nl.go.kr)에서 이용하실 수 있습니다. (CIP제어번호 : CIP2020045803)

李相龍의 연극인생 50년 에세이집

창동야화 ❷

이상용 지음

1쇄 펴낸날   2020년 11월 10일

지은이	이 상 용
펴낸곳	극단「마산」
발행인	오 하 룡
발행처	도서출판 경남
주 소	창원시 마산합포구 몽고정길 2-1
연락처	(055)245-8818
이메일	gnbook@empas.com
출판등록	제1985-100001호(1985. 5. 6.)
편집팀	오태민 심경애 구도희
ISBN	979-11-89731-73-1-03810

＊잘못된 책은 바꿔 드립니다.
＊저자와 협의 인지 생략합니다.
＊이 책은 경남문화예술진흥원으로부터 발간비의 일부를 지원받아 발간되었습니다.

〔값 15,000원〕